KNÄCKE

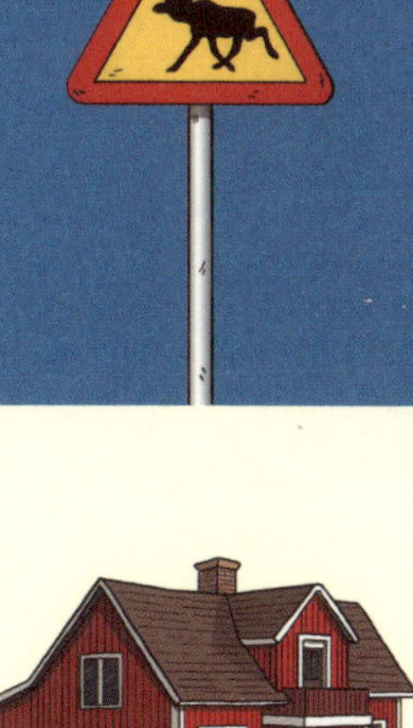

KNÄCKE

Manfred

Das Buch

Als Gunnar Herrmann mit Frau und Baby nach Stockholm zieht, glaubt er, das Land bereits gut zu kennen. Schließlich ist er ein erfahrener Schweden-Urlauber, treuer Ikea-Kunde und hat sogar eine schwedische Mutter. Doch dann kommt alles anders: Der Winter ist finster und ohne Schnee, die roten Holzhäuschen werden von gierigen Maklern versteigert, und schließlich gibt es auch noch Ärger mit dem allmächtigen Finanzamt. Erst nach Umwegen finden die Herrmanns ihr Bullerbü. Dabei erfahren sie, warum in Schweden das Essen durchaus gewöhnungsbedürftig ist, weshalb die Wikinger Hörner tragen und wie man einen Hecht überlistet.

Der Autor

Gunnar Herrmann, geboren 1975, studierte Geschichte und Politikwissenschaft. 2006 zog er mit seiner Familie nach Stockholm. Von dort berichtet er als Nordeuropa-Korrespondent für die *Süddeutsche Zeitung*. Er ist Halbschwede, hat aber bis zu seiner Anstellung als Korrespondent nie längere Zeit im Heimatland seiner Mutter gelebt.

Gunnar Herrmann

Elchtest

Ein Jahr in Bullerbü

Ullstein

Besuchen Sie uns im Internet:
www.ullstein-taschenbuch.de

Dieses Taschenbuch wurde auf FSC-zertifiziertem Papier gedruckt. FSC (Forest Stewardship Council) ist eine nichtstaatliche, gemeinnützige Organisation, die sich für eine ökologische und sozialverantwortliche Nutzung der Wälder unserer Erde einsetzt.

Originalausgabe im Ullstein Taschenbuch
1. Auflage April 2010
6. Auflage 2010

Umschlaggestaltung und Gestaltung des
Vor- und Nachsatzes: Sabine Wimmer, Berlin
Illustration: Jakob Werth
Satz: LVD GmbH, Berlin
Gesetzt aus der Excelsior
Papier: Munken Print Cream von
Arctic Paper Mochenwangen GmbH
Druck und Bindearbeiten: CPI – Ebner & Spiegel, Ulm
Printed in Germany
ISBN 978-3-548-28142-1

Für Mama, die einen Halbschweden
aus mir machte.
Und für Susanne, die mich
trotzdem liebt.

1

Ausgerechnet Dezember! Es gibt wahrlich bessere Monate, um nach Stockholm zu ziehen. Den Juni zum Beispiel, da ist Mittsommer: Die Schweden sind fröhlich, trinken in nicht unwesentlichen Mengen Schnaps und setzen sich Blumenkränze aufs Haar. Oder den April: Da taut der Mälarsee auf, und die Stockholmer warten ungeduldig wie die Kinder auf den Frühling, den sie am letzten April mit großen Freudenfeuern begrüßen. Oder den August, die Saison für Flusskrebse; den Februar, die beste Zeit zum Skilaufen, oder … eigentlich erscheinen mir jetzt hier am Flughafen alle Monate besser als ausgerechnet der Dezember. Aber Stefanie wollte ja unbedingt bis jetzt warten mit ihrem Umzug. Ich sehe auf die Uhr neben dem Terminalausgang. Ihr Flugzeug müsste vor zwei Minuten schwedischen Boden berührt haben. Wahrscheinlich rollt der Flieger gerade über die Landebahn. Jeden Moment wird Stefanie durch die Schiebetür vor mir kommen. Es sei denn, sie ist von der Finsternis an diesem frühen Nachmittag so entsetzt, dass sie gleich wieder umdreht und zurück nach München fliegt. Aber es wird schon gutgehen – schließlich habe ich sie vorgewarnt. Vor dem Wetter, der Dunkelheit und auch vor der seltsamen Stimmung, die um diese Jahreszeit in der Stadt herrscht. Der Stockholmer Dezember ist matschig, kalt, grau, und vor allem ist er sehr dunkel. Selbst den Einheimischen schlägt das aufs Gemüt, und sie werden dann noch schweigsamer, als sie es ohnehin schon sind.

Leider trifft diese Beschreibung nicht auf alle Stockholmer zu, insbesondere nicht auf John Svenzon, der ein paar Meter vor mir steht. Sein meckerndes Lachen habe ich bereits vor einigen Minuten bemerkt. Da klärte er grade eine Redaktionskollegin am Mobiltelefon lautstark über den neuesten Klatsch aus der Welt der Stockholmer Hochfinanz auf. Ich hatte gehofft, dass er mich nicht bemerken würde, und mich vorsorglich hinter einer türkischen Großfamilie versteckt. Aber weil ich so in meine Gedanken über den schrecklichen Stockholmer Dezember versunken war, habe ich zu spät bemerkt, wie meine Tarnung überschwänglich die Großmama begrüßte und sich in Richtung Ausgang bewegte und mich damit voll John Svenzons Blicken preisgab. Er hatte mittlerweile aufgehört zu telefonieren und war ganz offensichtlich auf der Suche nach einem Zeitvertreib, da sieht er mich schutzlos in der Wartehalle stehen.

»Hej Gunnar, willst du auch eine Braut abholen?«, ruft er unvermittelt; so laut, als wolle er diesen dämlichen Satz durch die Decke und die dicken Mauern des Terminals bis in die Abflughalle und damit in die ganze Welt hinaus schreien.

Jetzt ruht seine mit einem dicken Siegelring beschwerte Hand auf meiner Schulter, und der Moschusgeruch seines Aftershaves kitzelt unangenehm in meiner Nase.

»Also ich für meinen Teil treffe hier gleich ein Mädchen aus London. Analystin, hab sie neulich auf einer Pressekonferenz kennengelernt«, sagt John grinsend, ohne eine Antwort auf seine Frage abzuwarten. Dann wirft er einen geschäftigen Blick auf das extrabreite Display seines Handys. »Sie sollte jeden Moment da sein.« Dann beugt er sein fleischiges Gesicht an mein Ohr. »Hab übrigens was gehört von einer Großfusion in der Telekombranche. Könnte dich auch interessieren, ich maile dir mal meinen Artikel.« Er beginnt manisch auf den mickrigen Tasten des Telefons herumzuhacken.

»Schon unterwegs!«

»Oh, danke. Ich lese das dann zu Hause, wenn ich wieder an meine Mails komme«, antworte ich. Eine elegant in Rot gekleidete Frau tritt durch die Schiebetür. Inständig hoffe ich, dass sie die »Braut« ist, gekommen um mich von John zu erlösen. Pech gehabt: John Svenzon würdigt sie keines Blickes. Seine Glupschaugen starren stattdessen fassungslos auf mich: »Was! Kannst du deine Mails etwa nicht auf dem Handy abrufen? Also ich habe mir neulich das Teil hier zugelegt. Total spitze, weiß gar nicht, wie ich früher ohne ausgekommen bin.«

John Svenzon, der eigentlich Johann Svensson heißt, also frei übersetzt: Peter Müller, seinen Durchschnittsnamen jedoch wie viele Schweden mit angelsächsischen Attributen veredelt hat, ist Journalist – genau wie ich. Damit sind unsere Gemeinsamkeiten aber bereits hinreichend benannt. Sein Spitzname ist »Gadget-Johnny«, weil er ständig mit dem neuesten technischen Spielzeug ankommt. Während er mich wortreich in die Finessen seines Super-Handys einweiht und dabei lauthals Begriffe wie »Mail Client«, »Smartphone« und »Multimessaging« in die Welt schleudert, überlege ich, wer wohl der größere Angeber ist: John oder der Typ, der neben dem Terminalausgang ein riesiges Plakat mit der Aufschrift »Stockholm, Capital of Scandinavia« aufgehängt hat. Man muss schon Chuzpe haben, um sich einfach so zur Hauptstadt des ganzen Nordens zu erklären. Aber bescheiden waren die Stockholmer noch nie. Auch wenn sie selbst immer das Gegenteil von sich behaupten.

Eine ganze Weile starre ich auf das Plakat, während Johnny neben mir mit missionarischem Eifer über die Segnungen der modernen Telekommunikation predigt. Wahrscheinlich dauert es am Gepäckband wieder einmal länger. Bestimmt fünfzig Mal sehe ich auf die Uhr neben der breiten Schiebetür mit den Lettern »Utgång« und beobachte, wie sich die Tür öffnet und einen Pulk Reisender in die niedrige Empfangshalle des Terminals 5 Flughafen Arlanda entlässt. Da kommt schon der nächste Schwung: Stefanie und Laura sind wieder nicht dabei. Und was noch viel blöder ist: »Die Braut« lässt ebenfalls auf sich warten.

»Habe ich dir eigentlich schon von meinem neuen Cabrio erzählt«, sagt Gadget-Johnny, dem zu seinem Telefon offenbar nichts mehr einfällt. »Könnte dich interessieren – deutsches Fabrikat.«

Thema Auto – es kann immer noch schlimmer werden. Mein Rest an gelassener Vorfreude ist dahin: Wenn die Uhr neben der Tür richtig geht, dann ist mein sündhaft teures Parkticket vor genau sechs Minuten abgelaufen. Die Parkplätze vor dem Terminal sind im schummrigen Licht des Stockholmer Nachmittags kaum mehr zu erkennen. Angestrengt spähe ich an Johnny vorbei durch die Glasscheiben nach draußen, in der Hoffnung keinen der Parkwächter zu entdecken, die hier in sehr kurzen Abständen vorbeizuschauen pflegen.

»Und das Verdeck, das geht automatisch auf und zu!«, erzählt Johnny.

Vielleicht sollte ich schnell zum Auto rennen und nachzahlen? Andererseits: Stefanies Flugzeug ist ja schon gelandet, jedenfalls steht das so auf der Anzeigentafel. Wieder öffnet sich die Schiebetür, ohne dass dahinter ein bekanntes Gesicht erscheint. »Getriebe«, »Schaltung«, »Ledersitze« – wie feiner Nieselregen setzen sich diese Worte in meinen Gehörgang. Das Parkticket ist mittlerweile gute zehn Minuten abgelaufen, und eine innere Stimme sagt mir, dass ich mich nicht aufregen soll. Nerven wie aus Schwedenstahl bräuchte ich jetzt – und Ohropax.

»Hörst du mir eigentlich zu?«, fragt Johnny nun.

»Entschuldigung. Ich warte auf Stefanie und Laura, die kommen heute aus Deutschland. Sie bleiben jetzt hier, weißt du.«

Johnny, der eben noch ein wenig beleidigt schien, grinst nun breit.

»Ach ja richtig. Du bist ja unter die Familienväter gegangen. Und: Wie ist es so? Kannst du's empfehlen? Hast schon gelernt, wie man wickelt? Ist bestimmt eine ziemliche Umstellung. Mein Bruder ist neulich auch Vater geworden.«

Während Johnny mir lang und breit vom Vaterglück seines Bruders erzählt und bald in die technischen Details abgleitet, die das Gefährt seines Neffen zum »Ferrari unter den Kinderwagen« machen, denke ich: Er hat recht. Das war wirklich eine ziemliche Umstellung in den letzten Monaten. Und sie fängt jetzt eigentlich erst so richtig an.

Es ist noch kein Jahr her, im Frühjahr, da hat mich meine Münchener Zeitungsredaktion in den hohen Norden geschickt. Als Nordeuropakorrespondent soll ich fortan über Schweden, Dänemark, Norwegen, Finnland, Island und sogar Grönland berichten. Als das Angebot kam, hatte ich gerade meine Ausbildung zum Redakteur abgeschlossen und war glücklich über die einmalige Gelegenheit.

»Die haben Sie Ihrer Mutter zu verdanken, grüßen Sie sie und vergessen Sie das nicht«, hatte der Chefredakteur zum Abschied gesagt, halb im Scherz. Aber er hatte recht: Meine Mutter ist Schwedin, in Stockholm aufgewachsen, und nur darum habe ich in meinem Geschichtsstudium zwei Auslandssemester im südschwedischen Lund verbracht und die Sprache gelernt. Ohne diesen Hintergrund hätte man mir wohl kaum die Stelle als Korrespondent angeboten. Und ohne das Okay von Stefanie, meiner Lebensgefährtin, hätte ich das Angebot wohl nicht angenommen. Erleichtert hörte ich sie eines Abends sagen: »Na gut, dann ziehen wir eben für ein paar Jahre nach Stockholm.«

Bald malte ich mir das Korrespondentenleben in den wildesten Farben aus. »Sie müssen ein einsamer Wolf werden«, hatte der Chefredakteur mir noch als guten Rat mit auf den Weg gegeben. Und welches Revier würde wohl besser zu so einem Tier passen als der Norden? Also wollte ich künftig ein Wolf sein: einer, der mal die endlosen schneebedeckten Weiten durchstreift, mal durch die Gassen fremder Städte huscht und mal geschmeidig über das glatte Parkett der Außenpolitik gleitet – immer wachsam, immer auf der Suche nach der nächsten Story. Es dauerte einige Wochen, bis endlich der Umzugswagen kam und die Möbelpacker meine Münchener Wohnung ausräumten. Stefanie blieb erst einmal in Deutschland, während ich mich in Schweden einrichtete. Bald hatte ich eine Wohnung und einen Schreibtisch in einem Großraumbüro in der Stockholmer Innenstadt angemietet. Dort führte ich zwischen Laptop und Kaffeemaschine ein glückliches Wolfsdasein. Doch nur für wenige Tage.

Eines Donnerstags baute Nils, unser Bürotechniker, ein schwarzes Telefon auf meinem Schreibtisch auf. Ich verschickte gleich eine Rundmail mit meinen Kontaktdaten an alle Leute, deren Adressen ich jemals gespeichert hatte. Dann saß ich lauernd auf meinem Stuhl und wartete auf den ersten Anruf. Der kam schon nach fünf Minuten. Ich warf einen wichtigen Blick auf meine neuen Kollegen im Großraumbüro, nippte am pechschwarzen Kaffee und hob den Hörer ab.

»Herrmann«, sagte ich. »Ach du bist es.«

Stefanie war dran.

»Weißt du was?«, rief sie aufgeregt. »Ich bin schwanger.« Der Kaffee fiel mir aus der Hand direkt in den Schoß, wo das heiße Gebräu sich in meine Schenkel brannte. Ich jaulte auf, und mit diesem Klagelaut verabschiedete sich der einsame Wolf vorerst: Die Rudelbildung war nun ein Faktum.

»Das war jetzt aber kein Freudenschrei, oder?«, fragte Stefanie etwas enttäuscht.

»Doch, doch, ein Jubelschrei«, sagte ich, während ich versuchte, die mit dem heißen Kaffee vollgesogene Hose von meinen Lenden fernzuhalten. Zum Beweis rief ich noch ein kräftiges »Juhuuu!« durchs Büro.

»Aber du darfst es noch keinem erzählen, hörst du, erst ab dem dritten Monat«, sagte Stefanie.

Als die Kollegin am Nebentisch danach fragte, was denn los sei, antwortete ich deshalb: »Ingenting.« – Nichts.

Dann holte ich mir erst einmal einen neuen Kaffee. Als ich zurückkam, tuschelte sie mit der Empfangsdame, und die beiden kicherten immer wieder in meine Richtung. Es dauerte danach ein paar Wochen, bis ich mit den neuen Büronachbarn warm wurde.

Aber ich war ohnehin nicht oft da: In meinem ersten Sommer als Korrespondent besuchte ich alle Hauptstädte, war sogar in Lappland und zwischendrin immer wieder in Frankfurt. Und Stefanie kam viele Wochenenden nach Stockholm.

Wir besuchten die Schlösser und die Schären, spazierten durch die Parks am Wasser entlang. Und am Ufer des Mälarsees beschlossen wir, unsere Tochter Laura zu nennen. Wir tranken Kaffee auf sonnenbeschienenen Terrassen, freuten uns darauf, endlich jene Wickeltische nutzen zu können, die – wie uns jetzt plötzlich auffiel – in Stockholm fast überall zu finden sind. Wir sprachen mit Bekannten über die viel gelobten schwedischen Kindertagesstätten und entdeckten, dass sich eine Krippe gleich unter unserer neuen Wohnung befand – mit dem Fahrstuhl nur drei Stockwerke abwärts. Kurz: Der Sommer in Stockholm war toll. Nur ganz selten dachte ich noch an den einsamen Wolf, der sein Dasein nun im familiären Gehege würde zubringen müssen.

»Oh, darling, hello!«

Eine schlanke Blondine im Hosenanzug und mit Stöckelschuhen reißt mich aus meinen Gedanken. Sie trippelt durch die Schiebetür direkt auf mich zu, einen surrenden Rollkoffer hinter sich herschleifend. »Hello my dear.« Johnny gibt ihr einen Kuss auf die Wange, dann winkt er mir lässig mit seinem hypermodernen Handy zu.

»Man sieht sich!«

Durch die Fensterfront kann ich dann sehen, wie er Rollkoffer und Analystin in einen schnittigen Sportwagen lädt und sich auf den Fahrersitz schwingt. Das Verdeck des Cabrios fährt langsam nach hinten und entblößt Gadget-Johnny, wie er mit großen Gesten einen Vortrag hält. Vermutlich preist er sein automatisches Dach. Die Beifahrerin zieht einen Schal über ihren Kopf, um die Dezemberkälte abzuwehren. Dann schließt sich das Verdeck wieder. Schließlich verschwindet der Sportwagen mit aufheulendem Motor in der Dämmerung. Johnny mag ein Idiot sein. Doch in diesem Moment sieht sein Leben ziemlich genau so aus, wie ich mir den Alltag eines Auslandskorrespondenten vorgestellt hatte, damals als ich noch Volontär war. Vergiss das blöde Cabrio, sage ich mir, du hast dafür Laura.

Laura kam im November in München zur Welt. Ich war natürlich dabei und fuhr dann schon etwas früher zurück nach Stockholm, um alles für die Familienzusammenführung vorzubereiten. Nun ist endlich der große Tag gekommen. Ich bin nervös. Stefanie ist um diese Jahreszeit ja noch nie hier gewesen. Stockholm im Sommer: Das war phantastisch! Aber das ist Schweden für Anfänger. Im Winter ist die Stadt nur etwas für hartgesottene Nordlichter.

Wer an einem Dezembernachmittag von Stockholm nach München fliegt, der erlebt mit etwas Glück ein stundenlanges Abendrot. Auf der Steuerbordseite des Fliegers bleibt die Sonne wie ein schwebender Feuerball kurz über dem Horizont hängen, ohne zu versinken. Weil im Winter die Nacht im Süden später anbricht als im Norden, jagt das Flugzeug auf seinem Weg von Schweden nach Bayern dem Sonnenuntergang hinterher. Ein wirklich sehenswertes Schauspiel. Fliegt man aber, wie Stefanie an diesem Dezembernachmittag, gen Norden, dann reist man mitten durch die Abenddämmerung hindurch. Das ist in etwa so, als würde jemand ganz plötzlich das Licht ausknipsen.

»Ganz schön dunkel hier«, ist dann auch ihr erster Kommentar. Stefanie ist endlich durch die breite Schiebetür getreten, und wir liegen uns in den Armen. Auf ihrem Gepäckwagen stapeln sich mehrere Koffer. Wie ein Gipfel thront obenauf die Babyschale fürs Auto – das Sperrgepäck war der Grund für die lange Wartezeit. Laura schlummert in einem Umhängetuch an Stefanies Bauch. Wir hasten nach draußen und kommen dem herannahenden Parkwächter gerade noch zuvor. Das Autoradio zeigt 15:45 Uhr, der Tag ist noch längst nicht vorbei.

»Wie lange ist es denn jetzt schon dunkel?«, fragt Stefanie, während wir Richtung Autobahn rollen.

»Die Sonne ist gerade eben erst untergegangen«, sage ich, während ich versuche, die im Scheinwerferlicht vorbeihuschenden Straßenschilder zu entziffern. »Eigentlich war, äh, ich meine, ist heute ein toller Tag, viel Sonne, strahlend blauer Himmel, also bis gerade eben. Genau das richtige Wetter für einen Spaziergang im Djurgården.«

»Na, jetzt ist es jedenfalls zu dunkel zum Spazierengehen«, sagt Stefanie. »Bin ohnehin viel zu müde.«

Durch die Finsternis rauschen wir über die E4, Schwedens größte Autobahn, Richtung Hauptstadt. Mir selber ist der Mangel an Tageslicht in den letzten Wochen kaum aufgefallen, denn wer in Stockholm wohnt, der gleitet sanft vom hellen Sommer in die Dämmerung des Winters hinüber. Auf dem Rücksitz scheint sich wenigstens Laura bereits mit der Dunkelheit angefreundet zu haben. Sie schläft friedlich in ihrer Babyschale. Stefanie aber blickt ein wenig besorgt drein, während sie zum ersten Mal das winterliche Schweden mit eigenen Augen sieht – oder eben: nicht sieht.

Vielleicht ist sie ja einfach nur müde. Die vergangenen Monate waren schon ziemlich anstrengend. Hochschwanger musste sie ihre Wohnung in Frankfurt auflösen. Zuletzt hat sie zusammen mit der neugeborenen Laura einige Wochen bei ihren Eltern in München zwischen Koffern in einem Gästezimmer gehaust. Zuerst hatten wir erwogen, ihren Umzug noch im September oder Oktober zu bewerkstelligen. Aber Stefanie wollte gerne in München entbinden. Denn noch kann sie kein Schwedisch, und die ersten Schritte in einer fremden Sprache ausgerechnet im Kreißsaal zu tun, hielt sie für keine gute Idee. Darum ist es nun also Dezember geworden.

Natürlich habe ich Stefanie gewarnt.

»Ganz so schön wie im Sommer, als du hier warst, ist es dann nicht«, sagte ich. »Manchmal ist es ein bisschen grau. Aber an und für sich hat Dunkelheit ja auch ihren Charme.«

Ich erzählte ihr von den Gemeinden ganz oben im Norden Schwedens, von Kiruna und Haparanda etwa, die jenseits des Polarkreises liegen.

»Da gibt es überhaupt kein Tageslicht, erst im Frühjahr wieder. Verglichen damit ist es in Stockholm gleißend hell.« Ich dachte mir, solche Bemerkungen würden Stefanie vor dem Umzug in die Fremde ein wenig aufmuntern. Aber irgendwann kurz nach Lauras Geburt nahm mich meine Schwiegermutter dann einmal besorgt beiseite. Ob ich nicht vielleicht ihre UV-Lampe mit einpacken möchte, fragte sie. Für das Baby. Das bräuchte schließlich – so hatte sie in einem Buch gelesen – für seine Entwicklung dringend jenes Sonnenlicht, das in Schweden offenbar sehr rar sei, wenn sie mich da recht verstanden habe.

Ich lehnte das Angebot natürlich rundweg ab.

»Schwedische Kinder haben doch auch keine solchen Lampen, und trotzdem wird aus ihnen was. Denk an Alfred Nobel oder den König zum Beispiel!«, sagte ich empört.

Dann aber meldete sich in mir bereits der Journalist zu Wort: Bist du dir ganz sicher mit der Lampe? Vielleicht haben sie ja in Kiruna doch welche, wäre doch eine schöne Recherche für die nächste Lappland-Reise? Dieses Gespräch machte mir jedenfalls klar, dass Stockholm und München doch sehr weit auseinanderliegen und dass Schweden für viele Deutsche ein eher exotischer Ort ist, den sie vor allem aus kitschigen Vorabend-Serien und Kinderbüchern kennen. Auf ihrer inneren Landkarte würden sie Stockholm wohl irgendwo zwischen Entenhausen, Lummerland und der Hütte von Väterchen Frost verorten. Wenn Stefanie und ich daheim erzählten, dass wir bald nach Schweden zögen, dann bekamen wir manchmal geradezu unglaubliche Geschichten über unsere neue Heimat zu hören – Märchen ebenso wie Schauermärchen.

Es war einmal ein Dorf namens Bullerbü im beschaulichen Königreich Schweden … – so begann das Märchen. Das Schauermärchen erzählte eine ganz andere Geschichte, kündete von einem finsteren, unwirtlichen Land – man könnte es Dunkelschweden nennen. Zu diesen beiden Geschichten gehören auch zwei Arten von Menschen.

Da sind zunächst einmal die Mittelmeer-Fetischisten, die ihren Urlaub immer im sonnigen Süden verbringen, hoffnungslos überfüllte Strände für einen Ausdruck mediterraner Geselligkeit halten und selbst ihre Frühstücksflocken noch mit (kaltgepresstem) Olivenöl begießen. Sie bringen ihre Abneigung gegen alles Nordische oft sehr unverhohlen zum Ausdruck.

»Stockholm? O Gott, das ist doch sicher verdammt kalt!«

Und wenn wir sie dann – der Höflichkeit halber – auf einen Besuch einladen, bekommen wir zu hören: »Äh, also für diesen und nächsten Sommer haben wir schon unseren Toskana-Urlaub gebucht. Und außerdem: Ist das nicht sehr teuer? Ich habe gehört, die Schweden zahlen achtzig Prozent Steuern.«

In der Vorstellung des Mittelmeer-Fetischisten ist Schweden eine Art Mini-Sibirien: karg, kalt, grau und in seinem Kern immer noch tief sozialistisch. Die Menschen, die dieses Dunkelschweden bevölkern, sind stumm und verschlossen. Der Mangel an Licht hat sie erbleichen lassen. Schwere Depressionen peinigen sie. Diese bekämpfen sie mit großen Mengen Fusel, der meist selbstgebrannt und von so schlechter Qualität ist, dass die Leute reihenweise erblinden. Gut, das soll auch schon einmal im Türkei-Urlaub vorkommen; doch ein solcher Einwand bleibt ungehört, kommt doch erschwerend hinzu: Das vom Rausch umnebelte Dasein der bedauernswerten Dunkelschweden wird von einer zentralistischen Regierung gelenkt, die keine Gelegenheit auslässt, die ohnehin schon drückenden Steuern weiter in die Höhe zu treiben und ihre Bürger mit immer neuen Vorschriften zu gängeln.

Na gut, das ist vielleicht ein bisschen zugespitzt. Ganz so düster stellen sich vielleicht nur wenige das Land jenseits der Ostsee vor. Aber mit einzelnen Elementen dieses Klischees wurden wir vor unserem Umzug immer wieder konfrontiert. Und als mir die UV-Lampe angeboten wurde, da merkte ich, dass auch meine Schwiegereltern gewisse Vorbehalte gegen den neuen Wohnort von Tochter und Enkelin hatten. Das hatte ich mir und meinem Gerede vom »Charme der Dunkelheit« wohl auch ein bisschen selbst zuzuschreiben.

Um meine Schwiegereltern zu beruhigen, empfahl ich ihnen, sich doch sonntagabends die Inga-Lindström-Filme im ZDF anzuschauen (ich fürchte allerdings, sie sahen sich stattdessen die verwesten Leichen an, mit denen Kommissar Beck und Kollege Wallander zu tun haben, und deren Mörder meist bei Regen und Nebel gefasst werden). Ich erzählte die restlichen Tage bis zu meiner Abreise nur noch von den Sonnenseiten Schwedens. Ich schwärmte von der phantastischen Inselwelt des Stockholmer Schärengartens, vom großzügigen Wohlfahrtssystem und den niedlichen kleinen Sommerhäusern, deren rote Holzfassaden und weiße Fensterrahmen sich immer im klaren Nass eines Sees spiegeln. Natürlich vergaß ich nicht die drolligen Elche, die endlosen Wälder und den herrlichen Sommer zu erwähnen – wenn es fast die ganze Zeit über taghell ist und die schwedischen Kinder stundenlang draußen in der freien Natur spielen. Ich erzählte also die Geschichte von Bullerbü. Das beruhigte meine Schwiegereltern zumindest so weit, dass sie Tochter und Enkeltochter gen Norden ziehen ließen – sogar ohne UV-Lampe.

Bullerbü, das von Astrid Lindgren erschaffene idyllische Dorf mit den glücklichen Kindern, ist das Gegenstück zu Dunkelschweden, und es begegnet uns vor unserer Abreise mindestens ebenso häufig.

»Ihr zieht nach Schweden? Toll, da ist alles viel lockerer als bei uns«, ist die typische Reaktion eines Bullerbü-Romantikers. »Wir fahren ja im Sommer gerne nach Småland, an diesen See, kennt ihr den vielleicht? Da ist es herrlich, und keine Menschenseele weit und breit. Und Elche gibt es dort.« Der Bullerbü-Romantiker ist das Gegenstück zum Mittelmeer-Fetischisten. Kälte und Regen können dieser Spezies des deutschen Urlaubers nichts anhaben. Widrigkeiten wie den Hagelschauer beim Kanuausflug oder nächtliche Attacken größerer Mückenschwärme erträgt der Bullerbü-Romantiker mit leuchtenden Augen und in dem Bewusstsein, dass er hier Mutter Natur endlich einmal ganz nahe sein darf. Und er hat gegenüber dem Mittelmeer-Fetischisten einen Vorteil: Er kennt das Land – wenn auch nur aus dem Sommerurlaub in Provinzen weitab der großen Städte. Er liebt Schweden deshalb, weil es so vertraut ist, in vielem an Deutschland erinnert, aber eben ohne all die Dinge, die ihn an seiner Heimat stören. Der Schriftsteller Aris Fioretos, der jahrelang als Kulturattaché an der Schwedischen Botschaft in Berlin gearbeitet hat, formulierte es einmal so: »Schweden scheint das zu sein, was der Deutsche morgens am liebsten im Spiegel sehen würde, wenn er oder sie sich die Zähne putzt. Soll heißen: Deutschland ohne die belastende Geschichte des 20. Jahrhunderts – ein Land mit unzerstörter Natur, funktionierendem Sozialstaat und einem gesunden Sinn für Kollektivismus.« Diese Sätze werden gern und oft zitiert. Denn die Schweden genießen diese Bewunderung. Und einige von ihnen sind auch ein wenig eitel – vor allem jene, die in der Hauptstadt Skandinaviens wohnen. Aber natürlich wissen alle, dass es sich bei diesem Schwedenbild um eine Projektion der Deutschen handelt. Denn der Alltag der meisten Skandinavier hat natürlich nur wenig mit Bullerbü zu tun. Für so manchen deutschen Touristen dagegen gibt es die sagenhafte Landidylle aus Astrid Lindgrens Geschichten wirklich.

Und warum auch nicht? In den meisten Klischees steckt ja ein wahrer Kern. Deswegen erwarten Touristen in Bayern Lederhosen und Maßkrüge – und von Schweden erwarten sie eben, dass es irgendwo ein bisschen etwas von der heilen Welt aus den berühmten Kinderbüchern bereithält.

Wir sind da übrigens keine Ausnahme, denn im Grunde sind wir natürlich auch Bullerbü-Romantiker. Sonst wären wir wohl kaum Hals über Kopf mit unserer Neugeborenen hierher gezogen. Auch ich kannte meine neue Heimat bislang vor allem aus Sommerurlauben auf dem Land. Denn meine Mutter stammt zwar aus Stockholm, aber meine Ferien habe ich als Kind stets in einem Fischerdorf im südlichen Schonen verbracht. Dort besaßen meine Großeltern ein Ferienhaus, und das war mein persönliches Bullerbü: ein endloser sonniger Strand mit feinstem Sand, ein Hafen, an dessen Kaimauer kleine Boote schaukelten, ein Garten mit alten Apfelbäumen, der Geruch von Ostsee und Terpentin im Atelier meiner »Mormor« – meiner Großmutter, die Malerin war. Ach ja: Einmal haben wir auch einen Elch gesehen. Wir hatten aber Glück: Mein Vater konnte unseren Saab gerade noch um das massige Tier herumlenken.

Stefanie habe ich schon oft von meinem Schweden erzählt. Und so kommt es, dass auch wir bei unserem Umzug nach Skandinavien Astrid Lindgren im Gepäck und eine Menge wunderbarer Bullerbü-Bilder im Kopf haben. Nun sind in Bullerbü die Flüsse immer sauber und voller Fische, der Himmel ist blau, auf sonnenbeschienenen Wiesen fressen freundliche Kühe saftiges Gras. Die Bäume in den Gärten sind grün, und ihre Zweige tragen schwer an Kirschen und Äpfeln. Klar: Auch in Bullerbü wird es alljährlich Winter. Aber die Winter sind weiß und flockig. Dick wie Watte liegt der Schnee auf den roten Holzhäusern, die Kinder fahren Schlitten oder flitzen mit Schlittschuhen über die zugefrorenen Seen, bauen Schneemänner, und wenn sich die Dunkelheit über das Land senkt, dann werden Äpfel am Kamin gebraten.

»Hat es hier eigentlich noch gar nicht geschneit?«, fragt Stefanie ein wenig enttäuscht.

Wir haben mittlerweile den Flughafen und die Autobahn hinter uns gelassen und sind in der Stadt angekommen. Der Feierabendverkehr, der um diese Zeit am dichtesten ist, hat unsere Fahrt auf Schritttempo verlangsamt.

»Leider nein, bisher hat es nur geregnet, es war einfach zu warm«, sage ich, während sich unser Golf durch die Lichtkegel der Laternen schiebt. Der Stockholmer Winter, das habe ich mittlerweile gelernt, ist am allerschlimmsten, wenn die Kälte ausbleibt. Denn ohne Schnee wirkt die Dunkelheit noch bedrückender. Die Gehsteige sind grau. Die Grünstreifen matschbraun. Die Bäume kahl. Es regnet. Und wenn es nicht regnet, dann legt sich binnen weniger Stunden ein Schmutzfilm über die Autos. Der kommt von dem Feinstaub, den die Winterreifen der schwedischen Fahrzeuge vom kahlen Asphalt abrubbeln und in die Luft wirbeln.

Die Schweden fahren gerne mit Spikes – das sind kleine Eisenspitzen im Profil der Reifen, und damit bleiben selbst große Volvos auf den eisigen Straßen des Nordens haften wie eine Pistenraupe am Skihang. In Lappland mag »Dubbdäck«, wie die gespickte Bereifung heißt, ein Segen sein. In den Großstädten der südlichen Hälfte Schwedens – und dazu zählt auch Stockholm (!) – sind die Reifen ein Fluch. Denn in der Hauptstadt bleiben die Straßen auch im Winter meist schnee- und eisfrei, und die Spikes bearbeiten darum monatelang nackten Asphalt. Außerdem radieren sie bereits nach kurzer Zeit jede Fahrbahnmarkierung weg, so dass sich nur sicher zurechtfindet, wer im Sommer Hinweise wie Rechtsabbiegepfeile und Mittelstreifen auswendig gelernt hat. Ab dem 1. November – dem Beginn der allgemeinen Winterreifenpflicht (ja, zugegeben, Schweden ist tatsächlich ein wenig zentralistisch) – ist das Rattern der kleinen Metallnoppen auf den Straßen unüberhörbar. An trockenen Tagen legt sich dann eine Staubglocke über die Innenstadt. Und auf den Lokalseiten der Zeitungen debattieren alljährlich Politiker, Beamte des Straßenbauamts und Autofahrer aufgeregt über die Vor- und Nachteile eines Dubbdäck-Verbots. »In Norwegen gibt es das schon längst«, heißt es dann – denn ähnlich wie die Deutschen oft Schweden als Modell für alles Mögliche heranziehen, blicken die Schweden zu den westlichen Nachbarn hinüber, wenn sie nach einem Vorbild suchen. Und ähnlich wie in Deutschland, so finden sich auch in Schweden bei solchen Diskussionen stets eine Menge Gründe dafür, warum das Vorbild gerade in diesem einen Punkt nicht kopiert werden kann. In Schweden, dem Land der Saabs und Volvos, beharren die Autofahrer jedenfalls seit Jahren standhaft auf den angeblich supersicheren Spike-Reifen. Es könnte ja doch einmal glatt werden. Die Debatte endet alljährlich mit einem allgemeinen Aufschrei der Empörung und dem anschließenden Einlenken des Straßenbauamtes. Neuerdings verschickt die Behörde immerhin mutig Broschüren, in denen sie die Autofahrer darüber aufklärt, dass es auch Winterreifen ohne Nieten gibt. Solche wie wir sie aus Deutschland kennen, die sind für das Stockholmer Wetter völlig ausreichend.

Mit einem kräftigen Stoß Wischwasser versuche ich ein Guckloch in die verschmierte Scheibe zu spritzen. Ich beschließe, Stefanie das mit dem Feinstaub erst einmal nicht zu erzählen. Schließlich ist es ihr erster Tag. Und weil der Stau sich bald auflöst, sind wir auch schon kurze Zeit später zu Hause, in unserer Zweizimmerwohnung im schicken Stadtteil Östermalm. Die Wohnung ist ein Glücksfall, zentral gelegen, gleich an der U-Bahn-Station und nicht weit von einem Park entfernt. Vom Wohnzimmer aus kann man sogar ein Stückchen Ostsee sehen: Dort ist der Freihafen, wo die großen Finnlandboote anlegen. Ich habe die Wohnung von einer Bekannten meiner Tante gemietet. Ohne Vitamin B kann es in Stockholm sehr schwierig sein, eine Bleibe zu finden. Das sollten wir schon bald schmerzlich erfahren.

Vor Stefanies Ankunft habe ich großreinegemacht und unser Heim babygerecht eingerichtet. Mein Schreibtisch dient nun im Bad als Wickeltisch, neben unserem Doppelbett im Schlafzimmer habe ich ein kleines Gitterbett für Laura aufgestellt. Es scheint ihr zu gefallen – und schon bald schläft sie tief und fest. Stefanie bewundert nach dem Auspacken das vorweihnachtliche Stockholm, das von unserer warmen Stube im sechsten Stock aus schon bedeutend einladender aussieht als noch vor kurzem durch die schmutzige Scheibe des Golfs.

»Schau, die vielen Lichtlein in den Fenstern«, ruft Stefanie. »Und alle haben die gleichen. Ob man die mit dem Mietvertrag gleich mitbekommt?«

Tatsächlich stehen in der Adventszeit in fast allen Fenstern Stockholms – sogar in jenen von Toiletten und Bädern – pyramidenförmige Lichterbögen. Eine Verordnung gibt es dazu aber bislang noch nicht, zumindest weiß ich nichts davon. Der Weihnachtsschmuck gehört für viele Schweden trotzdem ebenso zum Winter wie die Spikes. So kommt es, dass im Dezember die ganze Stadt blinkt und leuchtet. Und die langen, finsteren Nächte bringen die Dekoration erst so richtig zur Geltung.

Wir beschließen, von unseren neuen Landsleuten zu lernen und auch unsere Wohnung mit Lampen und Lämpchen zu verschönern. Noch an diesem Wochenende wollen wir mit der Skandinavisierung unsere Familie Ernst machen. »Lass uns gleich morgen zu Ikea fahren!«, sagt Stefanie, als wir abends im Bett liegen.

Wo sollte es auch sonst seinen Anfang nehmen, denke ich.

2

Am 28. September 1946 hatte es König Gustaf V. besonders eilig, von seinem Lustschloss Tullgarn wieder nach Hause zu kommen. Vielleicht befand er sich auch einfach nur in einem Geschwindigkeitsrausch. Die Männer aus dem Herrschergeschlecht der Bernadottes sind noch heute dafür bekannt, dass sie schnelle Autos lieben und hin und wieder ein bisschen flotter unterwegs sind, als die Polizei erlaubt. Gustaf V. jedenfalls soll an jenem Septembernachmittag 1946 vom Beifahrersitz aus seinen Chauffeur mächtig angefeuert haben, damit der das Gaspedal kräftig gegen das Bodenblech des königlichen Cadillacs presste. Das schwere achtzylindrige Gefährt kam so sehr auf Touren, dass es beim Stockholmer Vorort Huddinge aus einer scharfen Kurve flog und im Graben landete. Der Regent, damals bereits ein älterer Herr, kletterte ungerührt aus dem Wrack und zündete sich eine Zigarette an. Ein Zeitungsreporter, der zufällig vorbeikam, bannte die Szene auf Zelluloid. Und damit hatte das Königreich eine Geschichte, die immer noch gerne erzählt wird.

Es ist etwa elf Uhr morgens, als Stefanie unseren Golf über jene geschichtsträchtige Biegung der E4 steuert, die in Erinnerung an den rasenden Gustaf »Kungens Kurva« genannt wird – »Königskurve«. Heute schmiegt sich die mittlerweile zur sechsspurigen Autobahn angeschwollene Verkehrsader um eines der größten Gewerbegebiete Europas. In den 1970er Jahren hatte ein gewisser Ingvar Kamprad aus Elmtaryd bei Agunnaryd in die Königskurve ein Möbelhaus gesetzt, an dessen Fassade er mit stolzen Lettern seine Initialen und die Anfangsbuchstaben seines Heimatdorfes schrieb: IKEA. Der Laden auf der Wiese bei Huddinge war damit die erste Filiale, die Kamprad außerhalb seiner ländlichen Herkunftsregion Småland eröffnete. Seine Geschäftsidee war so einfach wie genial: Die Kunden bekamen die Möbel bei Kamprad billiger, dafür mussten sie Regale, Stühle und Tische selber zusammenschrauben. Die Stockholmer waren begeistert. Und das kleine Möbelhaus verdiente vor den Toren der Hauptstadt so viel Geld, dass es von dort aus bald zu einem weltweiten Siegeszug im Zeichen des zweifach gebogenen Inbusschlüssels aufbrechen konnte.

Viele Länder hat Kamprad seitdem vermöbelt, aber kaum eines so gründlich wie Deutschland. Die Deutschen lieben Billy, Ivar und all die anderen Einrichtungsgegenstände mit den niedlichen Namen einfach, in der Ikea-Bilanz haben sie darum seit Jahrzehnten einen Ehrenplatz. Auch Stefanie und ich haben in München viele Samstage auf dem gelb markierten Pfad verbracht, der sich in der oberen Etage des Brunnthaler Ikea-Marktes zwischen Küchen, Klappbetten und Kiefernholz-Funktionalismus hindurchschlängelt, bevor er in die Niederungen der Lagerhalle mit den tausend Wühltisch-Versuchungen führt. Ja, auch wir vertrauen Billy unsere Bücher an, und unser Sofa heißt Kramfors.

Gespannt und ein wenig ehrfürchtig nähern wir uns deshalb an diesem Samstag dem Herzstück des Inbusschlüssel-Imperiums. Der Ikea in Kungens Kurva ist nicht nur einer der ältesten, sondern auch der größte der Welt und überhaupt etwas ganz Besonderes. Die meisten seiner Nachkommen in Deutschland haben zwei Stockwerke – er hat vier. Ikea-Märkte überall auf der Welt sind eckig – an der Königskurve ziert eine imposante Rotunde das blau-gelbe Bauwerk.

Nachdem wir unser Auto geparkt haben, führt unser Weg zunächst über eine lange Rolltreppe hinauf zum Beginn des Möbelpfads, der in diesem Ikea durch das Innere der Rotunde spiralförmig abwärts trudelt. Doch ob rund oder eckig – Ikea schaut trotzdem immer gleich aus. Wir fühlen uns sofort zu Hause. Als wären wir schon hundertmal hier gewesen, greifen wir zielsicher in den Katalogstapel, rüsten uns mit Papiermaßband und Bleistift für den langen Marsch zu den Kassen. Da unsere Wohnung mit den aus Deutschland hergeschafften Ikea-Möbeln schon ziemlich vollgestellt ist, müssen wir uns bei diesem Besuch zügeln. Also lassen wir die Sofas und Betten hinter uns und schreiten standhaft an einem langen Spalier Schrankwände vorbei. Doch wir stoppen jäh, als Stefanie verzückt ausruft: »Die Baby-Abteilung!« Grellbuntes Plastik spiegelt sich in ihren weit geöffneten Augen, dann verschwindet sie hinter einem Regal mit Lätzchen.

Ich weiß, dass es jetzt eine Weile dauern wird. Darum setze ich mich auf einen neon-pink-orangen Plastikhocker mit wulstigen Beinen, der »Mammut« heißt, aber dem großen Namen zum Trotz ziemlich niedrig geraten ist. Laura schläft friedlich im Tragetuch vor meinem Bauch, noch unbeeindruckt vom dem vielen Spielzeug um uns herum. Andere Eltern mit etwas älteren Kindern haben es da schwerer. Während ich vom Mammut-Hocker aus die Babyabteilung beobachte, ist mir, als würde ich einen Blick in meine eigene Zukunft als Familienvater werfen. Was ich dort am Regal gegenüber erblicke, lässt mich ahnen, dass die Zukunft hart und unerbittlich sein wird.

»Jaaag vill haaaaaa den!« – »Iiich will ihn haaaaben!«, kreischt ein etwa vierjähriges Mädchen, das sich strampelnd und stampfend dem Griff ihrer Mutter zu entwinden versucht.

Die junge Frau hat wie ich ein Tragetuch mit einem Neugeborenen umgebunden, von der Schulter baumelt eine der riesigen gelben Tragetaschen, die Ikea-Kunden mit Waschlappen, Glühbirnen, Teelichtern und anderem Tand zu füllen pflegen. Die Mutter lässt schließlich von der Kleinen ab. Dunkelrot angelaufen, passt sie jetzt farblich ganz gut zu dem Schaukel-Elch, in dessen Geweih sich ihre Tochter festgekrallt hat. Das Spielzeug-Tier nickt schelmisch, als das Mädchen sich trotzig auf seinen Rücken schwingt. Aus Gründen, die nur den durchgeknallten Ikea-Designern bekannt sein dürften, trägt der feuerrote Elch den Namen »Ekorre«, was auf Schwedisch »Eichhörnchen« bedeutet. Möglicherweise soll der putzige Name die klobige Größe der wippenden Holzfigur vergessen machen und den Eltern suggerieren: »Ich bin ganz klein. Nimm mich doch einfach mit.«

Die Frau mit dem roten Kopf jedenfalls kapituliert vor den Verführungskünsten von »Ekorre«. »Warte hier. Mama muss nur fragen, wo wir das Ding nachher abholen können«, schnauft sie und geht zu einem der Infotische, wo sie mit einem Verkäufer zu diskutieren beginnt, während ihre Tochter zufrieden vor und zurück wippt, so als würde sie auf ihrem Elch durch einen Triumphbogen reiten.

»Ich freu' mich ja schon so darauf, wenn wir hier mit Laura zusammen einkaufen können!«

Ich drehe mich um und blicke in die Knopfaugen eines großen Stoffbären. Er thront auf einem Lätzchenberg in einem zusammenklappbaren Stoffeimer, der »Nöje« (»Vergnügen«) heißt. Stefanie hält »Nöje« im rechten Arm, ihre Linke hebt den Puppenbettbausatz »Duktig« (»Tüchtig«) in die Höhe. »Schau mal, was ich alles gefunden habe«, sagt sie, die Schätze in einer großen gelben Tragetasche verstauend.

»Bloß die Türstopper und die Sicherungen für die Schubladen hab ich nirgendwo gesehen. Und Adventsleuchten auch nicht.«

»War es nicht das, weswegen wir hergefahren sind?«

Schon etwas genervt versuche ich, mich aus der unbequemen Hocke heraus von »Mammut« zu erheben, ohne Laura dabei aufzuwecken.

»Mit dir macht einkaufen keinen Spaß«, sagt Stefanie. »Immer musst du so hetzen. Wenn wir schon mal hier sind, dann können wir uns doch auch in Ruhe ein wenig umsehen.«

An der gegenüberliegenden Regalwand klettert das kleine Mädchen gerade vom Eichhörnchenelch, reicht mit einem braven Lächeln ihrer Mutter die Hand und lässt sich widerstandslos den Möbelpfad weiter entlangführen. Kapitulation scheint manchmal schneller aus dem Ikea herauszuführen als ein aussichtsloser Kampf. Versöhnlich streichele ich dem Stoffbären über sein Polyesterfell. »Schon gut, natürlich müssen wir uns alles in Ruhe ansehen. Ich habe einfach nur Hunger. Erst mal sollten wir was essen.«

Mit den Fleischbällchen bei Ikea ist es ja wie mit den Hamburgern bei McDonald's: Sie schmecken überall auf der Welt gleich. Wahrscheinlich gibt es irgendwo in Schweden eine gigantische Köttbulle-Fabrik, in der von Mamas in blaugelben Schürzen täglich tonnenweise Fleischbällchen für all die Möbelhäuser gerollt werden. In Schweden ist nur die Vermarktung des kulinarischen Genusses ein wenig anders. Hier werden die Fleischbällchen mit Preiselbeermarmelade und Kartoffeln als småländische Hausmannskost angepriesen – in Deutschland wird einem das Möbelmahl als schwedisches Nationalgericht verkauft. Überhaupt kehrt Ikea in Schweden besonders hervor, dass es seine Wurzeln in dem wald- und seenreichen Bilderbuchlandstrich einige hundert Kilometer südlich von Stockholm hat. Vieles, was im Ausland als typisch schwedisch gilt, erweist sich bei genauerem Hinsehen als typisch småländisch. Astrid Lindgren etwa ist dort aufgewachsen, und ihr Michel aus Lönneberga – der in seiner Heimat übrigens Emil heißt – heckte dort seine Streiche aus. In Småland befinden sich auch die berühmten Glasmanufakturen wie Kosta, Boda und Orrefors. In Schweden ist die Region außerdem dafür bekannt, dass dort besonders erfindungsreiche und fleißige Menschen wohnen, die aus sehr wenig sehr viel zu machen vermögen. Im Volksmund wird Småland auch »Snålland« genannt – »snål« bedeutet geizig. Die Bewohner sind sozusagen die Schwaben Schwedens. Ingvar Kamprads Geschäftsidee, seinen Kunden nur halbfertige Möbel zu verkaufen und sie den Rest der Arbeit selbst erledigen zu lassen, kommt also nicht von ungefähr.

»Snål« ist dann auch in den Werbekampagnen ein zentraler Begriff, mit denen Ikea seine nordische Heimat überzieht. Wir kennen das ja auch: Geiz ist geil. Und die Knauserigkeit des Unternehmensgründers ist ohnehin legendär, es gibt unzählige Geschichten darüber. So soll Kamprad, heute der mit Abstand reichste Schwede, zum Beispiel einmal vom Durst übermannt eine Cola aus einer Hotel-Minibar getrunken haben. Weil Getränke aus Minibars bekanntlich immer sehr teuer sind, ging der mehrfache Milliardär anschließend schnurstracks zum Supermarkt über die Straße und kaufte eine billige Cola-Dose, um den Bestand im Hotelzimmer wieder aufzufüllen. In einem Interview auf diese Episode angesprochen, beteuerte Kamprad, die Geschichte sei erfunden. Er habe in seinem ganzen Leben noch nie etwas aus einer Hotel-Minibar getrunken – aber die Idee mit dem Supermarkt sei verdammt gut.

So sparsam ist Kamprad, dass er sogar sich selbst aus Snålland wegrationalisiert hat: Er wohnt seit vielen Jahren in der Schweiz, denn da sind die Steuern bekanntlich deutlich niedriger. Jedem anderen hätten seine ehemaligen Landsleute so eine Flucht sehr übel genommen, denn für Leute, die das Finanzamt prellen, hat man in Schweden eigentlich null Verständnis. Aber dem alten Möbelhändler kann irgendwie niemand richtig böse sein. Bei Kamprad geht es als »typisch småländisch« durch, dass er seine Reichtümer in einer Villa nahe Lausanne hortet.

Auch dass Kamprad seine Kunden mit preiswerten Fleischbällchen beglückt, ist nicht der Großzügigkeit geschuldet, sondern hat kaufmännische Gründe. »Mit leerem Magen macht man keine guten Geschäfte«, lautet einer der Lehrsätze des obersten Möbelhändlers. Der Mann ist nicht ohne Grund so unanständig reich geworden. Nachdem ich meine mittelgroße Portion småländischer Hausmannskost verputzt habe, zu der genau fünfzehn (vom Ikea-Mitarbeiter per Hand abgezählte) Fleischbällchen gehören, ist mein Körper erst einmal so mit der Verdauung beschäftigt, dass mein Geist träge und gefügig wird. Satt und froh trotte ich weiter auf dem abwärts kreisenden Möbelpfad, offen für alle Angebote, die da kommen mögen ...

Da mein Schreibtisch ja nun ein Wickeltisch geworden ist, brauche ich eine neue Arbeitsfläche für meine Korrespondentenwerkstatt. Ich entscheide mich für ein klassisches Modell namens »Gustav« aus dunklem Holz.

»Das müssen Sie hinter der Kasse an der Warenausgabe abholen«, erklärt der Mann am Infostand und druckt mir einen Zettel mit meiner Bestellung aus. Da tippt es an meine Schulter.

»Na, auch auf Schreibtischsuche«, sagt eine bekannte Stimme. Vor mir steht Andrea, die ich schon aus München kenne und die bereits seit ein paar Jahren in Stockholm wohnt. Wir hatten uns hier schon einmal zum Mittagessen getroffen. Andrea war gemeinsam mit ihrem schwedischen Verlobten Lars, den sie in München kennengelernt hatte, gen Norden gezogen. Sie ist freie Journalistin und arbeitet für Zeitschriften und Radiosender.

»Das kann ich genauso gut von hier aus erledigen«, sagt sie.

Nun richtet sie sich wohl gerade ein neues Büro ein. Hinter ihrem Ohr klemmt ein Bleistift, in der Hand hält sie ein Maßband und einen karierten Block mit Grundrissen und sauber eingezeichneten Skizzen von Schreibtisch, Schränken und Türen. Am Rand ist eine Spalte mit Ziffern vollgekritzelt – offenbar die Bestellnummern der Möbel.

»Bin fast durch. Muss nur noch in die Wohnzimmer-Abteilung. Lars ist schon dort.«

Die beiden sind neulich umgezogen, und nun sind sie gerade dabei, ihre Wohnung einzurichten. Vor meinem Bauch ist mittlerweile Laura aufgewacht und gibt Geräusche von sich, die sich so anhören, als würde sie mit mir schimpfen.

»Ich muss los, Stefanie ist schon bei den Küchengeräten.«

»Okay – kommt uns doch mal besuchen in der neuen Wohnung. Nächstes Wochenende zum Abendessen?«

Stefanie hat die Windungen des Möbelpfads bereits hinter sich gelassen und ist in der großen Wühltischhölle angelangt. Die gelbe Tragetasche ist mittlerweile so voll, dass Stefanie sie auf einen großen Wagen gestellt hat, wo ihr noch eine zweite Tasche Gesellschaft leistet.

»Hier ist das ganze Kindersicherungs-Zeug«, strahlt sie. »Ich habe einfach mal von allem etwas genommen. Ist ganz billig. Wir wollen ja jetzt umziehen. Da weiß man nie, was man in dem neuen Haus alles brauchen kann.«

Das mit dem Umzug hatten wir zwar besprochen, aber ich war bis jetzt eigentlich im Stillen davon ausgegangen, dass wir meine Junggesellenwohnung in der Innenstadt noch nicht ganz so bald verlassen würden. Doch für Stefanie scheint der Abschied vom Wolfsbau unmittelbar bevorzustehen: Auf dem Ikea-Wagen liegt ein Absperrgitter-Bausatz, mit dem sich Treppen sichern lassen. Dabei haben wir gar keine Treppen in unserer Wohnung. Andererseits: Der Bausatz kostet wirklich nur ein paar Euro. Außerdem hat Stefanie Schutzvorrichtungen für Steckdosen, Schubladen, Türen und

Fenster in die Tragetasche gestopft. Dazu noch eine Packung Energiesparlampen (»braucht man immer«), einen Topf (»war im Angebot«) und eine Lichterkette, deren Lämpchen von roten Filzsternen umrahmt sind, sowie einige der schwedischen Standard-Leuchtpyramiden. Genau, die wollten wir ja auch besorgen. Damit unsere Fenster im allgemeinen Adventsgefunkel nicht mehr wie schwarze Löcher aussehen.

Den restlichen Weg bis zur Kasse legen wir erstaunlich zügig zurück, nur ein Sack Teelichter landet noch in unserem Wagen. Laura ist wieder eingeschlafen, mein T-Shirt unter dem Tragesack schon ganz nassgeschwitzt.

»Das ist hier genauso anstrengend wie im Ikea zu Hause«, sage ich nach der Kasse. »Warte mal, ich kaufe schnell noch einen Aquavit.«

Daheim in München haben wir aus dem »Schweden-Shop« immer Getränke mitgebracht – Aquavit, Punsch, Glögg. Hier in Stockholm gibt es zwar auch einen kleinen Lebensmittelladen nahe der Kasse, aber dort finde ich nur Köttbullar und Würstchen. Und »Schweden-Shop« heißt er natürlich auch nicht. Hilfesuchend wende ich mich an eine der Kassiererinnen.

»Wo ist denn der Schnaps?«, frage ich schwitzend.

Die Frau schaut erst verdutzt, dann empört. »Wie bitte? Dies ist ein Möbelhaus!«

Vorwurfvoll blickt sie erst auf das Baby vor meinem Bauch, dann auf mich. Erst jetzt wird mir bewusst, wie unerhört die Frage ist. Alkohol gibt es in Schweden nur im staatlichen »Systembolag« (vom »Lättöl«, dem Leichtbier, einmal abgesehen). Der Wodkaverkauf bei Ikea ist dagegen typisch deutsch.

»Ach so ja, entschuldigen Sie. Wir, äh, kommen aus

Deutschland, wissen Sie. Da gibt es bei Ikea immer Schnaps zu kaufen.«

Die zusammengezogenen Augenbrauen der Verkäuferin lassen darauf schließen, dass sie das für eine Lüge und mich womöglich für betrunken hält. Wahrscheinlich überlegt sie gerade, ob sie Laura nicht mit einem Anruf bei den Sozialbehörden zu einer anständigen Kindheit verhelfen sollte.

»Hejdå«, murmele ich kleinlaut und mache mich aus dem Staub.

Stefanie wartet ein Stockwerk tiefer an der Warenausgabe auf »Gustav«, den Schreibtisch-Bausatz. Dort hat sie auch Andrea getroffen.

»Du hast mir ja gar nicht erzählt, dass wir nächstes Wochenende zum Essen eingeladen sind.«

»Das wollte ich noch machen, aber wir waren ja bis jetzt mit einkaufen beschäftigt.«

»Schon gut. Ich habe mit Andrea vereinbart, dass wir ein wenig früher kommen, so gegen fünf.« Ich nicke und begrüße Lars, der sich mit einer Topfpflanze im Arm zu uns gesellt. Andrea stapelt währenddessen immer neue Pakete aus dem Lager auf ihren Wagen und macht auf den Listen Striche und Haken.

»So, das war's. Nur dieses Teil hier, das haben wir leider nicht vorrätig.«

Der Mann im blauen Ikea-Overall lächelt freundlich.

»Wir geben Ihnen selbstverständlich das Geld zurück.«

Andrea checkt die Bestellnummern.

»Das ist das Eckteil für meinen Schreibtisch.«

Sie breitet den karierten Block mit dem Grundriss vor dem Ikea-Mann aus.

»Sehen Sie: So soll das aussehen. Gibt es denn das Teil nicht woanders auf Lager?« Der Mann hebt beschwichtigend die Hand und sagt dann, was Schweden immer sagen, wenn sie nicht mehr weiterwissen: »Det ordnar sig.« – »Das wird sich regeln.«

Wenn dieser Satz fällt, so viel haben wir schon gelernt, ist immer größte Vorsicht geboten. Denn er ist im Passiv formuliert, es fehlt also ein handelndes Subjekt, wie das zum Beispiel bei dem ähnlich lautenden Satz »Ich regele das« der Fall wäre. Diesem Satz hingegen begegnet man leider nur selten.

Wenn schwedische Kunden »Det ordnar sig« zu hören bekommen, zucken sie meistens mit den Schultern und kümmern sich selbst um alles. Es gibt in Schweden keine ausgeprägte Beschwerdekultur. Die Leute tun meistens, was ihnen gesagt wird, und gehen zuerst einmal davon aus, alles werde schon seine Richtigkeit haben. Das führt manchmal zu seltsamen Situationen. Ich habe zum Beispiel einmal mit Andrea in einem vollbesetzten Flugzeug eine gute Stunde auf dem Rollfeld des Kopenhagener Flughafens verbracht, weil – wie das leider bei der staatlichen skandinavischen Fluggesellschaft SAS oft der Fall ist – wieder einmal irgendetwas schiefgelaufen war. Wir standen und warteten, ab und zu kam eine Durchsage des Kapitäns mit vagen, völlig unbrauchbaren Informationen über die Lage, garniert mit einigen Entschuldigungsfloskeln. Als das Flugzeug dann endlich in der Luft und auf dem Weg nach Stockholm war, schob die Stewardess ihr kleines Wägelchen durch den Gang, als wäre nichts passiert, und sie besaß tatsächlich die Frechheit, für die Getränke, die in der stickigen Kabine nun massenhaft bestellt wurden, auch noch Geld zu verlangen. Aber kein Passagier äußerte auch nur einen

Mucks. Bis Andrea an die Reihe kam. Als die Stewardess zwanzig Kronen (etwa zwei Euro) für ein Becherchen Mineralwasser verlangte, platzte ihr der Kragen. Wer seine Kunden eine geschlagene Stunde auf dem Rollfeld warten lasse, der müsse wenigstens ein Mineralwasser spendieren, raunzte sie die Flugbegleiterin an. Die geriet völlig aus dem Häuschen. Denn was Andrea da verlangte, das wäre gegen die Vorschriften, meinte sie empört. Sie holte doch tatsächlich aus dem Cockpit ein Regelwerk für den Bordservice, aus dem glasklar hervorging, dass den Passagieren Gratis-Getränke erst ab einer Verspätung von 90 Minuten zustünden. So betrachtet waren wir also eine halbe Stunde zu früh abgeflogen. Andrea entgegnete ungerührt, diese Regel sei dämlich und interessiere sie nicht. Woraufhin die Stewardess meinte, jeder an Bord habe natürlich ein Recht auf seine eigene Meinung (das stand vermutlich auch so in ihrem Regelwerk). Dann ging sie wieder ins Cockpit und kehrte mit einem Formular zurück, mit der Bitte, Andrea möge ihre Verbesserungswünsche dort eintragen. Irgendwie muss sie allerdings gespürt haben, dass ihr Regelwerk und ihre Formulare in diesem Fall nicht wirklich gut ankamen. Jedenfalls vergaß sie, das Mineralwasser abzukassieren, das Andrea während der Auseinandersetzung wütend heruntergenommen hatte.

Seit diesem Flug weiß ich, dass schwedische Konsumenten eine geradezu preußische Disziplin an den Tag legen und sehr viel fügsamer sind als die deutschen, für die Beschwerden die alltäglichste Variante der Kommunikation sind. Sich wirkungsvoll, aber nicht unverschämt zu beschweren, ist eben eine hohe Kunst, die im Norden kaum gepflegt wird. Auch bei Ikea nicht. Vielleicht ist die skandinavische Genügsamkeit ja sogar eine Voraussetzung für das Wachstum des Möbelriesen – wo sonst hätte sich wohl ein Laden etablieren können, der seine Produkte halbfertig anbietet.

Gespannt beobachte ich darum den ungleichen Kampf zwischen dem schwedischen Ikea-Mitarbeiter und der sich beklagenden Deutschen, der nun an der Möbelausgabe seinen Lauf nimmt.

Andrea beginnt die Auseinandersetzung mit einer aggressiven Eröffnung, vermutlich will sie ihren Gegner einschüchtern. Sie beugt sich leicht nach vorne und blickt dem hellblauen Ikea-Mitarbeiter mit teutonischer Angriffslust direkt ins Gesicht.

»Wie genau wird sich das denn regeln?«

»Also, wie gesagt, Sie könnten Ihr Geld für das Eckteil wiederhaben. Oder Sie kommen eben später noch einmal und holen das Eckteil dann.«

»Wann ist das: später?«

»Moment, da muss ich mal nachsehen.«

Der Mann, merklich erleichtert, einmal woanders hingucken zu dürfen, tippt ein wenig an seinem Rechner herum.

»Nächste Woche. Kann aber auch übernächste sein.«

Andrea nickt. »Gut. Dann können Sie mir das Eckteil ja nächste oder übernächste Woche in mein Büro schicken.«

»Das ist aber nicht üblich. Wir haben da unsere Vorschriften, und die besagen, dass ...«

Andreas Augenbrauen ballen sich bedrohlich.

»Moment, ich frage da mal meinen Chef.«

Der Blaumann verschwindet im Lager. Andrea formt ihre Hände zu Fäusten.

»Ich fasse es nicht. Wie können die mir oben etwas verkaufen, was sie dann hier unten nicht vorrätig haben?«

Lars massiert ihr die Schultern.

»Nicht aufregen. Det ordnar sig.«

Andrea schüttelt ihn ab und stößt einen Grunzlaut der Verachtung aus. Dann tritt der Blaumann mit einem triumphierenden Lächeln aus dem Lager.

»Es tut mir leid. Ich würde ja gerne helfen. Aber mein Chef sagt: Da ist nichts zu machen. Wir liefern grundsätzlich nicht.«

Es ist die alte »Die-da-oben-sind-schuld«-Taktik. Andrea greift ruhig nach ihrem Karo-Block.

»Sehen Sie mal her. Ohne Eckteil, da passt das hier alles nicht mehr. Da müsste ich den Schreibtisch versetzen und die Regale und die Kommode anders hinstellen. Da bräuchte ich dann wohl ganz andere Möbel.« Der Ikea-Mann nickt verständig, scheint aber noch nicht genau zu wissen, wo das Gespräch hinführen soll.

»Ich habe hier also Möbel für mehr als 10 000 Kronen gekauft. Jetzt kann ich die gar nicht verwenden, weil ein kleines Eckteil fehlt. Was machen wir denn da?« Andreas Gesichtszüge verhärten sich, wie bei einem Boxer, der seinen Gegner gleich k. o. schlägt.

»Ich weiß es: Sie nehmen doch sicher die Möbel zurück, die ich jetzt nicht mehr brauchen kann, oder?«

»Äh, ja, ich denke schon«, stottert der Blaumann.

»Gut, dann sind wir uns einig. Ich will bitte alles wieder zurückgeben.« Sie deutet auf den schwankenden Paketturm hinter sich.

»Bitte stornieren Sie die Abbuchung von meiner Kreditkarte. Die Waren können Sie dann ja später einräumen.«

Mit einem Blick auf die Warteschlangen hinter ihr setzt sie lächelnd hinzu: »Nach Geschäftsschluss vielleicht.«

Einen Moment später eilt der Ikea-Mitarbeiter zurück ins Lager. Wir sehen ihn angeregt mit einem älteren Mann diskutieren, wobei er immer wieder auf den Paketstapel hinter Andrea deutet. Schließlich tritt der ältere Mann, offenbar der Chef, selbst an den Schalter. »Schreiben Sie uns doch Ihre Adresse auf. Dann liefern wir Ihnen Ihr Eckteil. Ausnahmsweise, weil Sie eine so gute Kundin sind. Das wird sich regeln.«

»Ja, das regelt sich bestimmt«, sagt Andrea grimmig.

Auf dem Weg zum Parkplatz besprechen wird noch einmal die Verabredung zum Essen.

»Hättest du die ganzen Pakete wirklich dagelassen«, frage ich Andrea zum Abschied. »Du hast doch ewig nach den Möbeln gesucht.«

»Ja natürlich. Da geht es einfach ums Prinzip!«

3

»Verdammt!« Mit einem lauten Rumms knallt mein großer Zeh an die Ecke eines Bücherregals, und ich hüpfe die letzten Meter durch die Diele bis zur Garderobe, wo das Handy in der Innentasche meines Mantels klingelt. Es ist Montagmorgen, und ich sollte eigentlich schon auf dem Weg zur Arbeit sein. Aber beim Frühstück hatten Stefanie und ich begonnen, unsere Pläne für die Woche durchzusprechen. Es gibt viel zu tun – darum wurde es ein längeres Gespräch. Unsere Wohnung ist jetzt mit leeren Ikea-Kartons sowie neuen und alten Möbeln so vollgestopft, dass der Weg vom Frühstückstisch zur Garderobe einem Hindernislauf gleicht. Auf einem Bein balancierend, reiße ich das Handy aus dem Mantelfutter.

»Herrmann«, belle ich ziemlich laut in den Hörer, um Laura zu übertönen, die inzwischen in der Küche schreit.

»Hallo. Ist alles in Ordnung bei euch?«

Tante Maria klingt nach der forschen Begrüßung ein wenig eingeschüchtert.

»Ach du bist es. Ja, es ist alles bestens«, sage ich, während ich zu einem Stuhl humpele, um mich zu setzen. »Wirklich. Was gibt es denn?«

»Ich rufe wegen nachher an. Also ich habe gedacht, wir treffen uns nicht vor der Polizei, denn es ist so kalt heute. Drinnen gibt es einen Wartesaal, da bin ich dann. Du hast es nicht vergessen, oder?« Doch, natürlich habe ich, lasse es mir aber nicht anmerken: »Aber nein! Ich bin praktisch schon auf dem Weg. Gute Idee, sich drinnen zu treffen. Vergiss deinen Ausweis nicht! Bis dann.«

Von der Diele humpele ich hastig ins Badezimmer, um mir wenigstens noch schnell die Zähne zu putzen. Die Rasur muss heute leider ausfallen. Während ich im Badezimmerspiegel beobachte, wie die Bürste über meine Schneidezähne saust, muss ich an den Satz von Aris Fioretos denken. Dies ist also der Moment, in dem die Sehnsucht des Deutschen nach Bullerbü so groß wird, dass er sich wünscht, einen Schweden im Spiegel zu sehen. Ob ich als Schwede besser rasiert wäre und entspannter dreinblicken würde? Wäre die Falte zwischen meinen Augenbrauen vielleicht weniger tief? Vermutlich ja. Ganz bestimmt sogar! Denn wäre ich ein Schwede, dann müsste ich mich jetzt nicht mit Tante Maria treffen. Wäre ich kein Schwede, dann müsste ich das allerdings auch nicht. Das ist auch schon das ganze Problem: Ich befinde mich derzeit in einem eigenartigen Zwischenzustand. Der soll aber heute mit Marias Hilfe beendet werden. Morgen werde ich dann hoffentlich in ein gut rasiertes, sorgenfaltenfreies Bullerbü-Gesicht blicken können.

Also die Laptoptasche geschnappt, den Mantel übergezogen und dann noch ein Knäckebrot mit auf den Weg – wie konnte ich nur diesen Termin bei der Polizei vergessen! Ein wichtiger, nein: ein sehr wichtiger Termin. Schließlich geht es um nichts Geringeres als um meine Identität, um die Frage: Wer und was bin ich eigentlich? Bin ich Deutscher, bin ich Schwede, bin ich gar ein illegaler Immigrant? In München war das alles noch ganz einfach: Da glaubte ich immer zu wissen, dass ich Deutscher und Schwede bin. Meinen deutschen Pass bekam ich gleich nach der Geburt. Da gab es keinen Zweifel, denn schließlich ist mein Vater Deutscher. Später, da war ich schon im Kindergarten, nahm mich meine Mutter dann eines Tages bei der Hand und ging mit mir ins schwedische Konsulat in München. Dort bekam ich dann einen schwedischen Pass, denn schließlich ist meine Mutter Schwedin – auch da: kein Zweifel. Erst hieß es, ich müsse mich mit achtzehn Jahren für ein Land entscheiden, damit klar wäre, wo ich meinen Wehrdienst ableiste. Aber der schwedische Staat änderte seine Gesetze kurz vor meiner Volljährigkeit und gestattete mir, mein blau-goldenes Reisedokument als Zweitpass zu behalten. Ich blieb ein »doppelter Staatsbürger«. Wenigstens dachte ich das.

Nach einigen Scharmützeln mit der Stockholmer Bürokratie bin ich mir meiner Identität nun nicht mehr so sicher. Das ursprüngliche Problem, ich gebe es zu, habe ich selbst verursacht. Irgendwo, vermutlich in München, irgendwann, vermutlich zu Studenten-WG-Zeiten, verlor ich meinen Schwedenpass. Wie genau er verschwand, kann ich nicht sagen. Aber es gibt da verschiedene Theorien, die unter anderem mit meiner Angewohnheit zusammenhängen, wichtige Dokumente in Papierstapeln zusammen mit anderen nicht so wichtigen Dokumenten aufzubewahren.

Danach fühlte ich mich nicht anders, mir fehlte nichts, von Identitätskrise keine Spur, ich konnte mir weiterhin die Zähne putzen, ohne ins Grübeln zu geraten. Die Sache mit dem Pass wurde erst akut, als ich von München nach Stockholm zog. Denn dort wollte ich mich natürlich als Schwede ins Einwohnermelderegister eintragen lassen. Also telefonierte ich mit dem Konsulat in Hamburg – das in München fühlte sich aus irgendwelchen

Gründen nicht mehr zuständig – und schilderte mein Problem. Ein neues Dokument zu beantragen sei zwar keine große Sache, würde aber viele Wochen, vielleicht gar Monate dauern, erläuterte mir eine Telefonstimme.

»Wir müssen nämlich alles erst nach Stockholm schicken. Da Sie ja ohnehin dorthin wollen, empfehle ich Ihnen, sich gleich selbst in der Hauptstadt einen neuen Pass zu besorgen.«

Es klang alles so einfach. Das wird sich regeln.

Zuerst ging ich zum Finanzamt, der mit Abstand wichtigsten Behörde Schwedens. Dort wird nicht nur das Geld des Bürgers, dort wird der Bürger selbst verwaltet. Das »Skatteverk« ist Herr über das zentrale Einwohnerregister, in dem jeder Bewohner Schwedens verzeichnet und mit einer Nummer katalogisiert ist. Die »Personennummer« ist der Grundstein der schwedischen Verwaltung, ohne sie kann man kein Bankkonto eröffnen, keinen Mietvertrag unterschreiben, man bekommt weder einen Telefonanschluss, noch darf man an den vielen Vorzügen des Wohlfahrtstaates teilhaben. Eine Personennummer besteht aus dem Geburtsdatum in der Reihenfolge Jahr-Monat-Tag und vier Zufallsziffern, die den Schweden einzigartig machen. Jede Nummer wird nur einmal vergeben. Die Schweden sind dabei recht offen für Zuwanderer aus dem Ausland. Kommt man aus einem anderen EU-Land, ist es kein Problem, sich nummerieren zu lassen.

»Füllen Sie einfach diesen Zettel aus«, hatte Anna gesagt, die blonde Sachbearbeiterin vom Finanzamt. »Und dann brauche ich natürlich noch Ihren Pass oder Ausweis.« Sie lachte zwinkernd: »Damit ich weiß, dass Sie wirklich Sie sind.«

Ich erzählte ihr dann von der Studenten-WG in München, von den Theorien um das Verschwinden meines Passes und von meiner Mutter, die ja in Stockholm aufgewachsen ist.

»Pässe stellt bei uns die Polizei aus«, erklärte Anna freundlich. Dann nahm sie meinen deutschen Ausweis und sagte: »Der hier geht aber genauso.«

Weil ich nur deutsche Papiere hatte, schrieb sie dick »tysk« – »deutsch« – in das Feld »Staatsangehörigkeit« meines Formulars.

»Das können Sie wieder ändern lassen, wenn Sie Ihren schwedischen Pass haben«, versprach sie.

In diesem Moment war ich, ohne es zu wissen, in einen Teufelskreis geraten. Denn als ich wenige Tage später bei der Polizei um einen neuen Schwedenpass bat, blickte die Sachbearbeiterin in ihren Computer und sagte: »Hier steht, dass Sie Deutscher sind. Wenn Sie Ihren Pass verloren haben, müssen Sie sich an die Deutsche Botschaft wenden.«

»Sie verstehen nicht«, antwortete ich und erzählte erneut die Geschichte von der WG, von den Theorien, von meiner schwedischen Mutter und auch von Anna im Skatteverk.

»Wenn Sie Schwede werden wollen, müssen Sie zur Einwanderungsbehörde«, sagte die Polizistin, nun leicht genervt.

»Aber ich bin doch schon Schwede. Schon im Kindergarten hatte ich einen schwedischen Pass. Nur der ist verschwunden. Haben Sie mir nicht zugehört?«

»In meinem Computer steht, dass Sie Deutscher sind.«

Nach und nach gesellten sich, angelockt von der immer lauter werdenden Unterhaltung, noch andere Polizisten zu uns. Einer erinnerte sich, schon einmal von einem ähnlichen Fall gehört zu haben. Er sagte uns, dass die Daten der schwedischen Konsulate im Ausland nicht in den Zentralcomputer des Stockholmer Skatteverk übertragen werden. Darum wusste der Rechner auf der Polizeiwache nichts von meiner schwedischen Abstammung. »Wenn Sie nicht beweisen können, dass Sie Schwede sind, dann kann ich Ihnen jedenfalls keinen Pass ausstellen«, beendete die Sachbearbeiterin schließlich die Diskussion. »Vielleicht haben Sie ja Verwandte, die Ihre Identität bezeugen können? Bringen Sie die mit her, dann kriegen Sie Ihren Pass.«

Und so kam Tante Maria ins Spiel. Sie ist die jüngere Schwester meiner Mutter und hatte mich seit meiner Ankunft unter ihre Fittiche genommen. Bei ihr durfte ich die ersten Wochen wohnen, und sie organisierte den Untermietvertrag für meine Wohnung. Dann sollte sie eben auch bezeugen, dass ich ein echter Schwede bin – na, zumindest halb.

»Was müssen wir jetzt eigentlich machen«, fragt mich Maria, als wir uns auf der Polizeiwache treffen.

»Ich weiß nicht genau. Ich glaube, du musst den Polizisten nur sagen, dass ich ich bin, und dass ich Schwede bin natürlich.«

»Jahaa«, sagt meine Tante mit diesem typisch langgezogenen »a« der Schweden, das sich immer so anhört, als würden sie an etwas zweifeln. Bevor wir mit unserer heutigen Sachbearbeiterin sprechen dürfen, müssen wir erst eine Nummer ziehen und dann warten, bis wir aufgerufen werden. Meine Tante und ich haben uns darauf schon eingerichtet und Zeitungen mitgebracht.

Warten hat in Schweden nicht einfach nur organisatorische Gründe. Es ist vielmehr Ausdruck einer egalitären Lebensphilosophie: In der Warteschlange sind alle Schweden gleich. Dass jeder irgendwann drankommt, keiner bevorzugt wird, ist für sie ein Zeichen von Gerechtigkeit. Warteschlangen werden darum völlig anders wahrgenommen als bei uns in Deutschland. Wenn ein Deutscher in einer Behörde eine Warteschlange erblickt, denkt er: »Das System ist marode.« Der Schwede dagegen denkt: »Das System funktioniert.«

Auch in Geschäften, beim Arzt oder an der Kinokasse läuft das so. Nummernziehen ist an den ungewöhnlichsten Orten Pflicht, selbst wenn es gar keine wartende Menschenmenge gibt, die nummeriert werden müsste. In einer Stockholmer Bäckerei stand ich einmal minutenlang vor einer Vitrine mit Torten und blickte zunehmend verstört auf die Verkäuferin, die untätig in der hintersten Ecke des Ladens kauerte und ebenso irritiert zurückstarrte. Der Laden war sonst menschenleer. Erst als ich neben der Vitrine eine Rolle mit Wartenummern entdeckte und mir einen »Kölapp« zog, verließ die Bäckerin ihr Eck, so als hätte sie plötzlich jemand angeschaltet, trat an den Tresen und verkaufte mir einen Zimtwecken.

Nach einer guten halben Stunde, in der ich entgegen meiner Gewohnheit sogar den Sportteil ausführlich gelesen habe, erscheint endlich mit einem »Pling« unsere Wartenummer auf der Anzeigetafel der Polizeiwache.

»Das ging aber schnell«, freut sich Tante Maria.

Wir treten an den Schalter. Vor uns lächelt die Polizistin Esmeralda Gonzales, von links schielt ein Kameraauge auf uns herab, das von einer Batterie futuristisch anmutender Blitzlampen umgeben ist. Mit dieser Vorrichtung werden die Passbilder gemacht. Unter der Kamera hängt ein Spiegel. Ich streiche mir eine Haarsträhne aus der Stirn, in der Hoffnung, dass ich bald fotografiert werde. Der Dreitagebart wird dann wohl für die nächsten Jahre in meinem Pass bleiben. Aber das stört mich gar nicht, im Licht der Polizeiwache wirkt er viel cooler als in meinem Badezimmerspiegel. Verwegen, denke ich zufrieden, man könnte fast sagen: wikingerhaft.

»Wie kann ich Ihnen helfen?«, fragt Esmeralda.

»Das hier ist mein Neffe«, sagt meine Tante ohne Umschweife. »Er ist Schwede, bitte geben Sie ihm einen Pass.«

»Jahaa. Personennummer bitte.«

Ich nenne ihr meine zehnstellige Nummer, die ich wie jeder richtige Schwede bereits im Schlaf aufsagen kann.

»Hier steht, dass Sie Deutscher sind.«

Nun trottet der Dialog über den bereits bekannten Pfad, und ich erzähle von meiner Studenten-WG, von den Theorien, von meiner schwedischen Mutter, von Anna vom Skatteverk und von der abweisenden Polizistin, um schließlich an die Stelle zu gelangen, wo meine Tante sagt: »Also Herrgottnochmal, das ist doch mein Neffe. Und ich kann bezeugen, dass er Schwede ist, schließlich ist er der Sohn meiner Schwester.«

»Gut, dann auch Ihre Personennummer bitte.«

Meine Tante sagt ihre Ziffern auf, dann wird es still. Nur das Klappern von Esmeraldas Tastatur ist zu hören. Triumphierend verkündet die Beamtin meiner Tante das Ergebnis ihrer Recherche: »Welche Schwester? Hier steht, dass Sie Einzelkind sind.«

Maria, die bis eben noch selbstbewusst und forsch vor der Polizistin stand, wirkt mit einem Mal zerknittert und verloren. Sie wirft der Polizistin einen langen, traurigen Blick zu.

»Jahaa«, sagt sie leise, und diesmal zweifelt sie wirklich – an sich und an den schwedischen Behörden. »Also wir waren immer zu dritt zu Hause, meine beiden Schwestern und ich. Ich kann mich ganz genau daran erinnern.«

Esmeralda mustert uns. Man kann deutlich erkennen, wie sich hinter ihrem sachlich-neutralen Gesichtsausdruck eine Entscheidung zusammenbraut. Wem wird sie wohl glauben – uns oder der dementen Datenmaschine, die auf ihrem Schreibtisch hämisch vor sich hin summt. Schließlich heben sich Esmeraldas Mundwinkel und sie fängt laut an zu lachen. Wir lachen auch, erst vorsichtig, dann etwas wagemutiger.

»Ach ja, Probleme mit dem Computer. Das haben wir hier öfter«, meint Esmeralda. Sie verschwindet in den hinteren Räumen des Präsidiums und kommt mit einer älteren Kollegin zurück, die das Problem lösen soll. Die Polizistin, die ihrem Namensschildchen zufolge Lena heißt, beginnt nun, unsere Familiengeschichte zu erforschen. Sie füttert den Rechner mit den Namen und den Geburtstagen meiner Großeltern. Ich rufe mit dem Handy meine Mutter in Deutschland an und frage sie nach ihrer Personennummer. Nur für einen kurzen Moment wundere ich mich darüber, dass meine Mutter, die seit über dreißig Jahren in Deutschland lebt und ihre schwedische Nummer nur ganz selten braucht, die zehnstellige Ziffernkombination dennoch so rasch herunterrattert, als wäre sie eine alltägliche Begrüßungsfloskel. Nach einigen entschiedenen Mausklicks und energischem Klopfen der »Return«-Taste glättet sich Lenas gerunzelte Stirn.

»Ach so. Dann ist ja alles klar«, sagt sie.

Vor einigen Jahrzehnten, so erläutert sie uns, habe es

da mal eine Reform des Bevölkerungsregisters gegeben. Dabei sind offenbar Schweden, die im Ausland lebten, aus den Akten verschwunden. Da nur Tante Maria noch in Stockholm wohnt, ihre beiden älteren Schwestern aber schon vor langer Zeit nach Deutschland und Frankreich ausgewandert sind, machte diese Reform sie über Nacht zum Einzelkind. Wie gut, dass Tante Maria sich noch an ihre Geschwister erinnern konnte.

»Schön, dass wir das geklärt haben«, sagt Lena.

»Finde ich auch!«, rufe ich erleichtert.

»Ach ja, und wegen Ihres Passes: Wir haben da einen älteren Kollegen, der kennt sich sehr gut aus mit dem Passwesen in den ausländischen Konsulaten. Der kann Ihnen sicher weiterhelfen, wenn er nächste Woche aus seinem Urlaub zurück ist. Wollen Sie ihn mal anrufen? Ich könnte Ihnen die Nummer geben.«

»Das wäre sehr nett. Danke!«

Wir verabschieden uns herzlich von Lena, Esmeralda und ihrem gedächtnisschwachen Rechner. Dann eilen wir zur U-Bahn, denn es ist spät geworden. Tante Maria muss in eine Besprechung (damit bestreiten die Schweden gerne ihre Arbeitstage), und ich muss noch einen Artikel über die vorbildlichen Kindertagesstätten in Schweden schreiben. Erst nach zwei Haltestellen fällt mir auf, dass ich gerade einen Großteil meines Vormittags in einer Behörde verbracht habe, ohne meinem Pass wesentlich näher gekommen zu sein. Erstaunlich ist vor allem, dass ich noch nicht einmal wütend bin. Dabei hatte ich mir vor meinem Besuch im Polizeipräsidium noch lebhaft ausgemalt, wie ich mit der Faust auf den Tisch hauen und nicht eher gehen würde, als bis ich endlich wieder Schwede wäre. Bekommen habe ich zwar letztlich nichts weiter als eine Telefonnummer, aber Esmeraldas charmantes Lachen und Annas geschäftige Hilfsbereitschaft haben es einfach nicht dazu kommen lassen, dass ich mich ärgere. Immerhin habe ich mich damit sehr schwedisch verhalten. Und das tut meiner angezweifelten Nationalseele gut. Morgen kann ich beim Zähneputzen bestimmt schon viel zuversichtlicher in den Spiegel schauen.

Wenigstens hat der Besuch im Polizeipräsidium Stoff für eine schöne Anekdote geliefert, die ich bei nächster Gelegenheit vor Publikum teste. Wir sind in der geräumigen Drei-Zimmer-Wohnung zu Besuch, die Andrea und Lars nun ihr Heim nennen. Andrea hat außerdem noch eine deutsche Rundfunk-Praktikantin eingeladen, die sie neulich bei einer Pressekonferenz kennengelernt hatte. Es gibt Fisch und Weißwein. Die Geschichte von Tante Marias verlorenen Schwestern hebt die Stimmung, ganz so, wie ich es gehofft hatte. Praktikantin Helga ist Anfang zwanzig und studiert Skandinavistik. In ihren Semesterferien hat sie sich nun dazu entschlossen, für wenig Geld viel zu arbeiten. Und zwar bei einer bekannten schwedischen Firma, die öfter Studenten aus Deutschland beschäftigt.

Aber auch die alteingesessene Firma scheint gewisse Probleme mit der schwedischen Bürokratie nicht lösen zu können, wie Helga im Anschluss an meine Polizei-Anekdote berichtet.

»Zum Beispiel schaffen die es seit drei Monaten nicht, mir meinen Lohn auszuzahlen. Aber das macht nichts, ist eh so wenig.«

Helga erzählt, dass sie seit ihrer Ankunft vergeblich versucht, beim Skatteverk eine Personennummer zu bekommen, ohne die sie bei der Bank kein Konto eröffnen kann, das sie dringend benötigt, um die Überweisungen ihrer Arbeitgeber in Empfang zu nehmen. Die Angestellten bar zu bezahlen, ist im wohlorganisierten Schweden verboten. Das Faszinierende ist, dass sich diese Schwierigkeiten jedes Jahr aufs Neue wiederholen, wie Helga aus Erzählungen früherer Praktikanten weiß. Dennoch hat noch niemand eine Lösung gefunden. Aber diese Sache soll auf jeden Fall im nächsten »Möte« – in der nächsten Besprechung – diskutiert werden, hat man Helga versichert. Von ihren Vorgängern weiß sie allerdings auch, dass die Sache ein Dauerthema im Möte ist.

»Als ich das gehört habe, ist mir klar geworden, wie die Schweden ticken: Diese ganze Ordnung hier ist nur Fassade. Dahinter ist Chaos, Villa Kunterbunt!«

Andrea und ich sind begeistert von dieser treffenden Zusammenfassung und heben unsere Weingläser: »Skål!«

Auch Lars, der sich nach einigen Jahren mit Andrea schon an das Gemosere der Deutschen gewöhnt hat, prostet mit. Allerdings nicht ohne leise anzumerken: »Ordnung, Ordnung. Da muss man ja nur ein bisschen in eurer Geschichte stöbern, dann sieht man ja, wo das hinführt.«

Stefanie lacht während dieses Gesprächs nicht ganz so unbeschwert. In der kommenden Woche müssen sie und Laura zu einem Termin ins Skatteverk, um sich anzumelden.

»Ich freu' mich schon auf eure Geschichte«, feixt Andrea, als wir uns auf den Heimweg machen.

4

Meine Probleme mit der Bürokratie sind leider nicht die einzigen Anfangsschwierigkeiten, die wir in unseren ersten gemeinsamen Wochen in Schweden bewältigen müssen. Auch das Wohnen in der Valhallagata läuft nicht ganz so reibungslos ab, wie wir uns das wünschen würden. Es gibt Momente, da habe ich das Gefühl, das Mietshaus würde uns am liebsten aus seinem gemütlichen Inneren aussondern wie einen versehentlich verschluckten Fremdkörper. Am schlimmsten ist es am späten Nachmittag, wenn alle mit ihren Einkaufstüten vom Supermarkt kommen. Dann haben meine Nachbarn offenbar nichts weiter zu tun und deshalb jede Menge Zeit für lange Gespräche und neugierige Fragen. Ich habe inzwischen komplexe Ausweichmanöver ausgeklügelt, um den Menschen zu entgehen, die in den Wohnungen neben, über und unter uns leben. Von wegen schweigsame Schweden!

Nun ist es Mittwoch, 16.30 Uhr, und damit die Zeit, wo die Schlangen vor den Supermarktkassen am längsten sind und alle Schweden vom Arbeitstag in den Feierabend hinübergleiten, der mit dem gemeinsamen Abendessen beginnt. Ich bin ein wenig früher aus dem Büro nach Hause gefahren, denn ich muss gleich noch zum Sperrmüll und ein Billy-Regal entsorgen, das in der kleinen Wohnung nach Stefanies Einzug einfach keinen Platz mehr findet. Als ich in die Valhallagata einbiege, erkenne ich im Dämmerlicht vor mir eine grauhaarige Gestalt, die aussieht wie Björn, der ältere Herr aus dem Apartment zu unserer Linken. In mir wird unterbewusst das Programm »Ausweichmanöver« aktiviert. Meine Hand greift in die Jackentasche und fischt das Handy heraus (obwohl es gar nicht geklingelt hat). Mein Daumen drückt – äußerst langsam – auf den Tasten des Geräts herum, ich sehe nach, ob vielleicht eine SMS gekommen ist (was sinnlos ist – denn in diesem Fall hätte das Handy ja geklingelt). Meine Augenbrauen schieben sich zusammen und verleihen meinem Gesicht einen Ausdruck äußerster Konzentration. Ein Arm senkt sich langsam im Schultergelenk, so dass die Laptoptasche leicht über den Boden schleift, wie ein Anker. Derartig gebremst lege ich nun die wenigen Meter bis zum Eingang unseres Hauses in Zeitlupe zurück. Als ich die Tür öffne und in den Flur trete, sehe ich mit großer Erleichterung, wie sich die Aufzugtür hinter Björn schließt. Mein Manöver ist geglückt, das drohende Gespräch mit dem Nachbarn wurde erfolgreich vereitelt.

Es ist eigentlich ein typisch nordisches Verhalten, das ich mir da angewöhnt habe. Ähnliches ist mir schon öfter bei Kollegen im Büro aufgefallen und auch bei Kommilitonen in der Zeit, als ich Austauschstudent in Lund war: Vor allem im dunklen Winter verschließen sich die Schweden vor ihrer Umwelt. Aber es gibt eben Ausnahmen – Björn zum Beispiel. Die meisten Schweden grüßen nicht, sie antworten auf Fragen höchstens einsilbig und sind alles in allem so still, dass man sie leicht übersehen kann. Im Frühjahr blühen sie dann meist wieder auf. Von mir selbst kannte ich diese Marotte bislang noch nicht. Ich bin eigentlich ein eher kontaktfreudiger Mensch, schon von Berufs wegen. Meine Ausweichmanöver vor dem Fahrstuhl sind auch nicht auf diese nordische Winterstarre zurückzuführen. Nein, mich plagt etwas anderes. Ich habe das Gefühl, nicht so richtig in unser Wohnhaus zu passen – und außerdem habe ich eine dumpfe Ahnung, dass die meisten anderen Hausbewohner das genauso sehen.

Die Probleme begannen damit, dass ich im Fahrstuhl eines Tages von älteren Damen umringt wurde, die sich als unsere Nachbarn vorstellten. Und die allerhand Dinge über uns wissen wollten …

»Wie lange wohnen Sie denn schon hier?« – »In welchem Stockwerk?« – »In der Wohnung links oder rechts den Gang hinunter?« – »Was genau haben Sie denn für einen Mietvertrag?« – »Wie viel Miete zahlen Sie eigentlich?« – »Wie lange bleiben Sie denn?«

Die Damen entpuppten sich als sehr bohrende Fragerinnen, und als Journalist empfand ich bald Ehrfurcht vor der Effizienz, mit der sie große Mengen an Informationen in der kurzen Fahrt vom ersten in den sechsten Stock aus mir herauspressten. Als Mieter, noch dazu als Untermieter, machten mir die Fahrstuhlverhöre jedoch bald Angst. Denn ich spürte deutlich, dass die ganze Fragerei nicht unbedingt freundlich gemeint war. Hier ging es um Wichtigeres: um das Volksheim und seine Verteidigung gegen Eindringlinge.

Das »Volksheim« ist ein Begriff, der mit Schweden mindestens ebenso eng verbunden ist wie Ikea oder Elche, vermutlich sogar noch enger. Mit dem Wort bezeichnet man freilich nicht irgendein Haus, sondern die typisch schwedische Version des Wohlfahrtsstaates. Das Volksheim ist ein Zuhause für alle. Ob gesund oder krank, ob arm oder reich, das vom Staat bequem eingerichtete System sollte für jeden irgendwo eine gepolsterte Nische bereithalten, in der er zufrieden existieren darf. Der Begriff »Volksheim« steht auch für eine besondere Einstellung der Menschen zueinander, für Gemeinschaft, für Solidarität. Es ist eine Idee, die sehr eng mit der Sozialdemokratie verbunden ist, wobei sie mittlerweile auch gerne von Politikern anderer Parteien gebraucht wird, weil das Wort in Schweden so positiv besetzt ist und so griffig klingt. Der sozialdemokratische Ministerpräsident Per Albin Hansson hatte sich den Begriff ursprünglich von nationalistischen Theoretikern geborgt, ihn dann aber fest mit seiner eigenen Partei verwoben. Hansson machte das Volksheim erst so richtig bekannt, als er 1928 in einer Reichstagsdebatte sagte: »Eines Tages wird es so kommen, dass die Klassengesellschaft Schweden vom Volksheim Schweden abgelöst wird.« In dieser Rede erläuterte Hansson auch, wie er sich dieses Volksheim vorstellte: »Die Grundlagen des Heimes sind Gemeinschaft und Zusammengehörigkeitsgefühl. Das gute Heim kennt keine Privilegierten und Zukurzgekommenen, keine Hätschel- und Stiefkinder. Dort blickt nicht der eine auf den anderen herab. Dort versucht niemand, sich einen Vorteil auf Kosten eines anderen zu verschaffen, der Starke unterdrückt und plündert nicht den Schwachen. Im guten Heim herrschen Gleichheit, Rücksicht, Zusammenarbeit, Hilfsbereitschaft.«

Per Albin Hansson beschrieb mit dem Volksheim noch eine ferne Utopie – in der gleichen Rede prangerte er die damals akuten sozialen Missstände in Schweden an. Er sprach von der »schreienden Ungleichheit« und der Angst der Armen vor dem morgigen Tag, an dem »Krankheit, Arbeitslosigkeit und andere Unglücke lauern«. Heute gibt es für Krankheit, Arbeitslosigkeit und andere Unglücke »Försäkringskassan« – die Sozialversicherungskasse. Und »Skatteverket« – das Finanzamt – sorgt mit seiner Besteuerung dafür, dass die Einkommensunterschiede nicht allzu groß werden. Inzwischen ist das Volksheim für die meisten Schweden jenes Zuhause, in dem sie schon lange leben. Manche sind auch der Meinung, dass früher alles besser war – für diese Leute ist das Volksheim ein gesellschaftlicher Idealzustand, den Schweden einmal in den 50er und 60er Jahren erreicht hätte, der aber spätestens seit dem Mord an Olof Palme 1986 vorbei sei, weil die heutigen Politiker das schöne Gebäude verfallen ließen.

Um im Bild zu bleiben: Während Per Albin Hansson eine Art Architekt war, der ein prächtiges Haus konzipierte, sind die heutigen Schweden jene Menschen, die in Hanssons Haus eingezogen sind. Als Bewohner der Luxusherberge haben sie natürlich ganz andere Sorgen als einst der visionäre Baumeister. Sie müssen sich um die Instandhaltung kümmern und sind vor allem darauf bedacht, ihren Besitzstand zu wahren. Das kann ein recht bequemes Leben sein – allerdings nur dann, wenn man schon ein möbliertes Zimmer im Volksheim hat. Wer neu einzieht, der wird dagegen erst einmal erfahren, dass es in dem von außen so schönen Haus auch zugig und kalt sein kann.

Unsere kleine Wohnung in der Valhallagata im Stadtteil Östermalm etwa haben wir nur über Beziehungen und viele, nicht immer ganz legale Umwege bekommen – das ist in Stockholm durchaus so üblich. Als ich in den ersten Wochen meines Korrespondentenlebens in den Kleinanzeigen der Lokalblätter nach einer Bleibe suchte, stellte ich überrascht fest, dass dort nur sehr obskure Untermietverträge angeboten wurden. Einen normalen Mietwohnungsmarkt, wie ich ihn aus München kannte, gab es nicht. Tante Maria erläuterte mir, warum: Mietwohnungen gehören in Schweden meist kommunalen Wohnungsbaugesellschaften. In Stockholm werden sie von einer eigens dafür eingerichteten Behörde verwaltet. Wer in der Hauptstadt wohnen möchte, kann also nicht einfach so mir nichts, dir nichts eine Bleibe mieten, als wäre er in London, Paris oder irgendeiner anderen Metropole. Nein, in der Hauptstadt Skandinaviens, bitte schön, muss er zunächst ein Formular ausfüllen (ja, selbstverständlich braucht man dafür eine Personennummer). Dann wird er von den städtischen Beamten in eine Warteschlange eingereiht, die »Bostadskö«. Die Schweden bilden ja – wie gesagt – gerne und an allen möglichen Orten Warteschlangen, aber diese ist mit Sicherheit die längste im ganzen Land.

Wie viele Jahre man in der »Bostadskö« zubringt, hängt ganz von den Ansprüchen ab, die man an sein künftiges Zuhause stellt. 08/15-Dreizimmerküchebad in einem Vorstadtbetonsilo gibt es schon nach nur ein bis zwei Jahren. Wer gerne eine Luxusausstattung wie etwa einen Balkon hätte oder gar in der Nähe der Innenstadt leben möchte, der muss schon ein Jahrzehnt oder noch länger einplanen.

In den meisten Ländern würden jahrelange Wartezeiten für so etwas Grundlegendes wie eine Mietwohnung wohl dazu führen, dass man ein paar Politiker aus dem Amt jagt oder ihnen gar Schlimmeres antut. Nicht so in Schweden: Hier gilt die öffentliche Verwaltung der Wohnungen als große Errungenschaft. Die »Bostadskö«, in der alle wohnungssuchenden Stockholmer, ob arm oder reich, ausharren müssen, erscheint den Bürgern als ein Indiz für die überlegene Gerechtigkeit ihres Systems. Außerdem ist es so: Hat man einmal eine Wohnung aus erster Hand erhalten, dann ist diese äußerst günstig. Denn auch die Mietpreise sind staatlich reguliert. Würde man dem Markt die Sache überlassen, würde das nur die Mieten in die Höhe treiben, so das gängigste Argument gegen eine Abschaffung der Warteschlangen. »Wohnen ist keine Ware«, so ein beliebter Wahlkampfspruch. Zudem fürchten die Stockholmer, dass ohne die strengen Regeln Segregation ihr schönes Volksheim zerstören würde, weil sich in manchen Stadtteilen nur noch Reiche niederlassen könnten, während die Armen anderswo hausen müssten. Dass auf wundersame Weise bereits heute – trotz aller Bürokratie – einige Stadtteile vor allem mit Gutverdienern und andere mit weniger Betuchten besiedelt sind, gilt in Schweden übrigens nicht als Beleg für die Schwachstellen des Systems. Es ist vielmehr ein Argument für noch mehr Regulierung.

Der weitsichtige Stockholmer reiht sich also bereits im Teenageralter in die »Bostadskö« ein. Dann bekommt er, mit etwas Glück, eine nicht ganz so abgelegene Wohnung, wenn er Jahre später aus der Uni ins Berufsleben tritt. Während er wohnt, wartet er für gewöhnlich weiter auf irgendwelchen Listen, so dass er im Laufe seines Mieterdaseins nach und nach weiter in die Stadtmitte ziehen darf. Aber was ist, wenn man seinen Unzug nach Stockholm nicht schon ein halbes Leben im Voraus geplant hat? Wenn man zum Beispiel von seinem Chefredakteur binnen einiger Wochen dorthin verschickt wird? Wer von einem solch harten Los getroffen wird, der hat nur eine Möglichkeit: Er muss sich auf dem halblegalen Markt für Untermieter ein Dach über dem Kopf suchen, will er den eisigen skandinavischen Winter nicht auf der Straße verbringen.

Das Angebot an Wohnungen zur Untermiete ist recht

üppig. Das liegt in der Natur der Dinge: Wer einmal zehn Jahre auf eine Bleibe in der Innenstadt gewartet hat, der wird diese nie wieder hergeben wollen. Auch dann nicht, wenn er um die Welt segelt, nach Australien auswandert oder in Lappland eine Elchfarm eröffnet. Das Leben ist ja voller Überraschungen, und es könnte doch sein, dass man wieder einmal nach Stockholm zurückkehrt. Und wer weiß, ob man dann noch lange genug lebt, um ein zweites Mal ganz legal an einen Mietvertrag zu kommen?

Die Vorschriften der Wohnungsbaugesellschaften, was Untermieter angeht, sind streng. Meist darf man nicht länger als ein Jahr jemand anderes bei sich wohnen lassen, und manchmal ist es auch nur gestattet, an direkte Verwandte zu vermieten. Die Stockholmer sind beim Umgehen dieser Vorschriften zwar erfinderisch, trotzdem gilt: Eine Untermiete ist zeitlich begrenzt, und man muss im Prinzip jederzeit darauf gefasst sein, auf die Straße gesetzt zu werden. Junge Schweden, die von anderen Teilen des Landes in die Hauptstadt umsiedeln, verbringen meist viele Jahre ohne einen sicheren Mietvertrag, und sie ziehen in dieser Zeit oft alle paar Monate um. Clevere Geschäftsleute haben für diese Stadtnomaden große Lagerhallen errichtet, in denen sie ein kleines Abteil mieten und sperrige Gegenstände unterstellen können. Auf diese Weise muss man nicht immer seine gesamte Habe von einem Zuhause ins nächste verfrachten. Es gibt in und um Stockholm kaum ein Gewerbegebiet ohne mindestens eine solche »Self Storage«-Lagerhalle.

Die Wohnungsnot führt manchmal auch zu den abstrusesten juristischen Konstruktionen. Als ich nach meiner ersten Korrespondentenbleibe suchte, da sprach ich mit potenziellen Vermietern, die selbst schon Untermieter der Untermieter der Untermieter waren. Der Hauptmieter war manchmal völlig unbekannt, gelegentlich konnten ältere Nachbarn sich noch dunkel an »den netten jungen Mann« erinnern, der neulich, vor fünfzehn Jahren, einmal neben ihnen eingezogen war. Ich traf auf zwielichtige Typen, die sich als »Makler« vorstellten und für einen Untermietvertrag horrende »Vermittlungsgebühren« forderten, ohne dass ich jemals dafür eine Quittung bekommen hätte. Einmal bestellte mich ein »Pelle«, der seinen Familiennamen nicht nennen wollte, am Sonntagmorgen um fünf Uhr zur Besichtigung.

»Damit die Nachbarn nichts mitkriegen, du verstehst.«

Eine andere Wohnung hätte ich nur unter der Bedingung bekommen, dass ich meinen Namen nicht an die Tür schreibe und mir auf keinen Fall Post nach Hause schicken lasse.

»Der Briefträger ist stellvertretender Vorsitzender im Mieterverein«, raunte der »Makler«.

Ich begann bereits in Gedanken durchzurechnen, was es wohl kosten würde, die nächsten Jahre in einem Hotel zu wohnen, da eröffnete sich plötzlich die Möglichkeit, doch noch einen schönen Platz im Volksheim zu ergattern, zumindest für die erste Zeit. Denn eines Tages rief Tante Maria an und lud mich zu einem Essen ein, an dem auch eine ihrer Freundinnen teilnehmen sollte. Sie hieß Annegret und trug ein wallendes, sackartiges Gewand, in dessen violetten Stoff allerhand Perlen und kleine Spiegelchen eingenäht waren. Annegret erzählte während des Essens lange von ihren Plänen für die nächsten Monate. Sie war im Begriff, nach Thailand zu ziehen, wo sie sich in einem der Touristenorte schon ein strandnahes Apartment ausgesucht hatte mit Blick auf den Indischen Ozean und einer schnellen Internetverbindung. Unter Palmen, so der Plan, wollte sie dann per Fernkurs an einer Universität in Lappland ihr Aufbaustudium zur Diplom-Psychologin machen.

»Du verlässt also das sichere Volksheim und lässt dich in Fernost nieder«, fragte ich interessiert.

»Wieso verlassen? Das Volksheim nehme ich natürlich mit! Von dem Studiendarlehen, das der schwedische Staat mir gewährt, kann ich mir da unten nicht nur das Apartment am Strand leisten, sondern ich kann sogar jeden Tag essen gehen und meine Kleider in die Wäscherei geben. Toll, was?«

In der Tat, ich bin fast ein wenig neidisch auf Annegret.

»Das Problem ist allerdings: Das Darlehen reicht nicht aus, um auch noch die Miete für meine Wohnung in der Valhallagata zu bezahlen. Und die will ich natürlich nicht aufgeben – da hab ich schließlich 20 Jahre drauf gewartet.«

Annegret war überaus korrekt, sie verlangte nicht mehr Miete, als sie tatsächlich selbst bezahlte, obwohl Wuchermieten bei dieser Art von Geschäft durchaus üblich sind. Wäre Annegret skrupellos genug – sie könnte in Thailand neben der Wäscherin wohl auch noch eine Haushälterin und eine Köchin anstellen, alles vom Untermieter gesponsert.

Aber Annegret ist nicht skrupellos, denn im Volksheim soll man freundlich zueinander sein! Nur einen ganz kleinen Regelverstoß muss sie leider doch in Kauf nehmen.

»Laut Wohnungsbaugesellschaft darf ich nur an Verwandte vermieten. Also: Sagt einfach, ihr seid entfernte Verwandte aus Deutschland, falls jemand fragt.«

»Kein Problem«, antwortete ich. Aber da wusste ich natürlich nicht, wie oft ich diese Notlüge brauchen würde.

Das Ausweichmanöver am Aufzug jedenfalls geht an diesem Mittwoch gründlich daneben. Während ich auf den nächsten Lift warte, stellt sich zunächst Maja, unsere Nachbarin, neben mich. Das wäre nicht weiter schlimm, denn sie ist nett und schweigsam. Aber dann erscheint plötzlich Barbro an der Lifttür. Sie mustert mich durch ihre randlose Brille, und es sieht fast so aus, als würde sie auf mich herabblicken. Aber das kann nicht sein, denn im Volksheim blickt niemand auf den anderen herab, zumindest hat das Per Albin Hansson so gesagt. Und Barbro ist nicht nur irgendeine Bewohnerin des Volksheims, sie ist so etwas wie Hausmeisterin, Heimvorsteherin, Zimmermädchen in einer Person. Ihr kalter Blick hinter den randlosen Brillengläsern sagt mir jedenfalls, dass nun ein neues, sehr peinliches Verhör ansteht.

Barbro übt irgendein Amt aus in der »Hyresgästförening«, dem Mieterverein unseres Hauses. Der Verein ist freilich nur Hauptmietern vorbehalten. Die Funktionäre der Hyresgästförening wachen mit Argusaugen darüber, dass in ihrem Haus die Untermieterei nicht überhandnimmt. Denn Untermieter bedeuten: häufige Wechsel, weniger Zusammenhalt in der Hausgemeinschaft, Mietpreise, die nicht den Vorgaben des Staates folgen, kurzum: Chaos. Letztlich könnte es, wenn Barbro nicht aufpasst, in der Valhallagata sogar zu Zuständen wie in Zentraleuropa kommen, wo Wohnungen einfach so ohne behördliche Planung vermietet werden. Und das mitten in Stockholm! Niemals!

»Sind Sie nicht der Neue aus dem sechsten Stock?«, fragt sie, obwohl sie die Antwort bereits kennt.

»Kommen Sie denn heute Abend zu unserem Treffen?«

»Ich, ähm, ich wohne hier zur Untermiete«, entgegne ich verlegen.

»Soso, im sechsten Stock also. In Lillemors Wohnung hinten rechts?«

»Nein, wir wohnen in Annegrets Wohnung, vorne rechts«, sage ich und füge eilig hinzu: »Wir sind entfernt mit ihr verwandt.«

Björn scheint gerade in der Lifttür ein Kaffeekränzchen zu veranstalten, jedenfalls hängt der Aufzug nun schon seit Ewigkeiten fest.

»Annegret war ja auch im Mieterverein sehr aktiv. Ich bin gut mit ihr befreundet, wissen Sie. Wir waren zusammen an der Volkshochschule im Thaiboxen-Anfängerkurs. Grüßen Sie sie recht herzlich!«

»Werd ich machen«, sage ich und hoffe, dass Barbro ihre Kenntnisse im Thaiboxen niemals dazu anwenden wird, die Wahrheit über meine Verwandtschaft mit Annegret aus mir herauszuprügeln.

»Es ist wirklich komisch«, sagt Barbro betont langsam und nachdenklich. »Da kenne ich Annegret nun schon seit Jahren. Aber sie hat mir nie erzählt, dass sie Verwandte in Deutschland hat. Finden Sie das nicht auch seltsam?«

Der Lift bewegt sich. Aber leider nur aufwärts: acht, neun …

»Wie gesagt: Wir sind nur entfernte Verwandte.«

»Wie geht es ihr eigentlich? Kommt sie bald wieder?«, fragt Barbro mit süßer Stimme.

»Sie, äh, also sie ist immer noch in Thailand. Neulich hat sie mal angerufen«, lüge ich. »Das Wetter ist toll, das Wasser warm. Die Palmen grün. Na ja, Sie wissen schon, wie das eben so ist.«

Der Lift nähert sich. Barbro will gerade zu einem neuen Angriff ansetzen, da kommt Maja zu Hilfe. Sie fragt Barbro irgendetwas wegen der Versammlung heute Abend. Die Antwort dauert glücklicherweise bis zum 6. Stock.

»Hejdå«, murmele ich beim Aussteigen.

»Hejdå!« Barbro stellt einen Fuß in die Tür und ruft mir hinterher: »Warten Sie mal! Sie halten mich sicher für eine Nervensäge, weil ich das alles frage. Aber es ist wichtig, aus Prinzip, verstehen Sie. Niemand soll hier glauben, dass er was Besseres ist und sich nicht an die Regeln halten muss, die für uns alle gelten.« Bei diesem Satz blicken ihre Augen ganz besonders streng durch die Brillengläser. »Und nicht vergessen, Annegret zu grüßen«, schallt es noch zwischen den Türen hindurch.

»Jantes Gesetz«, denke ich. »Jetzt hat es mich also auch erwischt.«

Jantes Gesetz ist ein Verhaltenskodex, der nicht nur in Schweden, sondern auch in Norwegen und Dänemark sprichwörtlich ist. Wenn man »Jante« sagt, weiß jeder Skandinavier sofort, was gemeint ist. Benannt ist das berühmte Regelwerk nach dem fiktiven Dorf Jante, das in einem Roman des dänisch-norwegischen Autors Aksel Sandemose vorkommt. Jantes Gesetz besteht aus zehn Geboten, das erste lautet: »Du sollst nicht glauben, dass du etwas bist«. Die anderen neun Gebote sind mehr oder weniger stark abgewandelte Varianten dieser ersten Regel. In Gebot vier zum Beispiel steht: »Du sollst nicht glauben, dass du was Besseres bist als wir« – ziemlich genau das war es ja, was Barbro eben zu mir gesagt hat. Jantes Gesetz beschreibt eine typisch nordische Benimmregel, die es verbietet, sich in irgendeiner Weise über den anderen zu erhöhen. Wer dagegen verstößt, muss mit der Verachtung seiner Mitmenschen rechnen. Im skandinavischen Alltag ist diese Norm allgegenwärtig: Sie zeigt sich zum Beispiel in der fast völligen Abwesenheit von akademischen Titeln auf Türschildern, Visitenkarten oder im Telefonbuch. Auch die Scheu davor, sich zu beschweren, hängt wohl damit zusammen, dass die Skandinavier von klein auf gelernt haben, dass es unanständig ist, sich selbst zu sehr in den Vordergrund zu rücken. Und Jante zeigt sich natürlich auch in der Passion für Warteschlangen – wehe dem, der sich vordrängelt, weil er meint, es eiliger zu haben als die anderen. So etwas geht aus Prinzip nicht, weder an der Supermarktkasse noch in der Wohnungswarteschlange.

Man sollte noch erwähnen, dass Jantes Gesetz durchaus kritisch gesehen wird. Die Schweden sprechen häufig von Jante, wenn sie sich über Gleichmacherei und Mittelmäßigkeit ihrer Landsleute ärgern. Jante ist somit in gewisser Weise die dunkle Kehrseite des ansonsten beliebten Volksheims.

Ich seufze laut und erleichtert, als die Lifttür sich endlich schließt und Barbro durch den Schacht nach oben entschwindet, da fällt mir ein, dass Maja noch neben mir steht.

»Harter Tag auf der Arbeit«, sage ich, um meinen Seufzer zu entschuldigen.

»Schon gut. Wir haben auch lange zur Untermiete gewohnt«, entgegnet sie. »Kann mich noch gut erinnern, wie das war: jedes Jahr umziehen. Man weiß nie, wie lange man noch bleiben darf.«

»Wird man überall von seinen Nachbarn so ins Kreuzverhör genommen?«

Maja lacht.

»Ja, aber Barbro ist schon besonders beharrlich«, sagt sie. »Ihr solltet auf jeden Fall vorsichtig sein.«

Den Abend verbringe ich damit, in einem alten Ordner nach Dokumenten zu suchen, die meine schwedische Staatsbürgerschaft irgendwie beweisen können. Leider muss ich wieder einmal feststellen, dass ich in jungen Jahren wenig Sinn für Ordnung hatte. Briefe, Rechnungen, Zeugnisse sind in dem dicken Leitzordner wirr durcheinander geheftet. Das gesuchte Schreiben des Honorarkonsulats in München ist leider nicht darunter.

Gegen halb elf klingelt es an der Tür. Maja ist gerade von der Versammlung des Mietervereins zurückgekehrt, und sie hat interessante Neuigkeiten zu berichten.

Barbro hat offenbar eine geschlagene Stunde über das Untermieter-Unwesen in Stockholm referiert. Sie hatte wohl in der Zeitung irgendwelche Schauergeschichten über den schwarzen Wohnungsmarkt, Wuchermieten und das Ende des nordischen Wohlfahrtstaates gelesen.

»Sie meinte, auch in der Valhallagata gebe es schwarze Schafe«, berichtet Maja. »Und dass wir alle gemeinsam dafür sorgen müssen, dass eine Wohnung in unserem Haus nicht zur schnöden Ware wird. Sie sagte wörtlich: Erst heute im Aufzug hatte ich bei einem Gespräch wieder das Gefühl, dass gewisse Elemente die Regeln unserer Hausgemeinschaft, insbesondere was die Untervermietung betrifft, nicht so richtig ernst nehmen.«

»Meinst du etwa, sie hat uns damit gemeint?« Ich versuche überrascht zu wirken.

»Ich wollte euch einfach nur davon erzählen«, sagt Maja und fügt lächelnd hinzu: »Vielleicht solltest du auch Annegret informieren. Die kennt ziemlich viele Leute hier im Haus und kann die Situation bestimmt schnell in den Griff bekommen.«

»Gute Idee. Danke!«

»Gern geschehen. Gute Nacht.« Maja dreht sich zum Gehen, bleibt dann aber stehen und schiebt mit einem verschwörerischen Lächeln nach: »Ach ja, und grüße deine Tante Annegret bitte recht herzlich von mir!«

Annegret sitzt gerade unter Palmen beim Frühstück, in Stockholm ist es etwa Mitternacht, als ich sie anrufe. Schnell gebe ich Majas Bericht an den Strand der Tropeninsel Koh Lanta durch. Im Hintergrund höre ich den Ozean rauschen, aber nur sehr undeutlich, denn Annegret wird so wütend, dass sie die Brandung mühelos übertönt.

»Diese Barbro!«, schimpft sie. »Immer muss sie ihre Nase in anderer Leute Angelegenheiten stecken.«

Annegret verspricht jedenfalls, ihre Kontakte in der Valhallagata spielen zu lassen, damit unsere Zeit als Untermieter nicht allzu bald beendet ist.

Vor dem Zubettgehen erzähle ich Stefanie noch von dem unangenehmen Zusammentreffen heute im Fahrstuhl. Ich schärfe ihr ein, ja immer von »Tante Annegret« zu sprechen und möglichst bei jeder Gelegenheit unsere Verwandtschaft zu betonen. Stefanie schüttelt den Kopf und meint nur, dass das jedenfalls kein Dauerzustand sein könne mit dieser Untermiete.

In der Nacht träume ich von einem großen Haus mit schwedenroter Fassade (»falurot« heißt diese Farbe), weißen Ecken und Fensterrahmen. Durch den Garten des Hauses windet sich eine endlose Menschenschlange. Die Leute sitzen auf ihren Koffern und warten. Ein älterer Herr, der aussieht wie Per Albin Hansson, streift durch die Reihen und spricht hier und da ein aufmunterndes Wort. Er trägt eine Nikolausmütze und hat einen großen, braunen Sack dabei, aus dem er immer wieder kleine Pakete herausfischt, um sie an die Wartenden zu verteilen. Ich bekomme schließlich auch ein Paket. Unter dem Packpapier kommt ein pyramidenförmiger Leuchter mit kleinen Elektrokerzen zum Vorschein.

»Das stellt man sich ins Fenster«, sagt der Mann mit der Nikolausmütze freundlich. »Jeder Bewohner des Volksheims hat so was.«

Freudestrahlend betrachte ich den Pyramidenleuchter.

»Heißt das, ich gehöre jetzt dazu? Darf ich reinkommen?«, frage ich. Aber die Nikolausmütze ist schon ein paar Reihen weiter gewandert und scheint mich nicht mehr zu hören.

Den Leuchter wie ein Schutzschild vor mich haltend dränge ich mich aufgeregt zwischen den Menschen hindurch, bis ich schließlich zu der schlichten Holztür des roten Hauses komme. Über der Tür hängt ein gehäkeltes Deckchen, auf dem in roten Buchstaben der Schriftzug »Volksheim« prangt. In der Tür ist auf Augenhöhe eine Luke eingelassen, darunter befindet sich eine Tastatur, ähnlich jener, die man bei Geldautomaten findet.

»Geben Sie Ihre Personennummer ein«, dröhnt es dumpf durch die Tür.

Ich tippe schnell die zehn Ziffern.

»Tante Maria und Tante Annegret erwarten mich drinnen. Bitte lassen Sie mich rein«, sage ich.

»Hier steht, dass Sie keine Verwandten haben!«, dröhnt die Stimme. Mit einem Rumms schlägt die kleine Klappe zu, und durch eine randlose Brille starrt mich ein Augenpaar an.

»Geben Sie den Leuchter wieder her und stellen Sie sich hinten an«, kommandiert sie.

»Aber ich bin wirklich ein Verwandter. Ganz bestimmt. Das muss ein Irrtum sein …«

In dem Moment springt die Tür auf. Barbro steht vor mir. Sie hat ein rotes Stirnband um den Kopf gebunden und trägt einen weißen Kampfsportanzug mit einem schwarzen Gürtel. Katzenartig verharrt sie in Angriffsstellung.

»Geben Sie den Leuchter her, habe ich gesagt! Gehen Sie langsam nach hinten ans Ende der Schlange! Ziehen Sie eine Nummer! Glauben Sie bloß nicht, dass Sie was Besseres sind. Sie müssen warten, wie alle anderen auch. Chiiihuuaho!« Mit ihren Händen hackt sie ein paar schnelle Karateschläge in den Luftraum vor meiner Nase.

Als ich aufwache, sitze ich schweißgebadet im Bett.

»Was ist los«, murmelt Stefanie.

»Nichts. Wir müssen unbedingt nach einer größeren Wohnung suchen«, flüstere ich, bevor ich wieder einschlafe.

5

Zwar sind es noch fast zwei Wochen bis Weihnachten, aber die Stockholmer haben bereits damit begonnen, sich intensiv auf die Feiertage vorzubereiten. Die Geschäfte sind überfüllt, die Straßen hell erleuchtet. Und die Nachrichten tröpfeln immer spärlicher ein.

Neulich handelte die Titelgeschichte in meiner schwedischen Tageszeitung davon, dass eine Kinderkrippe in Stockholm wegen Umbau vorübergehend schließen muss. Die Kinder müssen jetzt bis zu zwei Kilometer weit in die nächste Einrichtung gebracht werden. »Das ist wirklich eine Schande«, wurde eine Mutter in dem Artikel zitiert, der eine ganze Doppelseite füllte.

An manchen Tagen weiß ich nicht so recht, was ich meinen Kollegen in München überhaupt noch anbieten könnte. Aber zum Glück habe ich immer einige Aufträge auf Halde, die ich in solchen mageren Zeiten abarbeiten kann. Oft drehen sich diese Geschichten um das Vorbild Skandinavien. Denn immer wenn in Deutschland ein gesellschaftliches Problem diskutiert wird, dann kommt in einer Fernsehtalkrunde irgendein Schlaumeier daher, weiß die Lösung für alles und sagt: »In Skandinavien gibt es das schon längst.«

Dann ruft einer meiner Kollegen bei mir an, um zu fragen, ob das stimmt. Egal, ob es um Krippenplätze, Bildungswesen, Altenpflege oder Arbeitsmarktpolitik geht – Skandinavien ist Vorbild. Oft zu Recht, aber manchmal auch einfach nur deshalb, weil es eben immer Vorbild ist. Und ob die nordische Lösung auch in Deutschland funktionieren würde, ist dann sowieso wieder eine ganz andere Frage.

Natürlich gibt es auch einige Bereiche, in denen man den Skandinaviern überhaupt nichts zutraut. Selten ist das wohl so direkt angesprochen worden wie von Stefanie, die eines Samstags beim Mittag unvermittelt die Frage in den Raum stellt: »Warum ist in Schweden eigentlich das Essen so schlecht?«

Wir sitzen zusammen mit Andrea und Lars in einem Café an der Drottninggata und kauen gerade an einigen windelweichen Sandwiches, die englische Namen wie »Vegetarian Dream«, »Corn&Chicken« oder »Toasted Toledo« tragen. Manche Sandwiches sind aus Vollkornbrot, andere weiß, aber eigentlich sind es nur die Brauntöne des Teiges, die sie unterscheiden. Die flauschige Konsistenz ist immer die gleiche. Es ist die Art Semmel, die auch dann noch mühelos in ihre ursprüngliche Form zurückploppt, wenn sie zuvor einige Meilen in der Gesäßtasche eines Fahrradkuriers zurückgelegt hat. Wie das geht, wird hoffentlich auf ewig ein Geheimnis der hiesigen Lebensmittelingenieure bleiben. Zu trinken gibt es – wie immer in Schweden – Kaffee, der vermutlich schon seit Stunden auf einer kleinen verschmierten Herdplatte neben der Kasse vor sich hin bullert. Beim Anblick unseres Mittagessens dämmert mir, dass Stefanies Frage nicht ganz unberechtigt ist. Dennoch verletzt ihre Feststellung meinen Stolz als Halbschwede. Zwar habe ich immer noch keinen Pass von den Behörden des Königreiches erhalten, aber bei der Polizei hat man mir erst letzte Woche versichert, dass meine Geschichte glaubwürdig klingt – und ich bloß noch ein paar Dokumente beibringen müsse, um die Sache abschließend zu klären. Ich fühle mich darum schon fast wieder wie ein richtiger Staatsbürger, und als solcher meine ich verpflichtet zu sein, die Fleischbällchen-Cuisine verteidigen zu müssen. Was im Zusammenhang mit Stefanies Angriff auf die Landeskost aber noch schwerer wiegt: Meine ganze Kindheit über bin ich von meiner Mutter mit schwedischen Gerichten ernährt worden. Und was soll ich sagen: Es hat mir geschmeckt!

»Also, ich finde schwedisches Essen eigentlich ganz gut«, sage ich deshalb vorsichtig.

Stefanie knüllt ihre angebissene Semmel in der Hand zusammen und legt sie auf den Teller, wo sie sich flugs wieder zu voller Größe entfaltet.

»Also, das Brot ist furchtbar«, sagt sie.

Andrea pflichtet ihr bei: »Das stimmt. Bäh!«

Und selbst Lars, der ja einige Jahre in München gelebt hat, sagt: »Ihr Deutschen immer mit eurem Brot! Aber gut, du hast recht. So was wie die Bäckerei, bei der ich früher in Schwabing immer meine Brezeln geholt habe, das gibt es hier einfach nicht.«

Das ist eine Untertreibung: Schon der Vergleich mit Brezeln aus Schwabing adelt die schwedische Backkunst in völlig unverdienter Weise. Die Wahrheit ist: In jedem Münchener Aldi kann man Brot kaufen, das in Stockholm, wenn überhaupt, nur in exklusiven Delikatessenläden zu haben wäre. Ich habe früher immer gedacht, Brotbacken sei die einfachste Sache der Welt: Man müsse einfach nur einen Teigklumpen in den Ofen schieben. Erst in Schweden habe ich begriffen, wie unglaublich viel man dabei falsch machen kann. In den Regalen gewöhnlicher Stockholmer Supermärkte stapeln sich die gummiartigen Laibe in Plastiktüten. Hat man Glück, findet man nach einigem Wühlen eine Tüte mit der Aufschrift »osötad« – »ungesüßt«. Das normale dunkle Schwedenbrot wird nämlich mit Sirup zubereitet, es schmeckt darum ein wenig wie ein missglückter Roggenmehlkuchen. Früher mischte man den Süßstoff dem Teig bei, um das Brot länger haltbar zu machen. Traditionsbewusstsein ist ja eine schöne Sache, aber warum diese Unsitte heute noch beibehalten wird, ist mir nicht ganz klar. Denn die Liste der kleingedruckten Konservierungsmittel auf der Plastikverpackung ist auch so schon lang genug.

»Und dann die Butter«, schimpft Stefanie weiter. »Die ist ja ebenfalls sehr gewöhnungsbedürftig.«

Auch da hat sie recht: Ihr pappsüßes Gummibrot bestreichen die Schweden bevorzugt mit stark gesalzener Butter. Eine Angewohnheit, die nicht nur bei Stefanie auf Unverständnis stößt, sondern auch bei Kardiologen, denn Salz erhöht bekanntermaßen den Blutdruck. In Finnland – dessen Esskultur der schwedischen ähnlich ist – gelang es der Regierung, die Zahl der jährlichen Herzinfarkte und Schlaganfälle drastisch zu senken: In großen Kampagnen forderte sie die Finnen zum Salzverzicht auf. In Stockholm waren die Politiker bislang weniger rührig. Doch aus Gesundheitsgründen haben die Geschäfte ihre Molkerei-Sortimente mittlerweile immerhin erweitert. Für Ernährungsbewusste gibt es jetzt Butter mit »mittlerem« oder »niedrigem« Salzgehalt, und für besonders Traditionsverhaftete liegt extra stark gesalzener Aufstrich bereit. Wer es exklusiver mag, greift zu Meersalz-Butter. Ganz hinten im Regal findet sich dann meist auch ein Päckchen »osaltat« – »ungesalzen« für Herzpatienten und Ausländer.

»Die schwedische Küche hat doch auch ihre guten Seiten«, versuche ich Stefanie zu beschwichtigen. »Knäckebrot zum Beispiel ist doch wirklich lecker.«

»Ja, aber sehr staubig.«

Andrea lacht.

Lars auch, meint dann aber ernster: »Also schwedische Hausmannskost kann wirklich was ganz Feines sein. Selbst zubereitete Fleischbällchen zum Beispiel, nicht die Dinger von Ikea! Und Preiselbeeren und Hering, Würstchen und Lachs. Oder Weihnachtsschinken – ich freu mich schon drauf. Was gibt es eigentlich bei euch an Weihnachten?«

»Gans, Rotkraut und Klöße!«, sagt Stefanie.

»Wir essen auch Weihnachtsschinken!«, sage ich.

Früher bei uns zu Hause war Weihnachten immer das Fest mit dem Schinken. Meine Mutter nahm schon Wochen vor dem Heiligen Abend Kontakt zu einem deutsch-schwedischen Freundschaftsverein in München auf, um ihn zu bestellen. Der Verein hatte einen bayerischen Metzgermeister detailliert in die Geheimnisse der »Julskinka«-Produktion eingeweiht. Der Schinken muss nämlich einige Tage gepökelt werden, eine Kunst, die in Deutschland kaum noch jemand beherrscht. Der Metzger mit dem Spezialwissen über nordische Weihnachtbräuche erhielt während der Adventszeit eine Sammelbestellung des Freundschaftsvereins, und kurz vor dem großen Fest wurden die Schinken angeliefert. Meine Mutter musste ihre Portion anschließend noch einige Stunden im Ofen garen. Zum Schluss bestrich sie den oft mehrere Kilo schweren Fleischklumpen mit einer Panade aus Senf und Semmelbröseln und grillte ihn kurz bei großer Hitze. Serviert wird der Schinken stets kalt auf dem »Julbord«, dem großen Weihnachtsbuffet, zusammen mit einer Menge anderer Traditionsleckereien.

Stefanie und ich werden uns schnell einig: Für den Heiligen Abend soll ich ein schwedisches Buffet zubereiten. Sie wird dann am ersten Weihnachtsfeiertag Gans, Klöße und Rotkraut servieren. Damit ist klar: Das Weihnachtsfest wird diesmal zu einem Wettstreit der Landesküchen. Ich ernenne Lars zu meinem Adjutanten für die bevorstehende Schlacht am Herd, und wir verabreden uns zu einer gemeinsamen Einkaufstour, bei der wir alle Zutaten kaufen und Rezepte sichten wollen.

Die Verpflegung der Schweden ist fest in der Hand von drei bis vier großen Lebensmittelkonzernen, die im Prinzip den gesamten Markt unter sich aufgeteilt haben. Kleine Bäcker, Metzger, Gemüsehändler sind auch in Stockholm schon vor langer Zeit aus dem Straßenbild verschwunden. Nur in der Innenstadt gibt es noch vereinzelte Reste der alten Ladenkultur. Lars und ich kennen diese kleinen Geschäfte aber nur vom Hörensagen, darum beschließen wir, uns für den Heiligen Abend so wie die meisten Schweden mit einer Runde durch die gängigen Einkaufsketten zu rüsten. Wir beginnen im »Coop«, dem Zentrallager der schwedischen Hausmannskost. Stefanie und ich sind auch schon Mitglied bei dem genossenschaftlich organisierten Supermarktriesen – wir haben eine Kundenkarte, mit der wir Rabatte und Bonuspunkte sammeln können. Das ist in Schweden schon sehr lange ein Volkssport.

Lars und ich sind zu einem Coop-Großmarkt in einem der Gewerbegebiete am Stadtrand gefahren. Hier gibt es alles, und zwar in großen Mengen. Lars geht als Erstes zielstrebig zum Bücher-Wühltisch gleich hinter dem Eingang und greift ohne zu zögern nach einem dicken

Wälzer, den er mir in die Hand drückt. Ich erkenne das Werk wieder: »Vår kokbok« – »Unser Kochbuch« steht auf dem Einband. Meine Mutter hatte früher zu Hause ein Kochbuch mit dem gleichen Titel.

»Das ist die Bibel. Was für die Italiener ›Der Silberlöffel‹ ist und für euch Deutsche ›Dr. Oetkers Schulkochbuch‹, das ist für uns eben ›Vår kokbok‹. Es wird schon seit Jahrzehnten von den Coop-Supermärkten herausgegeben. Da stehen alle Grundrezepte für die Hausmannskost drin«, sagt Lars. »Jeder Schwede hat eins.«

Ich lege das Standardwerk behutsam in den Einkaufswagen – spätestens jetzt sollte es auch mit der Staatsangehörigkeit klappen, finde ich. Dann rollen wir langsam in Richtung Fleisch- und Wurstwaren.

Fleisch in jeder erdenklichen Form ist die kalorienreiche Grundlage der schwedischen Küche. Auch auf dem Julbord – dem Weihnachtsbuffet – nehmen Würstchen, Klopse, Pasteten einen Ehrenplatz neben dem Schinken ein. Nach einer kurzen Lagebesprechung mit meinem Adjutanten fassen wir den Plan, neben einem »Julskinka« auch Fleischbällchen und »Prinskorv« – eine Art Mini-Wiener – zu servieren. Schwedische Wurstwaren sind für deutsche Geschmacksnerven eigentlich eine Zumutung. Sie schmecken so, als wären dem Metzger bei der Herstellung einige Zutaten abhandengekommen, insbesondere die Gewürze. Außerdem sind die armen Würstchen schwabbelig und völlig ohne Biss. Aber ein Blick hinüber zum befreundeten Nachbarn jenseits des Öresunds macht genügsam: Die dänischen Pølse sind noch eine Nummer heftiger. Sie werden mit Lebensmittelfarbe rot gefärbt. Die Schweden, das muss man ihnen lassen, behandeln ihre Wurst immerhin noch wie Wurst und nicht wie ein Osterei.

Lars stört das alles nicht. Beherzt greift er ins Kühlregal und wirft eine Tüte mit kleinen Würstchen in den Einkaufswagen, dann schmeißt er zwei schwarze Styroporschalen obendrauf, die leicht angegrautes Rinderhack enthalten. Schließlich stoppt er vor einem großen Schinkenberg und fischt nach kurzer Überlegung einen Zwei-Kilo-Julskinka heraus. »Der müsste für euch reichen«, grinst er und klatscht mit der flachen Hand auf die pralle Plastikverpackung. Ein derbes Geräusch schallt durch den Coop.

»Was ist denn los mit dir?«, fragt Lars, als er meinen angewiderten Blick sieht.

Ich habe mich nach einigen Monaten daran gewöhnt, dass in Schweden grundsätzlich alles Essbare in Kunststoff gewickelt, verschweißt oder eingetütet wird. Nicht ohne Grund ist TetraPak eine schwedische Erfindung. Der Gedanke, dass Essen nahezu ewig haltbar sein muss, ist ein Leitmotiv in allen Lebensmittelgeschäften des Landes. Aber die Masse cellophanverhüllter Fleischlichkeit, die nun »Vår kokbok« unter sich begräbt, ist selbst mir zu viel.

»Lars«, sage ich. »Es ist doch Weihnachten. Da gebe ich gerne ein wenig mehr aus. Gibt es hier denn keine Fleischtheke, wo man das frisch kaufen kann?«

Lars scheint mich nicht zu verstehen.

»Frisch?« Er lacht. »Frisch ist, was man selbst angelt oder erlegt.«

»Ja, sehr lustig. Du weißt, was ich meine: eine Fleischtheke, wo es die ganzen Sachen hier frisch gibt. Ohne Plastik.«

»Du meinst wie in Deutschland, wo irgendwelche Leute mit ihren Händen das Essen betatschen und dann ein bisschen Papier drum herum falten?«

»Genau. Eine Fleischerei, einen Wurstfachhandel, wie immer ihr das nennt.«

»Das ist ekelhaft. So was gibt es bei uns schon lange nicht mehr. Es ist viel hygienischer, wenn alles ordentlich verpackt ist. Hast du gewusst, dass es in Schweden – im Unterschied zu Deutschland – keine Salmonellen gibt?«

Das wusste ich nicht, aber die Information erstaunt mich auch nicht weiter. Wäre ich eine Salmonelle, dann würde ich mir auch ein appetitlicheres Verbreitungsgebiet suchen.

Diesen Gedanken behalte ich für mich und sage: »Ja, du hast bestimmt recht. Was brauchen wir denn noch?«

»Hering, in allen Varianten. Und ein bisschen Lachs – auf zur Fischtheke.«

»Warum gibt es eine Fischtheke, aber keine Fleischtheke?«

»Fisch muss sofort verkauft werden, der hält sich doch sonst nicht. Fleisch dagegen kann man ja etwas länger aufbewahren. Darum muss man es eben gut verpacken – so eine Frage kann wirklich nur jemand stellen, der aus einer Gegend ohne Küste kommt.«

Der Fischverkäufer schaufelt ein Pfund silbriger Heringsfilets in eine Tüte, die ich zu Hause nach den Rezepten aus unserem Kochbuch einlegen will. Dazu lasse ich mir noch ein wenig Räucherlachs und den gebeizten »Gravad Lax« aufschneiden. Die zum »Gravad Lax« gehörende Senfsoße kaufe ich fertig, denn ich merke langsam, dass so ein »Julbord« sehr viel Arbeit bedeutet. Auf dem Weg nach draußen entdecke ich dann doch noch eine Wursttheke, die fast so aussieht wie daheim. Allerdings ist sie verwaist. Ich werfe mich einem vorbeihuschenden Coop-Mitarbeiter in den Weg und verlange hundert Gramm Salami und hundert Gramm Kochschinken. Der Mann schaut mich an, als wäre ich ein Vollidiot. Ganz langsam und bedächtig erklärt er mir: »Gucken Sie mal dort, da haben wir alles schon fertig aufgeschnitten. Nehmen Sie sich doch einfach Ihre Salami.« Tatsächlich steht neben der Theke ein Kühlregal, in der fertig in Cellophan abgepackte und beschriftete Wurstportionen ihrer Käufer harren.

»Ich möchte aber gerne frische Wurst«, sage ich. »Können Sie mir nicht welche aufschneiden?«

Der Mitarbeiter zuckt mit den Achseln, schlendert hinter die Theke, wo er sich nicht besonders gut zurechtfindet. Schließlich entdeckt er Schneidegerät und Waage. Weil er es offenbar nicht anders weiß, schnibbelt er meine Bestellung in ein Plastikschälchen, dessen ursprüngliche Bestimmung es wohl gewesen wäre, Kartoffelsalat oder Ähnliches aufzunehmen. Zuletzt verschließt der Coop-Mann den durchsichtigen Salami-Sarg mit einem riesigen Klebeetikett, auf dem das Verpackungsdatum steht.

»Är det bra så?« – »Ist das alles?«, fragt er.

Ich nicke stumm. Eine vorbeigehende Kundin verzieht leicht angewidert den Mund, als sie mein Plastikschälchen sieht.

Beim Einladen der Einkäufe geht Adjutant Lars noch einmal alles durch.

»Was werdet ihr eigentlich trinken?«, fragt er.

Daran hatte ich noch gar nicht gedacht. Zum Glück gibt es in dem Gewerbegebiet auch einen großen Systembolag. »Systemet« – »Das System«, wie die Schweden ihren staatsmonopolistischen Schnapsladen nennen, hat in den vergangenen Jahren sein Erscheinungsbild kräftig aufgehübscht. Nur hier darf in Schweden Schnaps, Wein sowie Bier mit normalem Alkoholgehalt verkauft werden (in Supermärkten gibt es nur Leichtbier und alkoholfreien Wein). Bis Ende der 1990er Jahre war Systemet ein düsterer Ort, in dem gestrenge Mitarbeiter hinter einem Tresen darauf warteten, dass jemand den Laden betrat und einen »Kölapp« zog. Die Ware stand gut verschlossen in großen Glasvitrinen, als wäre sie wertvoller Schmuck. Jede Flasche hatte eine Nummer. Die nannte man dem Verkäufer, und der holte das gewünschte Getränk aus einem Lagerraum. Vorher kontrollierte er meist noch den Ausweis, auch wenn der Käufer schon einen grauen Bart hatte. Ganz früher gab es unter der Ladentheke sogar noch ein Schwarzbuch: Da standen die Namen stadtbekannter Säufer drin, die wegen ihrer Trunksucht vom Schnapsverkauf ausgeschlossen waren.

Seit einiger Zeit aber hat »Das System« das revolutionäre, wenn auch nicht mehr ganz neue Konzept der Selbstbedienung eingeführt. Alkohol frei zugänglich! Diesen wahrlich waghalsigen Schritt hatte man nach jahrelangen Diskussionen in bestimmten Testregionen eingeführt. Das Geschäft, das wir nun betreten, ist von dieser neuen Sorte. Es ist schick eingerichtet, weicher Teppich dämpft die Schritte, die Regale sind aus hellem, poliertem Holz. Der staatliche Schnapsladen erweist sich als das Gegenteil des Getränkemarkts, in dem ich mich in München mit Alkoholika zu versorgen pflegte. Die gleichen Bierflaschen, die dort achtlos in Kisten gestapelt wurden, liegen hier ehrfurchtsvoll in dekorativen Reihen aufgebahrt, das Etikett stolz nach oben ins Licht eines Halogenlämpchens gedreht. An jedem Produkt hängt ein Schild mit niedlichen Tiersymbolen wie

Schaf oder Rind – das zeigt dem Käufer an, zu welchem Essen das Getränk passt. Zudem wird der Geschmack in einer blumigen Prosa beschrieben, die wohl auf der ganzen Welt einzigartig für einen Spirituosenladen ist. An dem Gebräu, das wir früher immer freitagabends im Biergarten neben der Münchner Uni gezischt haben, steht zum Beispiel: »Bayerisches Weizenbier. Goldene Farbe mit festem Schaum. Prickelnd frisch. Leichter Geschmack von Zitrone und Banane.« Daneben lächelt ein rosiges Schwein.

Beim Betrachten der wohlbekannten braunen Flasche, die hier in einer samtverkleideten Mulde auf einem speziellen Bierregal ruht und mir in einem ganz neuen Licht erscheint, wird mir klar, dass Jahrzehnte restriktiver Gesundheitspolitik das Verhältnis der Schweden zum Alkohol schwer gestört haben. Einerseits sind Wein, Schnaps und Bier als Suchtmittel verteufelt und in vielen Bereichen des öffentlichen Lebens geächtet. Und die Einkäufe im Systemet werden entsprechend durch eine gut identifizierbare violette Plastiktüte gebrandmarkt. Andererseits haben die Getränke damit offenbar eine geheimnisvolle Aura erhalten, die irgendwie auch unheimlich ist. Ist es nicht eigentlich ein Hilfeschrei, wenn man Bierflaschen auf Samt bettet? »Das System« erinnert in manchem an die moderne Wallfahrtstätte eines leicht verschrobenen Bacchus-Kultes. Wobei der antike Weingott sicher nicht von allem begeistert wäre. Denn auch seine Gaben pressen die nordischen Jünger in die von ihnen so geliebte eckige Form.

»Der ist gut, den trinken wir immer zu Hause«, sagt Lars und schwenkt einen drei Liter Karton südafrikanischen Merlot vor meiner Nase. Diese Kartons sind auf schwedischen Esstischen allgegenwärtig, ihr Inhalt wird regelmäßig von den Weinexperten der großen Tageszeitungen rezensiert. Die klobigen Kanister sind innen mit Plastik verkleidet und haben oben einen praktischen Griff. Aus der Seite ragt ein Plaste-Zapfhahn, aus dem auf Knopfdruck Rebensaft rinnt.

»Danke, sieht wirklich gut aus«, sage ich. »Aber das ist uns leider zu viel. Stefanie stillt ja noch. Wir nehmen lieber was Kleineres, eine Flasche vielleicht?«

»Auch gut, ich nehme auf jeden Fall den hier mit«, sagt Lars und trollt sich mit seinem Karton in Richtung Sekt, der in Schweden den lustigen Namen »Bubbelwein« trägt. Ich wähle einen französischen Flaschenwein und sehe mich dann noch ein wenig bei den Bieren um. Die schwedischen Brauereien bieten ein besonderes »Weihnachtsbräu« an, das ich einmal testen will.

»Würde ich nicht tun«, sagt Lars. »Ich jedenfalls kann das nicht mehr trinken, seit ich mal bei euch da unten gelebt habe.«

Er holt ein paar Flaschen Weißbier aus dem Regal.

»Nimm lieber die.«

Am Heiligen Abend habe ich dann eine Menge auszupacken. Aber nachdem ich alle Zutaten aus dem Plastik geschält und mit Hilfe von »Vår kokbok« zubereitet habe, sieht mein Julbord am Ende erstaunlich schmackhaft aus. Der Schinken schimmert rosig, der von mir einige Tage zuvor eingelegte Hering räkelt sich verführerisch zwischen Zwiebeln und Pfefferkörnern, die Mini-Wiener haben beim Braten immerhin einen knackigen Glanz angenommen. Das ist zwar Vortäuschung eines falschen Sachverhaltes, aber nun gut. Dazu habe ich noch Salate angerichtet sowie etwas Käse, die Salami und den Kochschinken auf einer Platte ausgelegt.

Die Köttbullar sind mir leider in der Pfanne verkohlt. Aber das ist nicht weiter schlimm – es ist sowieso viel zu viel Hausmannskost für uns beide. Ich stelle zufrieden fest, dass es Stefanie schmeckt und sie sich mehrmals Nachschlag vom Schinken schneidet. Aus ihrer für den ersten Feiertag geplanten Gans ist leider nur ein Huhn geworden – trotz intensiver Suche in mindestens vier verschiedenen Supermärkten ließ sich kein anderes Geflügel auftreiben.

»Ich hätte nach dem Julbord ohnehin keine Gans mehr vertragen«, tröste ich Stefanie. Außerdem schmeckt auch das Hähnchen mit Knödeln und Rotkraut sehr gut. Wir sind uns einig: Der Wettstreit der Landesküchen endet an diesem Weihnachten mit einem klaren Unentschieden. Stefanie muss aber eingestehen, dass das Essen in Schweden nicht immer schlecht ist. Und ich muss zugeben, dass ein Land, in dem man zu Weihnachten noch nicht einmal eine Gans (und auch keine Ente) im Supermarkt bekommt, auf dem Gebiet der Esskultur noch einiges dazulernen könnte.

6

Nach Weihnachten werden die Tage wieder länger. Man sollte annehmen, dass allein diese Tatsache bei den Stockholmern für gute Laune sorgt, da ihre Stadt ja in den vergangenen sechs Monaten stetig immer weiter in ein diffuses Dämmerlicht eingetaucht ist. Aber ein Es-geht-wieder-aufwärts-Gefühl will sich trotzdem nicht so recht einstellen. Im Gegenteil: Nach Weihnachten erreicht die Stimmung erst ihren eigentlichen Tiefpunkt. Es ist fast so, als erwache die ganze Stadt nach Neujahr mit einem fürchterlichen Kater, der sich dann bis in den März hinzieht.

»Um diese Zeit finde ich Stockholm am allerschlimmsten«, sagt Lars, der selbst aus einem Dorf irgendwo in Mittelschweden stammt. Dort gibt es zwar noch weniger Sonnenlicht, aber zumindest liegt Schnee, in dem sich Loipen spuren lassen.

Um der Tristesse zu entgehen, fliegen Lars und Andrea für zwei Wochen nach Thailand. Das machen viele Schweden in den kalten Wintermonaten so, die meisten reisen bereits im Dezember ab – für manche Familien gehören Palmen und südostasiatische Speisen mittlerweile ebenso zu einem gelungenen Weihnachtsfest wie der Tanz um den geschmückten Baum. Bangkok steht in der Statistik der beliebtesten Flugziele der Schweden ganz oben, noch vor Las Palmas. Die Welt erfuhr von diesem Trend auf dramatische Weise zum Weihnachtsfest 2004, als ein Tsunami viele der ostasiatischen Urlaubsgebiete überschwemmte. Damals starben auch hunderte Schweden. In Stockholm löste die Flutwelle im Indischen Ozean noch Monate später eine Regierungskrise aus, weil das Außenministerium mit der Katastrophe völlig überfordert war. Die Beamten und Politiker hatten es sich damals zu Hause am Julbord gemütlich gemacht und das Ausmaß des Unglücks einfach nicht begriffen. Verzweifelte Touristen riefen tagelang vergeblich bei der Regierungshotline und den Konsulaten an, konnten dort ihr Leid aber nur einem Anrufbeantworter klagen. Einige der aufgezeichneten Hilferufe aus dem Katastrophengebiet wurden später veröffentlicht. Die Empörung über das Versagen der Behörden war so groß, dass die Außenministerin schließlich zurücktreten musste.

Wir haben uns in den Urlaubsgewohnheiten noch nicht so ganz an die Schweden angepasst. Für Ferien bleibt uns auch gar keine Zeit, denn wir müssen ja einen Platz im Volksheim finden, der nicht von der Räumung durch irgendeinen Mieterverein bedroht ist. Ich plane außerdem gerade meine erste Dienstreise seit der Familienzusammenführung. Und Stefanie beginnt kurz nach Neujahr mit einem Schwedischkurs.

An einem Mittwochnachmittag bricht sie zu ihrer ersten Lektion auf. Um Punkt 17.30 Uhr soll sie sich in einer Schule im Stadtteil Södermalm zu ihrem SFI-Unterricht einfinden, hat man ihr in einem offiziellen Schreiben mitgeteilt. SFI, das steht für »Svenska för invandrare« – »Schwedisch für Einwanderer«. Hinter der kleinen Abkürzung verbirgt sich – wie so oft in Schweden – ein groß angelegtes staatliches Programm. Es ist bereits ein paar Jahrzehnte alt, und vermutlich hat das im Ausland weitgehend unbekannte Kürzel mehr zur Skandinavisierung der Welt beigetragen als Olof Palme und Ingvar Kamprad zusammen. Man kann das zum Beispiel im Fernsehen beobachten: Da tauchen bei Auslandsreportagen manchmal unvermittelt irakische Lokalpolitiker, afrikanische Minister oder andere Interviewpartner in weit entfernten Ländern auf, die sich mit den Reportern aus Nordeuropa in einem flüssigen Schwedisch unterhalten. Sie haben irgendwann einmal hier gelebt und einen SFI-Kurs besucht.

Ich selbst kannte in München einen Pizzabäcker namens Ahmed, der aus Algerien stammte und für kurze Zeit in Stockholm gewohnt hatte, bevor er nach Bayern gezogen war. Sein Deutsch war auch nach Monaten immer noch sehr dürftig. Aber Schwedisch konnte er gut, und Ahmed freute sich immer besonders, wenn ich seinen Laden in Haidhausen besuchte. Er begrüßte mich stets mit einem »Tjena, hur är läget?« (Hallo, wie geht's dir?). Und während meine Pizza im Ofen bruzzelte, plauderten wir über dies und das. Eines Tages betrat während einer dieser schwedischen Unterhaltungen eine sehr bayerische Dame im Lodenmantel die Pizzabäckerei. Ich nickte ihr kurz zu und sagte »Hej!«, dann lauschte ich weiter Ahmeds Erzählungen. Bevor uns die Dame wortlos verließ, warf sie mir noch einen höchst irritierten Blick zu, der zu sagen schien: »Da schau her! Die Ausländer sehen aber heutzutage auch nicht mehr so aus wie früher.« Sie kam nie wieder, wie Ahmed mir berichtete. Offenbar war ihr der Laden suspekt geworden.

Auch Ahmed hat sein Schwedisch im SFI-Programm gelernt. Diese Kurse sind gratis, vom Steuerzahler spendiert. Jeder Ausländer kann sie besuchen, egal, aus welchem Land er kommt. Es spielt auch keine Rolle, ob er dauerhaft in Schweden bleiben will oder nur vorübergehend. Auf den ersten Blick erscheint dies geradezu verschwenderisch. Aber der schwedische Migrationsminister hat mir einmal in einem Interview erklärt, die Kurse seien eine absolut sichere Investition, die sich in jedem Fall lohne: Bleibt der SFI-Schüler im Land, wird er sich dank seiner Sprachkenntnisse schneller in die Gesellschaft einfügen. Fährt der SFI-Schüler wieder zurück in seine Heimat, nimmt er sein Wissen mit, und das ist dann auch gut für Schweden.

»Wissen Sie, eine Sprache wie Deutsch wird auch im Ausland gelehrt und gelernt. Aber wenn wir unser kleines Land etwas bekannter machen wollen, da müssen wir schon was bieten«, sagte der Minister.

Auch Stefanie soll also künftig Teil dieses raffinierten Plans werden, den Ruhm des Königreiches zu mehren. Der SFI-Unterricht ist zugleich auch das erste Mal seit der Geburt, dass Stefanie Laura für mehrere Stunden aus den Augen lässt. Schon Tage vorher bereitete sie sich auf das Ereignis vor, indem sie mit einem kleinen, nervtötend summenden Apparat mehrere Flaschen Muttermilch abpumpte. Die eingefrorenen Portionen taue ich nun nach und nach auf, um Laura bis zu Stefanies Rückkehr bei Laune zu halten. Lauras Appetit ist erstaunlich. Ich muss ihr mehrmals nachschenken – und zwischendrin am Wickeltisch die Folgen der Milchorgie beseitigen. Als der Vorrat im Tiefkühler bereits bedrohlich zusammengeschmolzen ist, kommt Stefanie endlich zur Wohnungstür herein. Es ist ziemlich spät geworden.

»So ein langweiliger Kurs«, sagt Stefanie. »Die Lehrerin spricht in Zeitlupe, und ständig will sie uns erklären, wie toll alles in Schweden ist. Heute mussten wir einen

Text über Mittsommer lesen – mitten im finstersten Winter!«

»Sind denn wenigstens die anderen nett?«

»Ja. Deswegen komme ich auch etwas später. Wir waren noch was trinken auf Södermalm. Die meisten sind Studenten: zwei Franzosen, drei Polen, ein Amerikaner und noch ein paar Iraker.«

»Und, können die auch schon so gut Schwedisch wie du?« Stefanie hatte in Deutschland einen VHS-Kurs »Schwedisch für Anfänger« belegt und konnte sich wenige Tage nach ihrer Ankunft in Stockholm bereits ganz gut im Alltag verständigen.

»Keine Ahnung, wie deren Schwedisch so ist. In der Stunde hat heute nur die Lehrerin geredet. Und wenn wir unter uns sind, reden wir natürlich Englisch.«

Vielleicht war das Bild, das ich mir nach der Begegnung mit Ahmed von den SFI-Kursen gemacht habe, doch ein wenig zu rosig gewesen. Aber immerhin kosten sie ja nichts. Stefanie will das Sprachtraining jedenfalls fortsetzen, schon allein, weil die zwei Kursabende eine schöne Abwechslung im täglichen Baby-Trott sind.

Auch ich sehne mich nach einer Luftveränderung, und da traf es sich gut, dass kurz nach Weihachten ein lappländischer Umweltaktivist eine Mail aus der Polarkälte schickte. Im nördlichsten Norden Finnlands, schrieb er, rodet die staatliche Forstgesellschaft Urwälder, und sie vernichtet die Weidegründe der Rentiere. Paavo, der Umweltschützer, bot mir an, mich mit dem Motorschlitten in die Wildnis zu fahren und mir das Zerstörungswerk der Forstarbeiter zu zeigen. Außerdem kennt er ein paar Sami – die rentierzüchtenden Ureinwohner Lapplands –, die bereit wären, über ihre Probleme zu sprechen. Das ist nicht selbstverständlich in einer Gegend, wo die überwiegende Mehrheit der Bevölkerung von Holzfällern abstammt und auch heute noch oft davon lebt, Wald in Klopapier und Pappkartons zu verarbeiten.

Wildnis, Motorschlitten, arktische Kälte, Ureinwohner – ich bin begeistert von der Idee und beginne sofort mit den Vorbereitungen. Damit sich die nicht ganz billige Reise auch lohnt, plane ich einen Abstecher nach Kiruna, einer nordschwedischen Stadt, die im Erdboden zu versinken droht.

Finnland ist unter den Ländern Nordeuropas etwas ganz Besonderes. Allein schon wegen der Sprache, die sich für ungeübte Ohren so anhört, als würde man Russisch rückwärts sprechen und dabei stottern. Mein Morfar (Opa mütterlicherseits) stammte aus einer finnlandschwedischen Familie und hatte einen Teil seiner Kindheit in dem Land auf der anderen Seite der Ostsee verbracht. Bei ihm zu Hause sprach man also Schwedisch – wie auch heute noch bei einer Minderheit von etwa sechs Prozent aller Finnen –, aber mein Morfar musste in seiner Jugend auch Finnisch, die Sprache der Mehrheit, lernen. Vielleicht war er wegen dieser frühen Erfahrung so sprachbegabt, er unterhielt sich jedenfalls noch bis ins hohe Alter hinein akzentfrei und fließend auf Dänisch, Englisch, Französisch und auf Deutsch (weshalb ich wiederum als Kind nie richtig Schwedisch lernen musste). Die einzige Sprache, die ich meinen Morfar niemals sprechen hörte, war Finnisch. Und wenn er manchmal vom Sprachunterricht seiner Kindheit erzählte, dann konnte man in seinem Gesicht einen leichten Anflug von Panik erkennen. Finnische Grammatik ist angeblich noch komplizierter und facettenreicher als die deutsche. Wahrscheinlich erschienen meinem Morfar nach diesen ersten, schockierenden Erfahrungen alle anderen Sprachen nur noch wie Dialekte des Schwedischen, die er dann ohne große Mühe beherrschen lernte.

Interessant ist, dass viele finnischsprachige Finnen einen ähnlich panikartigen Gesichtsausdruck bekommen wie mein Morfar, wenn sie sich an ihren Schwedischunterricht erinnern. Bis heute müssen alle Finnen in der Schule mehrere Jahre Schwedisch lernen. Das hat vor allem historische Gründe: Finnland war viele hundert Jahre lang ein Teil Schwedens, bis in den Wirren der napoleonischen Kriege Russland im Jahr 1809 diesen Teil des Königreiches eroberte. Das war der letzte große Krieg, an dem Schweden überhaupt teilnahm. Mit Finnland verlor das Land damals auf einen Schlag ein Drittel seiner Fläche, und der Traum, eine europäische Großmacht zu sein, war ausgeträumt. Die vernichtende Niederlage hinterließ im schwedischen Nationalbewusstsein eine tiefe Delle, die nie ganz ausgebeult werden konnte.

Der wichtigste Rohstoff Finnlands war immer Holz, bis heute umgibt den Waldarbeiter darum eine geradezu sagenhafte Aura. Im Nationalepos »Kalevala« muss der Held erst einmal einen riesigen Forst roden, bevor seine Abenteuer beginnen. Erstaunlich, dass bei dieser Mentalität überhaupt noch Urwald übriggeblieben ist, für den Umweltschützer heute streiten können.

Abgesehen von seinen Wäldern ist Finnland jedoch mit Rohstoffen eher spärlich gesegnet. Im Vergleich zu Schweden mit seinen großen Erzminen blieb das Land darum immer etwas ärmer, etwas grauer. Die Finnen leiden außerdem darunter, dass ihre Heimat im Ausland bis heute nicht das gleiche Ansehen genießt wie das ehemalige Mutterland oder wie die anderen nordischen Länder Norwegen und Dänemark. Bei Schweden denken die Leute ans Volksheim, an Pippi Langstrumpf, an Mittsommer und Abba, bei Norwegen an Fjorde und Lachs und bei Dänemark an die lustige Olsen-Bande. Bei Finnland kommen ihnen die versoffenen Gestalten aus den Kaurismäki-Filmen, die hohe Selbstmordrate oder die endlosen Winter in den Sinn. Das Finnland-Bild erinnert ein wenig an Dunkelschweden. Aber es fehlt eben das Bullerbü-Gegenstück dazu. Dabei gibt es in Finnland ebenso ein Mittsommerfest, einen Wohlfahrtsstaat und großartige Kinderbuchautoren wie etwa Tove Jansson, die Erfinderin der Mumins.

Manche Dinge laufen in Finnland sogar bedeutend besser als in Schweden. Aber die Finnen reden vielleicht nicht so viel darüber wie ihre Nachbarn. Überhaupt reden die Finnen nicht so viel. Es heißt, sie seien eher schweigsam.

Dazu erzählt man sich folgenden Witz: Ein Finne und ein Schwede trinken gemeinsam eine Flasche Wodka. Der Schwede schenkt die erste Runde ein, hebt sein Glas und ruft: »Skål!« Der Finne schnauzt ihn daraufhin unwirsch an: »Willst du quatschen oder trinken?«

Ich weiß allerdings nicht, wie lange man sich diesen Witz noch erzählen wird, denn auch die Finnen haben inzwischen ihre marktschreierische Ader entdeckt. Am Flughafen von Rovaniemi jedenfalls grinst ein gigantischer Gummi-Weihnachtsmann von der Terminaldecke herunter. Unter dem Zipfelmützenträger prangt auf einer Banderole in großen Lettern der Spruch: »Welcome to Rovaniemi – The Home of Santa Claus«.

Paavo, der mich am Gepäckband erwartet, erläutert

mir, wie es dazu kommen konnte. Besonders in England und Amerika gehört zum Weihnachtsmann ja unbedingt ein Rentierschlitten. Und wenn es in Finnisch-Lappland außer Bäumen noch etwas gibt, dann sind es Rentiere. Also haben die Finnen aller Welt erzählt, der Weihnachtsmann lebe im Norden ihres Landes. Der Kerl mit dem roten Mantel und dem Rauschebart verkauft ja auch sonst alles vom Spielzeug bis zur Cola, warum also nicht frostige Pampa am Ende der Welt? Die Idee ist jedenfalls ein Erfolg – auf dem Flughafen von Rovaniemi herrscht Hochbetrieb, dabei ist der Heilige Abend ja schon längst vorbei.

»In der Adventszeit landen hier an den Wochenenden täglich mehrere große Jets aus London«, erzählt Paavo. »Das sind aber meist bloß Tagestouristen. Die gehen shoppen und fliegen abends wieder heim.«

Ich denke gerade darüber nach, was es wohl sein mag, das die Menschen in Rovaniemi kaufen können, aber nicht in London, da stoppen vor dem Terminal zwei große Reisebusse und spucken eine quirlige Horde junger Japaner aus.

»Sind die auch zum Shoppen hier?«, frage ich erstaunt.

»Ich denke nicht«, sagt Paavo und lächelt verschwörerisch. »Ein Reiseveranstalter hat mir mal erzählt, dass es in Fernost einen alten Aberglauben gibt, der besagt, dass man einen Jungen zeugt, wenn man unter dem Polarlicht Liebe macht.«

Vielleicht liegt es an Paavos Erzählungen, aber mir scheint es plötzlich wirklich so, als bestünde die gesamte schwatzende und fotografierende Horde Japaner vor mir aus jungen Pärchen.

Genau kann ich das allerdings nicht erkennen, denn es ist schon drei Uhr nachmittags und darum bereits stockfinster. Nicht einmal die Polarlichter sind am schwarzen Himmel zu sehen, als Paavo seinen Jeep auf eine Schneepiste Richtung Norden lenkt. In den folgenden Stunden sehe ich vor mir nichts als einen endlos scheinenden weißen Kanal, der links und rechts von Schneewällen begrenzt wird. An den Seitenfenstern des Wagens huschen in unregelmäßigen Abständen die wulstigen Konturen der eingeschneiten Nadelbäume vorüber. Das Spannendste, was uns auf dieser Fahrt begegnet, sind drei vollbeladene Holztransporter und einige Kurven.

Paavo ist ein hagerer Typ mit einem dicken Wollpulli und einer Mission. Er kämpft dagegen, dass die letzten Urwaldgebiete seines Landes zu Klopapier verarbeitet werden – für einen Zentraleuropäer ein durchaus verständliches Ansinnen, das uneingeschränkte Unterstützung verdient. Gäbe es irgendwo in Deutschland noch ein Stückchen Urwald mit jahrhundertealten Kiefern, in denen Adler nisten – man würde es vermutlich umzäunen und »Betreten verboten!«-Schilder aufstellen. In Finnland gibt es noch deutlich mehr Urwald als nur ein Stückchen. Einen Teil davon hat man zwar als Nationalpark oder Reservat geschützt, aber eben nicht alles, und dem ungeschützten Rest droht das gleiche Schicksal wie jedem anderen Forst im Holzfällerland Finnland. Die meisten Menschen, insbesondere in Lappland, finden das auch ganz in Ordnung. Leute wie Paavo sind Einzelkämpfer.

Allein ist er jedoch nicht: Ähnliche Auseinandersetzungen gibt es überall im hohen Norden. Egal, ob um die Ölförderung auf den norwegischen Lofoten gestritten wird, um Staudämme in nordschwedischen Flüssen oder um Uranabbau auf Grönland – es ist stets das Gleiche:

Der Mensch dringt auf der Suche nach Rohstoffen immer weiter in die Wildnis ein und zerstört sie.

Eben wegen solcher Geschichten faszinierte mich der arktische Teil meines Korrespondenten-Gebiets von Anfang an besonders. Mich reizte, dass es dort tatsächlich noch weitgehend unberührte Natur gibt. Aber ebenso interessant fand ich die Menschen, die in der Arktis leben und die zu ihrer Umwelt oft ein ganz anderes, viel pragmatischeres Verhältnis pflegen, als man es aus dem industrialisierten Rest Europas her kennt. Die Natur ist hier noch etwas Bedrohliches, das man zähmen muss und für sein Überleben nutzen darf. Und schließlich ist der hohe Norden auch das bevorzugte Jagdgebiet für einsame Wölfe. Schon darum bin ich natürlich fest davon überzeugt, dass ich hier ganz zu Hause bin.

So heimisch fühle ich mich in Lappland, dass ich Paavos Frage, ob ich denn schon einmal einen Schneescooter gelenkt habe, mit einem lockeren »Aber klar doch!« beantworte.

Das ist nicht einmal gelogen. Tatsächlich habe ich vor vielen Jahren einmal bei einem Wintersporturlaub im mittelschwedischen Fjäll auf einem Schneescooter gesessen. Und ich bin sogar damit gefahren, über einen Rundparcours, der durch ein Wäldchen führte. Ich erinnere mich noch gut an das Kribbeln im Bauch, als ich auf dem Motorschlitten mit Vollgas über die platte Piste flitzte.

Was ich damals nicht wusste, ist, dass die Schneescooter für Touristen besonders gutmütige, schwachmotorisierte Gefährte sind. Sie haben wenig gemein mit jenen Höllenmaschinen, die von der Landbevölkerung im hohen Norden durch die Wälder gejagt werden. Diese haben nicht selten so viel Kraft wie ein Kleinwagen und erreichen Geschwindigkeiten von mehr als 100 Stundenkilometern. Ein Arzt aus dem Norden Schwedens erzählte mir einmal, dass im Winter die häufigsten Gäste in der Unfallchirurgie seines Krankenhauses jugendliche Scooterfahrer seien, die betrunken einen Baum gerammt hätten.

An diesen Arzt muss ich denken, als der Motorschlitten, den Paavo für mich organisiert hat, unter meinem Hintern aufheult und ich nur mit einem kräftigen Schenkeldruck sowie einem Klammergriff am Lenkrad verhindern kann, dass ich hintenüber purzele. Paavo und ich haben die Nacht in einem kleinen Motel verbracht, das keinen Internetanschluss hatte, natürlich aber eine Sauna. Nach dem Frühstück haben wir Sauli und Matti getroffen, die beiden Rentierzüchter. Nun wollen wir in den Urwald fahren – Paavo und ich sitzen je auf einem Scooter, Sauli und Matti teilen sich einen. Mit Bewunderung beobachte ich durch meine halb vereiste Brille, wie die beiden vor mir elegant ihren Schlitten in die Kurven legen und jede Steigung und Unebenheit mit einer Gewichtsverlagerung ausgleichen. Im Gegensatz zu der Piste, auf der ich einst das Scooterfahren erlernt hatte, gibt es auf dem Pfad in den Urwald jede Menge solcher Steigungen und Unebenheiten. Mehrmals muss ich mit ganzer Kraft am Lenkrad reißen, um zu verhindern, dass mein Gefährt umkippt.

Als wir schon ein ganzes Stück gefahren sind, passiert es schließlich doch: Während wir parallel an einem Hang entlangbrummen, verliere ich das Gleichgewicht. Es fühlt sich an, als würde die röhrende Maschine unter mir bocken und mich abwerfen. Im nächsten Moment rutsche ich in einer Schneewolke hangabwärts. Der Schnee ist flauschig, die Rutschpartie sanft. In Panik versetzt mich aber das schwere Gerät, das sich über mir laut jaulend und mit ratternden Antriebsketten nähert. Der Scooter bleibt schließlich auf meinem linken Fuß liegen, was dank des weichen Untergrunds aber nicht weh tut. Viel schlimmer ist der Schrecken. Es dauert ein paar Minuten, bis Matti zu mir gestapft ist, den immer noch blubbernden Schlitten aufgerichtet und mich befreit hat. Der Rentierzüchter klopft mir anerkennend auf die Schulter und sagt grinsend etwas auf Finnisch, das nach Paavos Übersetzung in etwa bedeutet, der letzte Journalist sei schon ein paar Hügel vorher aus dem Sattel geworfen worden.

Ohne Worte verständigen wir uns darauf, dass Matti meinen Scooter bekommt. Ich nehme für den Rest des Ausflugs auf einem Aluminiumschlitten hinter Saulis Scooter Platz. Die Reise geht nach dem Tausch plötzlich viel schneller voran. In ein Rentierfell gewickelt trotze ich dem Fahrtwind und denke drüber nach, was mein Chefredakteur wohl sagen würde, wenn er mich jetzt so sehen könnte.

Nachdem wir Saulis Weidegründe besucht und die drei mir eine Rodungsstelle gezeigt haben, an der eine riesige Maschine im Minutentakt Bäume fällt, entrindet und stapelt, legen wir am Waldrand eine Pause ein. Matti zückt eine mitgebrachte Mini-Kettensäge und verarbeitet eine kleine Fichte zu Brennholz, was Umweltschützer Paavo mit einem traurigen Blick und einem schweren Seufzer geschehen lässt. Bald prasselt ein Lagerfeuer, und die Rentierzüchter kommen ins Erzählen.

Sie haben praktisch ihr ganzes Leben in der Einsamkeit der lappländischen Wälder verbracht – wie schon ihre Väter, Großväter und Urgroßväter. Die beiden sind Sami, gehören also jenem Urvolk an, das schon seit Jahrtausenden die arktischen Gebiete in Norwegen, Schweden, Finnland und im Nordwesten Russlands besiedelt. Die Sami sprechen eine eigene Sprache (Finnisch ist Saulis und Mattis erste Fremdsprache und die einzige, die sie wirklich beherrschen), sie haben eigene Trachten, Traditionen und sogar eine eigene Flagge. Ihre Lebensweise ist eng mit den Rentieren verbunden. Diese sind, anders als viele Menschen glauben, keine Wildtiere. Die Herden gehören den Sami. In alten Zeiten folgten die Menschen dem Ren zu verschiedenen Futterplätzen, man unterscheidet zum Beispiel Winterweide und Sommerweide. Das Ganze ähnelt ein wenig der Almwirtschaft, die ich aus Bayern kenne. Nur dass es bei den Sami früher keine Almen gab, sondern die Hirten mit ihren Familien in Zelten kampierten. Dieses halbnomadische Dasein gehört inzwischen der Vergangenheit an. Mit Hilfe von Motorschlitten, Hubschrauber und GPS-Navigation können sie ihre Herden mittlerweile relativ bequem vom Hof aus im Auge behalten. Und natürlich können sie sich Futter im nächsten Landhandel kaufen und die entbehrungsreiche Zeit auf der Winterweide in ein sicheres Gehege verlegen. Viele Rentierzüchter machen das inzwischen so – und auch Sauli und Matti werden das tun müssen, wenn einmal die letzten Flecken Urwald in ihren Weidegründen verschwunden sind. Denn nur dort, zwischen den jahrhundertealten Kiefern und den eigenartigen Fichten, deren Äste ganz eng am Stamm anliegen, damit der Schnee leichter abfällt, nur dort finden die Rentiere die besonderen Flechten, die sie in freier Natur zum Überwintern brauchen.

»Warum müssen die gerade unseren Wald fällen, es gibt doch auch anderswo genug Bäume«, sagt Matti und nippt an dem dampfenden Kaffee. Seine Hände sind schwarz von der Arbeit im Wald, er trägt eine abgewetzte Mütze mit Ohrenklappen aus Fell, einen schmutziggrauen Anorak, fleckige Latzhosen, die an Skihosen erinnern, aber viel wärmer sind, und dick gefütterte Gummistiefel.

»Wir waren zuerst hier, darum sollte wenigstens das bisschen Urwald, das es noch gibt, für unsere Tiere erhalten bleiben.«

Der Rentierzüchter weiß natürlich, dass viele Menschen in der Gegend das ganz anders sehen. Wenn die Bäume nicht hier gefällt werden, sondern anderswo, dann gibt es hier auch keine Arbeit für die Holzfäller, die Lkw-Fahrer und die nahegelegene Papierfabrik. Ich frage ihn, ob er sich nicht vorstellen könnte, seine Rentierzucht ein wenig zu modernisieren, damit er nicht mehr so auf den Urwald angewiesen ist. »Das wäre nicht mehr das Gleiche«, meint Matti traurig.

Als das Feuer langsam niederbrennt, erzählen die Rentierhirten schließlich noch ein paar Geschichten, die sie bei ihren Touren in die Wildnis erlebt haben. Paavo muss alles aus dem Finnischen ins Englische übersetzen. Ich merke, dass er langsam müde wird und aufbrechen möchte.

Eine Sache will ich aber doch noch wissen: »Gibt es hier eigentlich Wölfe?«

Nachdem sie die Frage verstanden haben, nicken Matti und Sauli aufgeregt. Wild gestikulierend reden sie auf mich ein. Paavo ist plötzlich sehr still geworden.

»Was sagen sie?«, frage ich.

»Sie sagen, hier gibt es Wölfe.«

»Und was noch?«

»Sie mögen die nicht besonders. Weil die manchmal ihre Rentiere fressen.« Paavo seufzt. »Sie meinen, man sollte die alle abknallen. Und dass es eine Frechheit ist, dass man ihnen das nicht erlaubt.« Mit einem gequälten Lächeln fügt Paavo hinzu: »Ich bin da natürlich anderer Meinung.«

Wölfe sind auch in der Arktis selten und die Jagd darum streng verboten. Ich beginne zu verstehen, dass die Wildnis auch für Naturfreunde wie Paavo manchmal sehr rau sein kann.

7

Mitten im Nichts liegt Kiruna – auf einer Hochebene. Die Stadt wurde erst Anfang des 20. Jahrhunderts von Ingenieuren geplant und gebaut, die in einigen Hügeln Eisenerz gefunden hatten. Das Bergwerk ist noch immer der wichtigste Arbeitgeber in der Region. Und der Erzhügel, auf dessen Hängen Tag und Nacht schwere Laster herumkurven, ist allgegenwärtig und nahezu von jedem Punkt der Stadt aus zu sehen. Das kleine Hotel am Bahnhof, in dem ich mich einquartiert habe, liegt direkt in seinem Schatten. Besser gesagt: Es läge im Schatten, gäbe es Sonnenlicht. Aber als ich dort gegen 16 Uhr mit dem Bus aus Finnland ankomme, leuchten nur noch die Straßenlaternen.

Um diese Jahreszeit ist nicht besonders viel los in Kiruna. Einen Weihnachtsmanntourismus gibt es hier nicht. Die großen Wintersportgebiete, die im Frühjahr – wenn es heller wird – Skifahrer aus dem ganzen Land anlocken, die liegen westlich der Stadt, wo sich an der norwegischen Grenze eine Gebirgskette erhebt.

Bengt, der Hotelier, scheint darum auch gar nicht mit Kundschaft zu rechnen. Er steht hinter der Rezeption und presst angestrengt einen Telefonhörer gegen sein rechtes Ohr. Ab und zu nickt er und gibt einen Laut von sich, der so klingt, als würde er versuchen, mit seinem Mund Staub aus der Sprechmuschel zu saugen. Mit diesem Geräusch signalisiert der Nordschwede Zustimmung. Auch im Süden des Landes gibt es die seltsame Angewohnheit, einzuatmen während man »Ja« oder »Jaha« sagt. Je weiter man nach Norden kommt, desto mehr reduziert sich das Geräusch. Hier am Polarkreis ist dann nur noch ein »Fffft!« übrig. Möglicherweise wollen die Nordschweden ihren Mund einfach nicht weiter öffnen, weil die Luft so kalt ist. Und weil im Sommer so viele Mücken herumschwirren.

Bengt ist nach dem Telefonat jedenfalls bester Laune.

»Nächste Woche kann ich meinen neuen Motorschlitten abholen«, erzählt er, während wir über eine knarrende Holztreppe zu meinem Zimmer in den ersten Stock steigen. »Genau rechtzeitig zum Frühjahr.«

In den meisten Gegenden Europas freut man sich im Frühling auf Spaziergänge durch die erblühende Natur. In Lappland freut man sich auf den ersten Ausflug mit dem Schneescooter zum nächsten See, wo dann durch ein Loch im Eis geangelt wird. Im Winter ist es selbst für dieses frostige Vergnügen zu kalt und außerdem auch viel zu dunkel.

Ich beende den Tag mit einem Stadtbummel, der bei minus 15 Grad eher kurz ausfällt. Das macht aber nichts, denn Kiruna ist nicht besonders groß. Die Hauptattraktionen sind das in eisigem Funktionalismus gestaltete Rathaus und die imposante Holzkirche, deren düsteres Inneres nahezu gänzlich ohne Schmuck auskommt. Nur über dem Altar strahlt den Gläubigen auf ihren harten Bänken ein Bild in leuchtenden Farben entgegen. Es zeigt eine bäuerliche Landschaft mit sattgrünen Wiesen und Feldern. Wahrscheinlich stellt man sich so in etwa das Paradies vor, wenn man in einer Gegend lebt, in der sich verkrüppelte Nadelwälder mit Sümpfen und Seen abwechseln. Das Rathaus ist bereits geschlossen, aber dort werde ich am nächsten Tag im Bauamt erwartet. Ich möchte mir die Pläne für die Stadtumsiedlung ansehen. Denn sowohl die Kirche als auch das Rathaus, mein Hotel, der Bahnhof und mehr oder weniger der gesamte Rest Kirunas sind in den kommenden Jahrzehnten dem Untergang geweiht. Die Stollen und Schächte des Bergwerkes sind bis tief unter die Stadt vorgedrungen und haben das Fundament empfindlich geschwächt. Um den Erzhügel herum tun sich Spalten und Risse im Boden auf, die bereits bedenklich nahe an den Rand der Siedlungen reichen. Experten haben errechnet, dass die Stadtviertel in der Nähe des Bergwerks nur noch wenige Jahre bewohnbar sein werden, wenn der Erzabbau im selben Tempo voranschreitet wie bisher.

Also plant die gesamte Stadt den Umzug auf ein unbewohntes Stück Wildnis, einige Kilometer weiter entfernt. Den Erzabbau und damit den Verfall zu stoppen ist nicht möglich: Ohne Bergbau bräuchte man diese Stadt im lappländischen Nichts überhaupt nicht mehr. Am Abend sitze ich noch ein wenig mit einem Leichtbier an der »Hotelbar«, einer Sitzgruppe vor der Rezeption. Ich befrage Bengt zum Stadtumzug, in der Hoffnung, dass er sich vielleicht darüber aufregt und so meinem Kiruna-Artikel ein wenig Pepp verleiht. Schließlich ist sein Hotel wegen der Nähe zum Bergwerk eines der ersten Gebäude, unter dem sich die Erde öffnen wird. Aber in dieser Gegend Schwedens regen sich die Menschen selten auf. Sie sind schweigsam und gelassen, arktische Kälte und viele tausend Mückenstiche haben sie abgehärtet. Viel mehr als ein »Ffft« ist nicht aus Bengt herauszubringen. Auf die – zugegeben schon ziemlich suggestive – Frage, ob er sich nicht darüber ärgere, nun alles aufgeben und woanders von neuem anfangen zu müssen, möglicherweise an einem schlechteren Standort, zuckt er nur mit den Schultern.

»Was soll man machen, so ist es eben. Es ist ja niemand schuld daran, dass sie unsere Stadt damals mitten auf ein Erzlager gesetzt haben.«

Erschöpft von diesen für seine Verhältnisse ziemlich langen Ausführungen vertieft sich Bengt in einen Motorschlitten-Prospekt. Mein Leichtbier ist alle, und ich beschließe aufzugeben, als mir plötzlich jemand ein neues Bier vor die Nase stellt und auf Deutsch sagt: »Ziemlich wortkarg die Leute hier, was? Musste ich mich auch erst dran gewöhnen.«

Der Mann öffnet mit einem Zischen sein »Norrlands Guld« (»Norrländisches Gold«, der Name verspricht deutlich mehr, als der Inhalt der Dose zu halten vermag). Er ist ziemlich durchtrainiert, Mitte dreißig, Schnauzbart. Seine Haare sind über der Stirn kurz geschnitten, im Nacken fallen lange, braune Locken auf einen Norweger-Pulli, die Beine stecken in verwaschenen Jeans, deren Enden zum Schutz vor Schneematsch in ein Paar Trekking-Schuhe gestopft sind. Nach einem kräftigen Schluck stellt er sich als »der Werner« vor, lehnt sich in seinen Sessel und fragt: »Nun, für welches Blatt schreibst du denn? Wir sagen du, nicht wahr? Schließlich sind wir hier ja in Schweden.«

Diesen Satz hört man in Schweden immer wieder von Deutschen. Es ist ja auch wirklich nichts einzuwenden gegen das Duzen. Aber die Begründung »wir sind ja hier in Schweden« ist schon etwas seltsam. In Schweden tut und sagt man schließlich noch eine Menge andere Dinge, die weit weniger bereitwillig ins Deutsche übertragen werden. Tatsache ist, dass die Schweden ihre Mitmenschen fast immer mit »du« und dem Vornamen anreden. Das noch vor wenigen Jahrzehnten durchaus gebräuchliche »ni« (Sie) haben sie fast ganz aus ihrem Wortschatz verbannt. Das bedeutet aber noch lange nicht – und hier liegt eben der Irrtum –, dass alle Schweden im Ton intimer Vertrautheit miteinander plaudern. Denn sie haben in ihrer Sprache schon noch ein paar andere Möglichkeiten, Distanz und Nähe auszudrücken. Beim Übersetzen schwedischer Zitate für meine Artikel schreibe ich darum manchmal einfach ein »Sie«, wo im Schwedischen »du« stand – je nachdem wie förmlich der Satz im Original geklungen hat. Denn mit Hilfsverben, Konjunktiv und einer Menge artiger Floskeln konstruieren Schweden auch ohne das »Sie« mühelos und unentwegt Sätze von erlesener Höflichkeit. Selbst auf Verbotsschildern finden sich fein gedrechselte Formulierungen. Wo in Deutschland den Passanten ein derbes »Betreten verboten! Nutzen Sie die markierten Wege« anraunzt, da flöten schwedische Schilder »Seien Sie so nett, gehen Sie nicht auf den Rasen« oder »Vielen Dank dafür, dass Sie die Gehwege nicht verlassen«. Während bei uns der Dame an der Vermittlung »Geben Sie mir mal den Herrn Hans Meier, bitte« hingerotzt wird, serviert der Schwede ein »Ich suche Hans. Sollte es möglich sein, mit ihm zu sprechen?« Bei Tisch und bei vielen anderen Gelegenheiten werden zwischen den vielen »Dus« und den Vornamen ständig »Danke schön«, »Bitte sehr«, »Sei so gut«, »Keine Ursache« in das Gespräch eingeflochten. Das Wort, das der Schwede in einer Unterhaltung wohl am häufigsten nutzt, ist »tack« – danke.

»Könntest du mir das Salz reichen, sei so lieb.«

»Natürlich. Bitte sehr.«

»Vielen Dank.«

»Keine Ursache. Möchtest du vielleicht etwas Wein haben?«

»Ja danke, das wäre schön. Hier hast du mein Glas, bitte sehr.« (Den Drei-Liter-Weincontainer über den Tisch zu reichen ist unüblich.)

»Danke. Wie viel möchtest du?«

»Nur ein halbes Glas, sei so gut. Danke.«

»Hier, ist das gut so?«

»Ja, vielen Dank, das ist sehr gut so.«

»Keine Ursache.«

»Ich nehme dir mal das Glas ab.«

»Danke.«

»Vielen Dank.«

So oder so ähnlich gestalten sich schwedische Tischgespräche. Aus diesem Mikrokosmos der Manierlichkeit nimmt sich der Deutsche, wenn er in Schweden weilt, nun also das Wörtchen »du« heraus und verpflanzt es in seine eigene Sprache. Und dann sagt er nicht mehr umständlich »Könnten Sie mir bitte das Salz reichen«, sondern ganz einfach: »Gib mir doch mal das Salz.« Ein Satz wie ein Ikea-Regal, kurz, knapp, einfach, praktisch und ohne Schnörkel. So ist das eben hier in Schweden, wenn sich Deutsche unterhalten.

Ich antworte also dem Werner, dass ich der Gunnar bin, bedanke mich für das Bier. Und dann nenne ich dem Werner auch gleich noch meinen Arbeitgeber, schließlich hat er danach gefragt. Zu meinem Erstaunen nickt er gleich wissend.

»Ach ja, der Neue. Hab ich schon ein paarmal gelesen deinen Namen. Nett, dass wir uns mal treffen.«

Ich fühle mich geschmeichelt, denn es ist für einen Zeitungsjournalisten immer schön, einen Leser zu treffen, der tatsächlich seinen Namen kennt. Allerdings, so muss ich bald feststellen, ist es eigentlich kaum verwunderlich, dass gerade der Werner weiß, wer ich bin. Denn Werner scheint alles über Schweden zu lesen, was er irgendwie in die Finger bekommen kann. Nicht nur in meiner Zeitung, sondern auch in Zeitschriften, Büchern, Prospekten.

Werners Geschichte ist schnell erzählt. Er stammt aus einer Kleinstadt in Mitteldeutschland, wo er immer noch wohnt und unterschiedlichen Beschäftigungen nachgeht, als Lehrer an der Volkshochschule, Teilzeit-Landwirt, Buchautor und Verfasser von Zeitschriften-Artikeln für Reise- und Extremsport-Magazine. Die Artikel handeln meist von Schweden, denn als Werner ein Teenager war, nahm ihn sein Onkel einmal mit auf eine Kanu-Wanderung durch Småland. Seitdem ist er ein Bullerbü-Fetischist. Aber nicht irgendeiner: Werner muss man zu einer radikalen Splittergruppe der Bullerbü-Religion zählen. Möglicherweise ist er sogar Guru einer blau-gelben Geheimsekte. Werner, das wird mir spätestens bei der nächsten Dose »Norrlands Guld« klar, weiß nicht nur alles über Schweden, sondern vor allem weiß er, dass hier alles besser ist. Tatsächlich kennt er sich ziemlich gut aus und hat schon fast das ganze Land bereist. »Bloß Stockholm mag ich nicht so, das ist viel zu groß«, sagt er und ruft auf Schwedisch: »Nicht wahr, Bengt? Stockholm ist viel zu groß.«

»Ffft«, schnauft es hinter dem Tresen. »Die sind auch irgendwie komisch, die Null-Achter.«

»Haha, Null-Achter!« Werner klopft sich auf die Schenkel und erklärt mir: »So nennt man die wegen ihrer Telefonvorwahl, verstehst du?«

Ich verstehe, schließlich habe ich selbst eine Telefonnummer, die mit »08« beginnt. Außerdem habe ich zwei Semester in Lund studiert. Das liegt zwar etwa 2000 Kilometer südlich von Kiruna, aber trotzdem erzählt man sich dort ziemlich genau die gleichen Witze über die Stockholmer. Eigentlich lacht das ganze Land gern über seine Hauptstädter – ähnlich wie die meisten Franzosen gerne über die Pariser spotten. Und ebenso wie den Parisern ist es den Stockholmern herzlich wurscht, was in der Provinz so über sie geredet wird. Für die Bewohner der »Hauptstadt Skandinaviens« sind die Witzeleien bloß ein bedauernswerter Ausdruck von Neid.

Als Neu-Stockholmer und Fast-Schwede überhöre auch ich die Scherze. Außerdem will ich gerne mehr erfahren, denn mich interessiert brennend, was Werner im tiefsten Winter in Lappland zu suchen hat.

»Na, wandern natürlich«, sagt er und lässt dabei durchblicken, dass ein Skandinavien-Korrespondent eigentlich selbst auf diese für ihn so naheliegende Antwort hätte kommen müssen. Aber ich bin ja neu in dem Job, darum hat er Nachsicht. »Hier bei Kiruna fängt doch der Kungsleden an. Du weißt schon: der berühmte Wanderweg, der Hunderte von Kilometern durch die Wildnis führt.«

»Ist das nicht eher was für den Sommer, wenn es nicht ganz so kalt ist?«

»Ach was. Im Sommer sind da viel zu viele Leute unterwegs. Jetzt ist es dort am schönsten! Da kann man ganz allein die Stille der Natur genießen.«

In diesem Moment fällt mir ein, an wen mich Werner schon die ganze Zeit erinnert. In einem Schwedisch-Lehrbuch, das ich einmal bei einem Sprachkurs in Lund durcharbeiten musste, gab es ein Kapitel, in dem die Protagonistinnen Mia und Pia, die uns durch die Lektionen führten, Sommerurlaub in Lappland machen.

Mia und Pia wandern auch über den Kungsleden, und ein ganzes Kapitel lang rüsten sie sich für den Marsch: mit Mückenschutz-Öl, Moskitonetzen, Bergstiefeln, Zelt, Regenzeug, Verbandskasten und so weiter. Bei ihrer Wanderung im nächsten Kapitel treffen die beiden dann im unbewohnten Sumpfgebiet einen Mann mit langen, lockigen Haaren, der in Sandalen und kurzen Hosen durch die Mückenschwärme stapft und nichts weiter bei sich trägt als eine alte Gitarre. Er stellt sich als Jürgen aus »Tyskland« vor, klampft mit den beiden Damen ein wenig am Lagerfeuer und zieht dann weiter. Uns Teilnehmern des Sprachkurses hinterließ er nach seinem Abgang eine Aufgabe: Wir mussten darüber diskutieren, worauf man bei einer Fjällwanderung achten sollte, was man auf keinen Fall vergessen darf und warum Jürgen sich in große Gefahr begeben hat, als er nur mit Gitarre bepackt den Kungsleden betrat. Unsere Lehrerin würzte die Stunde mit ein paar Witzen über deutsche Touristen und versicherte, dass im Sommer tatsächlich solche Gestalten durch die schwedischen Wälder irren. Sie habe selbst schon welche gerettet.

Ob Werner Gitarre spielen kann, weiß ich nicht. Aber sein Plan, allein über einen vereisten Bergpfad durch menschenleere Wildnis zu stiefeln, würde bestimmt auch genug Diskussionsstoff für eine ganze Schwedischlektion liefern. Werner von dem gefährlichen Vorhaben abzubringen erscheint jedoch aussichtslos. Er meint, als Schweden-Experte für die Tour bestens gerüstet zu sein. Vor der Reise hat er noch ein Buch gelesen über die alten Überlebenstechniken der Sami. Dass das Dasein für die Rentierhirten der alten Tage stets ein harter Kampf war, den sie manchmal auch verloren, ist eine Erkenntnis, die Werner nicht an sich heranlassen möchte.

Nachdem das »Norrlands Guld« geleert ist, gehen wir schlafen. Vorher tauschen wir noch unsere Mailadressen aus und versprechen einander, in Kontakt zu bleiben. Werner verbringt den Sommer immer in einer Hütte an einem småländischen See, und er meinte, da könnten wir uns ja mal treffen.

Am nächsten Morgen ist Werner bereits weg. Als Bengt mich sieht, macht er ein leicht beunruhigtes Gesicht.

»Ist dein Freund etwa ganz alleine losgezogen?«, fragt er.

Ich erkläre, dass Werner kein Freund ist, sondern ein halbverrückter Wanderer, den ich zufällig in diesem Hotel getroffen habe. Ob denn öfter solche Leute hier absteigen würden, will ich wissen.

»Ab und zu«, sagt Bengt, nun sichtlich bekümmert. »Das kann böse enden. Manche Touristen sind einfach unvernünftig.«

Er murmelt etwas von einem Bekannten beim Rettungsdienst, den er mal anrufen werde, und verschwindet hinter der Rezeption. Beim Auschecken erkundigt er sich besorgt danach, was ich denn nun vorhätte. Offenbar fürchtet er, dass auch ich mein Leben aufs Spiel setzen möchte.

»Ich besuche noch ein paar Leute im Rathaus und fliege dann nach Hause, nach Stockholm«, beruhige ich ihn.

»Nach Stockholm?« Bengt mustert mich überrascht. »Du siehst gar nicht aus wie ein Null-Achter.«

»Äh, danke!«, sage ich, weil mir auf diese seltsame Feststellung einfach nichts Besseres einfällt. Dann muss ich noch eine Frage loswerden, die mir schon seit geraumer Zeit auf der Seele brennt.

»Bengt, bei euch hier ist es doch im Winter immer so dunkel. Da habe ich mich gefragt, oder vielmehr: meine

Schwiegermutter hat sich überlegt … Also: Bestrahlt ihr eure Kinder eigentlich im Winter mit UV-Licht?«

»Was?« Bengt wirft mir einen sehr skeptischen Blick zu.

»Na: Licht. Benutzt ihr spezielle Sonnenlichtlampen? Du weißt schon: wegen der Vitamine und weil Sonne gut ist gegen Depressionen und so.«

Bengt mustert mich eingehend, offenbar überlegt er, ob ich ihn auf den Arm nehmen will. Dann schüttelt er lachend den Kopf.

»So ein Blödsinn kann wirklich nur einem Großstädter einfallen! In Stockholm, ja, da gibt es so ein Licht-Café. Das hab ich mal im Fernsehen gesehen. Aber hier oben, da sind wir nicht so verrückt! UV-Lampen! Vitamine! So ein Quatsch. Mein Vater hat sein Leben lang in einem Bergschacht geschuftet. Da unten gab es auch keine Sonne, und er war immer fröhlich. So, ich muss jetzt weiterarbeiten – war das alles?«

Bevor ich antworten kann, klingelt schon wieder das Telefon, und Bengt beginnt angeregt in die Sprechmuschel zu schnaufen. Jedenfalls nehme ich mir vor, in Stockholm nach dem Licht-Café zu suchen.

Die Recherche im Rathaus von Kiruna verläuft ziemlich ergebnislos, denn auch dort erwartet man die Stadtverlagerung mit stoischer Ruhe, was zwar irgendwie bewundernswert ist, aber für meinen Zeitungsartikel aus dramaturgischen Gründen natürlich schlecht. Eine der kompliziertesten Fragen scheint zu sein, ob man die denkmalgeschützte Kirche ab- und wieder aufbauen muss oder ob man sie niederreißen und in der neuen Stadt eine Kopie errichten darf. Ich schwöre mir, nie wieder über einen läppischen Wohnungsumzug zu jammern! Was sind schon eine Waschmaschine oder ein paar Bücherregale gegen eine ganze Kirche, einen Ortskern, die Identität einer ganzen Stadt?

Als es dunkel wird – also am frühen Nachmittag –, steige ich schließlich ins Flugzeug nach Stockholm. Nach dem Start kann ich im Dämmerlicht bei klarem Wetter über die schneebedeckten Weiten Lapplands blicken, bis zu den weißen Bergen im Westen. Was der Werner dort oben wohl gerade macht?

Während ich Richtung Süden davonschwebe, muss ich daran denken, was er mir zum Abschied gesagt hatte.

»Du hast ein solches Glück, dass du diesen Job bekommen hast«, meinte er. »Wenn ich hier im schönsten Land der Welt leben dürfte, dann würde ich mir ein Haus auf dem Land zulegen, nahe am Wasser, mit Garten. Und jeden Tag mit dem Kanu ins Büro fahren.« Paddeln ist zwar nicht so mein Ding, aber das Haus auf dem Land könnte trotzdem bald Wirklichkeit werden. Stefanie hat nämlich nach intensivem Studium der Immobilienanzeigen festgestellt, dass wir uns eine Wohnung mit so vielen Quadratmetern, wie wir sie ihrer Meinung nach benötigen, in der Stadt einfach nicht leisten können. In den Vororten dagegen wäre das Eigenheim bezahlbar. Vielleicht hat der Werner ja recht, denke ich bei mir, und während der Flieger über dem Mälarsee nach unten sinkt, träume ich von einer faluroten Villa mit eigenem Bootssteg. Vielleicht kann man sich Bullerbü ja einfach so kaufen? Vielleicht schon morgen, denn da wollen wir zum ersten Mal auf Besichtigungstour gehen.

8

Zu Hause erwartet mich eine freudige Überraschung: In der Diele liegt ein Brief von der Polizei. Ich soll in der kommenden Woche vorbeikommen und meinen Pass abholen.

»Vielleicht werde ich doch noch richtiger Schwede«, rufe ich Stefanie aufgeregt zu. »Schneescooter fahren kann ich jetzt ja auch schon. Ein wenig zumindest.«

Aber Stefanie hört mich nicht. Sie sitzt am Küchentisch. Vor sich hat sie die zwei dicken Immobilienbeilagen ausgebreitet, die unsere Tageszeitungen an jedem Wochenende so anschwellen lassen, dass sie kaum noch durch den Briefkasten passen. Wir haben bereits ausgerechnet, was unser neues Heim ungefähr kosten darf, und zu unserer Verwunderung festgestellt, dass man dafür zwar keine Wohnung in der Innenstadt, aber immerhin ein größeres freistehendes Haus in U-Bahn-Nähe bekommt. Zumindest wenn man den Anzeigen glauben darf – und wir glauben ihnen natürlich, weil wir noch keine Ahnung haben.

Überhaupt merken wir, dass wir uns ziemlich schlecht in unserer neuen Heimatstadt auskennen. Die Vorbereitungen für den ersten Hausbesichtigungstermin sind gleichzeitig so etwas wie ein Nachhilfeunterricht in Ortskunde. Während Stefanie die Objekte ihrer Wahl mit einem Marker in der Zeitung einkringelt, sitze ich am Laptop vor einem Online-Kartendienst und lasse mir auf dem Stadtplan die Lage der Häuser anzeigen.

»Schau mal, das hier ist in Farsta und hat eine runde Badewanne! Termin ist um 13 Uhr.«

Stefanie hält mir eine große Anzeige mit vielen bunten Fotos entgegen.

»Farsta ist gut, das ist gar nicht so weit weg von Tumba, wo wir uns um zwölf die günstige Villa mit dem Riesen-Grundstück ansehen wollen.«

Stefanie schreibt die runde Badewanne also auf ihre Liste, die unsere heutige Reiseroute markieren soll. »Das Haus hier in Åkersberga hat Meerblick. Und es ist gar nicht teuer. 14 Uhr.«

»Åkersberga liegt genau auf der anderen Seite der Stadt. Das schaffen wir nicht. Außerdem gibt es da keine U-Bahn – darum ist das wahrscheinlich so billig. Ich kann ja nicht mit dem Boot zur Arbeit fahren.«

»Warum nicht? Außerdem: Ich werde nicht auf ein schönes Zuhause verzichten, bloß damit du zehn Minuten schneller im Büro bist. Damit das gleich klar ist!«

»Wir können da sicher einen Kompromiss finden«, sage ich. Im selben Moment wird mir klar, dass ich bei dieser Diskussion nur verlieren kann.

»Was meinst du mit Kompromiss? Ich darf daran erinnern, dass ich dir und deinem Job mit meinem Umzug von München nach Stockholm bereits sehr entgegengekommen bin. Genauer gesagt: fast 2000 Kilometer. Hier ist es dunkler, kälter und grauer als in München, und außerdem liegt so ein komischer Staub in der Luft. Jetzt will ich wenigstens ein schönes Zuhause!«

»Schon gut, du hast recht. Also wir streichen die runde Badewanne und fahren stattdessen nach Åkersberga?«

Vielleicht muss ich mir die Sache mit dem Boot nur ein wenig durch den Kopf gehen lassen. Ich habe im deutschen Fernsehen einmal eine Reportage gesehen über

Menschen im Stockholmer Schärengarten – die sind auch immer mit dem Boot in die Stadt gefahren. Vielleicht machen echte Schweden das so? Ob man in der Redaktion wohl Verständnis dafür hätte, wenn ich sage: »Entschuldigung, das Interview mit dem Staatsminister ist leider geplatzt – der Seegang war gestern einfach zu stark.« Oder: »Ich kann leider gerade nichts schreiben, eine Welle hat heute Morgen den Laptop von Bord gespült.« Aber das ist sicher zu negativ gedacht. Wahrscheinlich fänden es zu Hause alle ganz toll und exotisch, wenn der Reporter in Schweden jeden Tag zur Arbeit schippert. »Beim Herrmann, da ruf' ich morgens immer am liebsten an. Das plätschert so schön.« Vorerst ist die Sache ohnehin noch nicht aktuell, denn Stefanie ändert nach kurzem Überlegen ihre Besichtigungswünsche.

»Nein, besser ist es doch, wir konzentrieren uns jetzt erst mal auf den Süden und fahren dann nächste Woche nach Åkersberga. Da gibt es sicher noch mehr Angebote.«

Ich nicke. Insgeheim hoffe ich, dass dies unsere erste und letzte Besichtigungstour wird, denn der zeitaufwändige Hauskauf beginnt bereits, mir auf die Nerven zu gehen. Auf unserer Liste stehen am Ende drei Häuser, alle sehen in den Anzeigen recht wohnlich aus und scheinen für uns erschwinglich zu sein. Vielleicht ist Bullerbü ja doch im Angebot?

Mein Optimismus schwindet rasch, als wir das erste Haus besichtigen. Eigentlich sogar schon ein wenig vorher. Es handelt sich um die Villa mit dem großen Garten. Die Fotos im Prospekt zeigten ein zauberhaftes älteres Gebäude, mit Erkern, Sprossenfenstern, weiß verputzten Wänden und einer geräumigen Garage – und trotz einer Wohnfläche von knapp 200 Quadratmetern wirkte das Ganze irgendwie niedlich klein, denn das Haus stand ein wenig verloren inmitten einer Rasenfläche, die etwa die Größe eines halben Fußballfeldes zu haben schien und auf der vereinzelt alte Obstbäume ihre Äste in einen makellos blauen Himmel reckten. Ich sah mich schon auf einem Rasenmähertraktor in den Sonnenuntergang reiten. Der Text zwischen den Fotos versprach eine »stilvolle Villa mit Potential zum Traumhaus«. Über die Verkehrsanbindung stand nichts dabei, aber die Adresse des Anwesens war in Tumba, einem Ort mit U-Bahn-Station.

Nun sind schwedische Gemeinden meist viel größer, als frisch umgesiedelte Münchner sich das vorstellen können. In Bayern würden auf der Fläche eines durchschnittlichen Stockholmer Vorortes wohl mindestens zwei Orte und noch ein Naherholungsgebiet Platz finden. Nachdem wir unser Auto an Tumba und seiner U-Bahn-Station vorbeigelenkt haben, müssen wir also auf einer schnurgeraden, vielbefahrenen Landstraße noch weit mehr als fünfzehn Kilometer zurücklegen, vorbei an Weilern, Wiesen und durch kleinere Wälder. Hinter einem besonders dichten Waldstück wird der Verkehrsfluss auf 50 Stundenkilometer heruntergebremst, weil er eine kleinere Siedlung durchquert, die dort auf einer Rodungsinsel steht. Ich erkenne unser Ziel sofort, denn es sieht vom Autofenster genauso aus wie auf dem Foto. Nicht, weil der Himmel so blau ist – der ist grau und berieselt die Szenerie mit feinem Schneeregen. Nein, ich erkenne das Anwesen darum sofort, weil der Fotograf des Maklerbüros sein Foto direkt von der Hauptstraße aus geschossen haben muss, die am Gartenzaun entlang verläuft.

Warum er sich in diese Gefahr begab, wird uns spätestens klar, als wir vor der Eingangstür der Villa stehen. Es ging dem Bildkünstler nicht bloß darum, den Garten möglichst groß erscheinen zu lassen. Er wollte wohl auch das Haus möglichst winzig im Bild haben, damit einem die kleinen Details nicht auffallen, die sofort erkennen lassen, dass die Villa schon etwas betagt ist: die Rostlöcher in der Regenrinne, die feinen grauen Streifen an der Fassade darunter, die Wurmlöcher in den Sprossenfenstern, die feinen Risse im Putz des Fundaments.

»Ist es nicht eine Perle?«, ruft ein Mann mit strahlendweißen Zähnen und kariertem Sakko. Er stellt sich als Makler vor und händigt uns jeweils ein Paar blaue Plastikhäubchen aus, die wir über die Schuhe streifen müssen. Diese schlumpffarbene Fußbekleidung ist allgegenwärtig in Schweden. Man trägt sie in Kindergärten, Krankenhäusern, und sogar manche Cafés verteilen die Häubchen an ihre Gäste. Der Plastikschutz soll in der feuchtkalten Jahreszeit verhindern, dass Schmutz und Matsch ins Haus getragen werden. Die Norweger, die immer gerne über den manchmal etwas übertriebenen Ordnungsfimmel ihrer Nachbarn spaßen, nennen die blauen Fußhäubchen »Schwedenschuhe«.

Aus dem Inneren der Villa ist bereits emsiges Knistern zu hören. Es klingt, als würde eine Zwergenarmee das Parkett mit Plastiktüten scheuern.

Mich beunruhigt das. Denn es bedeutet, dass trotz abgelegener Lage und Schnellstraße vor der Tür das Interesse für das alte Gemäuer groß zu sein scheint. Im Pulk mit einem guten Dutzend weiterer blaufüßiger Besucher schieben wir uns durch die verwinkelten Räume. Als wir gerade wieder gehen wollen, versperrt uns der Mann mit dem karierten Sakko den Weg. In der Hand hält er ein Notizbrett. »Soll ich Sie jetzt aufschreiben?«, fragt er.

»Wofür?«

»Für die Versteigerung. Sie sind doch interessiert an dieser wunderbaren Villa?«

Als er den skeptischen Blick bemerkt, den ich mit Stefanie wechsele, wendet er sich gleich an sie.

»Sicher, es gibt da ein paar kleinere Mängel. Aber das ist eben bei alten Villen so. Die haben ihren ganz eigenen Charme. Aber wer ein bisschen handwerkliches Geschick hat – und Ihr Mann sieht wirklich sehr geschickt aus – dann ...«

»Kannst du mal übersetzen, was der sagt? Ich komme jetzt nicht mehr mit«, unterbricht Steffi. »Ich hab verstanden, du seist ein geschickter Handwerker.«

»Aber genau das hat er gesagt. Dein Schwedisch ist schon richtig gut.«

Wir biegen uns vor Lachen, was den Makler ziemlich verwirrt. Aber Stefanie und ich wissen beide, dass ich noch nicht einmal einen Nagel in die Wand schlagen kann, ohne mich dabei zu verletzen. Ein Haus zu kaufen, bei dem ich Dachrinnen reparieren muss, wäre schlicht lebensgefährlich. Wir verabschieden uns höflich von dem Makler und seiner Perle.

Im Auto sagt Steffi: »Irgendwie war das komisch. Was hat er denn mit dieser Versteigerung gemeint?«

»Keine Ahnung. Versteh ich auch nicht so ganz.«

Das nächste Haus liegt ebenfalls in Tumba, diesmal direkt bei der U-Bahn-Station. In der Anzeige wurden die »gute Anbindung« und das »urbane Flair am Stadtrand« gepriesen. Trotz der zentralen Lage finden wir den Bungalow erst nach intensiver Suche, denn er versteckt sich hinter zwei riesigen Betonblöcken – Mietskasernen, die offenbar aus jener Zeit stammen, als die Regierung beschloss, mit dem Bau von einer Million Wohnungen allen Schweden ihren eigenen Platz im Volksheim zu sichern. Der Briefkasten des Bungalows ist mit Grafitti verschmiert, am Gartenzaun lehnt ein zerbeultes Fahrrad mit platten Reifen. »Wir fahren besser gleich nach Farsta zu der runden Badewanne«, sagt Stefanie.

Die Siedlungen in schwedischen Vororten sehen fast alle gleich aus. Es gibt ein paar verschiedene Hausarten – Flachdach, Spitzdach, Walmdach, Holzverkleidung oder Backstein –, die sich ständig mit kleineren Variationen wiederholen. Das Interessante bei den Hausbesichtigungen ist, dass man einmal hinter diese so gleichförmigen Fassaden der Trabantenstädte blicken kann. Da bekommt man manchmal ziemlich überraschende Dinge zu sehen.

Die runde Badewanne etwa, die Steffi in der Immobilienanzeige so gut gefallen hat, entpuppt sich bei der Besichtigung als Mittelpunkt einer veritablen Saunalandschaft. Die blauverkachelte Wellness-Oase, durch die nun eine Horde Kauflustiger mit ihren Schuh-Häubchen schlurft, nimmt praktisch den gesamten Keller des geräumigen Reihenhauses in Farsta ein. Es gibt ein Dampfbad, eine finnische Sauna, eine Massagebank, Duschen mit unzähligen Düsen für die Rundumwäsche, und die herrschaftliche Badewanne verfügt über eine Bubbelautomatik mit entsetzlich vielen Knöpfen. Wir rätseln, ob die Verkäufer des Hauses hier vielleicht einen privaten Sauna-Club betrieben oder ob sie einfach nur einen Reinlichkeitsfimmel haben. Der Rest des Hauses ist jedenfalls ganz in Ordnung. Würde man das Gestrüpp zurückdrängen, das den Garten überwuchert – es gäbe sicher genug Platz für einen Grill.

Kurz: Das Haus ist mit Abstand das beste, das wir an diesem Wochenende gesehen haben. Als die Maklerin mit dem Klemmbrett fragt, ob wir kaufen wollen, sagen wir deshalb ja.

»Gut, dann schreibe ich Sie für die Versteigerung auf. Sie haben doch schon eine Bankgarantie?«

Wir verstehen erst einmal gar nichts. Aber die Maklerin hat Mitleid mit uns und gibt uns einen kleinen Crash-Kurs in schwedischer Immobilienlehre: In Schweden werden Häuser nicht verkauft, sie werden meistbietend versteigert; und zwar in der Woche nach der Besichtigung. Man kann dem Makler sein Gebot per Telefon durchgeben oder einfach eine SMS schicken. Bei einigen Maklerbüros wird auch über Internet gesteigert. Wenn sich die Auktion dem Ende zuneigt, verlangt der Makler von den verbliebenen Interessenten einen Beleg dafür, dass sie überhaupt genug Kapital besitzen. Dazu braucht man die Bankgarantie: ein Schreiben, in dem die Bank versichert, einem eine bestimmte Summe zu leihen. Dass wir Geld leihen müssen, war ja klar. Aber dass wir über den Kredit verhandeln sollen, bevor wir überhaupt wissen, was wir kaufen möchten und wie viel es kosten wird – das erstaunt uns dann doch.

Natürlich haben wir noch keine Bankgarantie. Aber wir versprechen, uns gleich am Montag darum zu kümmern. Die Maklerin gib uns die Adresse einer Bankfiliale in Farsta, mit der ihr Maklerbüro zusammenarbeitet, und schreibt unsere Namen auf ihr Klemmbrett.

»Um wie viel verändert sich eigentlich der Preis bei so einer Versteigerung?«, frage ich zum Schluss.

»Das kann man unmöglich sagen, es hängt ganz vom Markt ab. Wir versuchen natürlich, den Ausgangspreis so nah wie möglich am tatsächlichen Wert der Immobilie zu orientieren. Aber manchmal unterschätzen wir einfach die Nachfrage. So, jetzt muss ich aber wirklich gehen.« Mit schnellen Schritten trippelt sie auf den nächsten Kunden zu. Meine Frage schien sie irgendwie nervös gemacht zu haben.

»Das klingt alles sehr seltsam«, meint Stefanie kopfschüttelnd.

Noch seltsamer wird es dann am Montagmorgen. Ich bin gerade dabei, meine Termine für die Woche zu ordnen, und durchforste im Internet nordschwedische Lokalzeitungen nach den neuesten Berichten über ein beunruhigendes Unglück: Auf dem Kungsleden wird ein deutscher Bergsteiger vermisst. Im Radio hieß es, der Mann sei entgegen aller Warnungen der Einheimischen alleine in einen Schneesturm marschiert. Ich muss an Werner denken. Hoffentlich ist ihm nichts passiert …

Da summt mein Handy mit einer SMS. »Maiglöckchenweg 25 in Farsta, Bieter 1: 2 456 000 Kronen.«

Fünf Minuten später summt es erneut: »Bieter 2: 2 600 000 Kronen.« Und kurz darauf – ich verfasse gerade eine Mail an Werner, um mich nach seinem Befinden und seiner Reise zu erkundigen – kommt schon die nächste SMS: »Bieter 3: 2 650 000 Kronen.«

Den ganzen Vormittag über zuckt mein Mobiltelefon hektisch über die Schreibtischplatte.

Sven, der Bürotechniker, nickt aufmunternd: »Jaha. Ihr wollt also ein Haus kaufen. Mein Bruder sucht auch gerade. Viel los zurzeit bei den Besichtigungen, was?«

In dem Moment erscheint das Gebot von Bieter 18 auf

meinem Display. Er sprengt die Drei-Millionen-Marke. Zugleich klingelt das Telefon. Die Maklerin ist dran.

»Guten Tag. Ich wollte nach Ihrem Gebot fragen. Sie sind doch weiterhin interessiert? Haben Sie schon mit der Bank gesprochen?«

»Äh, nein. Dazu sind wir noch nicht gekommen. Wie lange dauert denn die Auktion noch?«

»Ich glaube, es haben jetzt alle Interessenten ihr erstes Gebot abgegeben. Nun wird gesteigert.«

»Sie meinen, das Haus wird noch teurer?«

»Das ist anzunehmen. Also: Darf ich Sie später noch mal anrufen, wenn Sie mit Ihrer Bank gesprochen haben?«

»Ja, sicher.«

Stefanie ist auch der Meinung, dass wir jetzt lieber nichts überstürzen sollten. Es gibt schlicht zu viele Ungereimtheiten. Zunächst müssen wird mit einer Bank sprechen. Und außerdem wohl auch mit einigen Bekannten, denn wir fragen uns: Ist es wirklich so, dass man in Schweden selbst ein so großes Geschäft wie den Hauskauf per Handy abwickelt? Und: Sind Firmen, die Eigenheime versteigern, tatsächlich seriös?

Sven der Bürotechniker ist mein erster Informant. Er gibt aber nur sehr einsilbige Antworten, offenbar hält er meine Fragen für dämlich.

»Wie sollte man denn sonst wohl ein Haus kaufen?«, meint er. »Natürlich ist das seriös. Wir sind hier schließlich in Schweden und nicht in irgendeiner Bananenrepublik.«

Die Erklärung, dass Schweden ehrlich sind, weil sie eben Schweden sind, klingt in meinen Ohren nicht sehr überzeugend. Aber für längere Diskussionen bleibt mir keine Zeit. Denn es ist Montag, und da melden sich die unterschiedlichen Redaktionen meiner Zeitung mit all ihren Wünschen.

Als besonders hartnäckig erweist sich heute ein Kollege, der von mir eine Geschichte zum Geburtstag des Königs haben möchte. Für die Recherche bleibt zwar noch reichlich Zeit, denn der Monarch vollendet sein sechstes Lebensjahrzehnt erst am 30. April, aber der Kollege will trotzdem jetzt schon einmal ganz genau über alles reden. Er will eine »ganz große Geschichte« mit ein paar originellen Details und persönlicher Erfahrung.

»Sie sind ja vor Ort, da wissen Sie sicher ein paar Dinge, die hier nicht bekannt sind.«

Jedes noch so kleine Gerücht über die schwedischen Royals wird stets umgehend in der deutschen Boulevardpresse verbreitet – selbst dann, wenn es nicht stimmt, weshalb die Erste Familie Schwedens enge Beziehungen zu deutschen Medienanwälten pflegt. Deshalb glaube ich kaum, etwas über den König zu wissen, das in Deutschland noch nicht x-mal berichtet wurde. Aber ich verspreche trotzdem, mein Bestes zu geben.

In der Hektik des Montags vergesse ich dann sogar, dass ich eigentlich zur Polizei wollte. Erst in der U-Bahn fällt mir auf, dass ich nun nach einer ersten Schnellrecherche zwar mehr über Carl XVI. Gustaf weiß als die meisten Schweden, aber trotzdem noch immer keinen Pass mit den goldenen drei Kronen mein Eigen nennen kann. Erschöpft lasse ich mich auf den nächsten Sitz fallen und studiere das Werbeplakat über meinem Kopf. Mein müder Blick wird dort von einem mindestens ebenso müde dreinschauenden, bleichen, stoppeligen Männergesicht erwidert.

»Genug vom Winter?« steht in großen Lettern auf dem Plakat. »Dann besuchen Sie unser Licht-Café mit den neuartigen 4000-Watt-Speziallampen! Ihr Leuchten ist dem Licht der Sonne nachempfunden. Genießen Sie Urlaub in der Stadt!«

Bei genauerem Hinsehen entpuppt sich das Plakat als Werbung für eine Einkaufspassage, nicht weit von unserer Wohnung entfernt. Bengt hatte also doch recht – die Stockholmer versuchen die Sonne zu simulieren, um der Finsternis zu entgehen. Kein Wunder, dass man sie im Rest des Landes für exzentrisch hält. Wenn das meine Schwiegermutter wüsste!

Ich verlasse die U-Bahn also eine Station früher als sonst und stapfe durch die grauen Straßen von Östermalm zu dem exklusiven Shopping-Paradies, das seine Kunden wie Motten mit Licht anlockt. Tatsächlich hat man in der Mitte der mehrstöckigen Einkaufsgalerie eine gleißende Oase errichtet. Weiße Sitzpolster sind um weiße Tische gruppiert, daneben wird an einem weißen Tresen von Bedienungen in weißer Kleidung (hellbrauner) Milchkaffee serviert. Rundherum sind mannshohe Leuchten aufgestellt, deren Licht an jene Arbeitsplatten erinnert, auf denen Fotografen Dias und Negative sichten. Eine Infotafel erläutert, dass es sich dabei um neueste Errungenschaften der Forschung handelt, außerdem erfährt man in einem mit wissenschaftlichen Begriffen und Diagrammen dekorierten Text, dass Sonnenlicht für menschliches Leben unabdingbar ist – wegen der Vitamine und so. Auf der zentralen Polstergruppe thront eine dunkle Figur mit sauber nach hinten gekämmtem Haar, tiefschwarzer Sonnenbrille – und winkt mit einem großen Mobiltelefon.

»Hej Gunnar! Läget?« Es ist Gadget-Johnny, der sich offenbar nach getaner Arbeit einen Milchkaffee genehmigt.

»Toll, dieses Café, was? Ich komme schon die ganze Woche jeden Tag her, und ich sage dir, ich fühle mich fantas-tisch! Hast du gewusst, dass der menschliche Körper Sonnenlicht benötigt, um zig verschiedene Vitamine zu …«

»Ja, das hab ich schon mal von meiner Schwiegermutter gehört, Johnny«, sage ich etwas genervt. »Lass mich doch erst mal einen Kaffee holen.«

Meine Augen schmerzen bereits leicht von der gleißenden Umgebung, als ich schließlich mit einer Tasse zu ihm zurückkehre.

»Solltest dir auch eine Sonnenbrille zulegen«, sagt Johnny besorgt. »Dann würde man auch deine Augenringe nicht so sehen. Siehst schlecht aus – hast du Probleme? Oder ist es nur deine Tochter, die dir den Schlaf raubt?«

Mit einem Seufzer setze ich mich auf eines der Polster, die so aussehen, als hätte der Designer beim Entwerfen zu viele Marshmellows gegessen. Ich erzähle Johnny von unseren Wohnungssorgen, den Schwierigkeiten beim Hauskauf, den Bruchbuden von Tumba und der runden Badewanne.

»Das ist doch nicht seriös, Häuser per Telefon zu versteigern!«

»Genau, da hast du schon die erste Lektion gelernt: Vertraue niemals einem Makler, denn die sind alle nicht seriös«, sagt Johnny. Es folgt ein Vortrag über die Immobilienkrise Anfang der 90er Jahre. Damals hatten Spekulanten die Preise in Stockholm und anderswo mit waghalsigen Geschäften in die Höhe getrieben, bis die Spekulationsblase eines Tages über Nacht platzte und das gesamte Land in eine tiefe Wirtschaftskrise stürzte. Erst einige Jahre und viele Konjunkturprogramme später hatte Schweden sich von diesem Zusammenbruch einigermaßen erholt.

»Und ich kenne Experten, die behaupten, etwas Ähnliches passiert derzeit auch wieder auf dem Markt für Reihenhäuser«, raunt Johnny und wirft mir einen vielsagenden Blick über den Rand seiner Sonnenbrille zu.

»Und was soll ich jetzt machen?«

»Nun, erst mal brauchst du eine Bankgarantie. Eine möglichst hohe, denn das wird teuer.«

»Du meinst, ich soll einfach mitmachen bei diesen windigen Geschäften?«

»Aber natürlich!«, antwortet Johnny. »Alle machen das so. Irgendwo muss man ja schließlich wohnen. Ständig von einem Untermietvertrag zum nächsten zu tingeln, das ist doch kein Leben für eine junge Familie.«

In diesem Moment tritt eine Frau in hochhackigen Stiefeln und mit vielen Einkaufstüten an uns heran. Ich erkenne die Londoner Braut vom Flughafen wieder.

»Bist du jetzt fertig mit deinem Kaffee«, sagt sie ungeduldig. »Gut, dann lass uns irgendwo hingehen, wo man ohne Sonnenbrille etwas zu Abend essen kann. Dieses Licht macht mich wahnsinnig – bei uns benutzt so was der Geheimdienst, wenn er Terroristen verhört.«

»Aber sicher, Darling«, sagt Johnny. Beim Gehen dreht er sich noch kurz zu mir um und sagt: »Vergiss nicht, mich zur Housewarming-Party einzuladen – ich kann dir da bestimmt ein paar gute Einrichtungstipps geben.«

»Aber sicher«, sage ich müde und frage mich im Stillen, ob Johnny daheim wohl auch Marshmellow-Hocker und Folterkellerbeleuchtung bevorzugt.

An diesem Abend summt mein Handy bis spät in die Nacht unter dem Trommelfeuer der Hausgebote. Gegen

22 Uhr ruft dann die Maklerin noch einmal an und will wissen, ob wir denn nun endlich mit der Bank gesprochen hätten. Bieter Nummer 2, 6 und 13 haben sich zu dieser Stunde schon einen heftigen Wettkampf geliefert. Möglicherweise verbergen sich hinter ihren exorbitanten Geboten Wellness-Fanatiker oder konkurrierende Saunaclub-Betreiber. Uns jedenfalls ist der Preis für das Haus mit dem blauen Badekeller und dem verwilderten Garten einfach zu hoch. Er liegt schon mehr als 50 Prozent über dem Betrag, der in der Anzeige angegeben war. Deprimiert teile ich der Maklerin mit, dass wir aussteigen.

»Gut«, sagt sie erleichtert. »Dann kommen wir heute vielleicht doch noch zu einem Abschluss.«

9

Carl XVI. Gustaf ist ein Mann in den besten Jahren, stets korrekt gekleidet, er wirkt freundlich und hat eine bezaubernde Familie. In seiner Freizeit schießt er gerne mit einem Gewehr auf Elche und angelt. Er fährt einen Volvo. Viel mehr gäbe es eigentlich über diesen Menschen nicht zu sagen – wäre er nicht der König von Schweden. Und ein überaus populärer König noch dazu. Dass er vom Typ her eher durchschnittlich ist, man könnte auch sagen: langweilig, tut seiner Beliebtheit keinen Abbruch – im Gegenteil: Seine Untertanen lieben das feine Understatement, mit dem sich der Monarch in ihre egalitäre Gesellschaft einfügt. Früher tat er das noch nicht. Und da mochten ihn die Leute auch noch nicht so gern.

Carl Gustaf ist als Halbwaise großgeworden, nachdem sein Vater bei einem Flugzeugabsturz in Dänemark ums Leben gekommen war. Als junger Mann entwickelte der Thronfolger dann erst einmal Züge, die den meisten Schweden zutiefst suspekt waren. Er lebte ein internationales Jetset-Leben weit abseits des Volksheims: schnelle Autos, schöne Frauen, lange Nächte in Diskotheken. Die europäische Klatschpresse nannte ihn den »Partyprinzen«. Aber 1973, da war die Party dann vorbei. Carl Gustafs Großvater, König Gustaf VI. Adolf, starb, und der damals noch sehr junge Thronfolger lernte auf einmal den Ernst des Regierens kennen. Gleichzeitig rüsteten sich die Republikaner zum letzten

Sturm auf die geschwächte Monarchie. Unter Carl Gustafs Großvater hatte das Parlament noch ein neues Gesetz verabschiedet, das den Einfluss des Königs auf ein Mindestmaß reduzierte. Der Monarch sollte fortan nicht mehr sein als ein funkelndes Aushängeschild für die nordische Demokratie. Von Ministerpräsident Olof Palme ist das Zitat überliefert, Schweden sei damals nur »einen Federstrich« von der Republik entfernt gewesen.

Schlechte Presse, wenig Erfahrung, ein skeptisches Volk – so manche Beobachter sahen in Carl XVI. Gustaf schon den letzten schwedischen König. Aber zum Glück hatte der Regent eine kompetente Freundin, die sich auf Event-Management im Premiumbereich spezialisiert hatte und bald den Hofstaat professionell organisieren sollte. Die Deutsche Silvia Sommerlath hatte Carl Gustaf bei der Olympiade in München kennengelernt, wo sie als Chef-Hostess gearbeitet hatte. Hätte man die Stelle als Königin ausgeschrieben, dann hätte man vermutlich kaum eine bessere Bewerberin als Silvia finden können. Das Einzige, was ihr fehlte, war der adelige Stammbaum.

Dieser Mangel erwies sich allerdings letztlich als großer Vorteil. Die »Liebeshochzeit« mit der schönen Bürgerlichen war das perfekte Ende für die flatterhafte Jugendzeit des Partyprinzen, der damit irgendwie doch noch in den Schoß des Volksheims zurückkehrte. Fortan lebte er das ganz normale Leben eines schwedischen Ehemanns, an der Seite einer starken Frau, mit drei Kindern und Festanstellung. Die einzigen Skandale, für die Carl Gustaf seit seiner Hochzeit sorgte, waren ein paar Verkehrssünden. Sein Leben wirkt in der Öffentlichkeit so bieder, dass man sich fragen muss, wann er denn nun endlich das Stockholmer Stadtschloss mit Holz verkleiden und falurot anstreichen lässt (die Farbe der Schlossfassade ist ohnehin ständiger Diskussionsstoff unter Denkmalschützern).

Es gibt im Schwedischen ein Wort, das geradezu perfekt zu diesem Regenten passt: »lagom«. Das Wort bezeichnet jenes Mittelmaß, das die Schweden so sehr lieben. Nicht zu heiß, nicht zu kalt; nicht zu nass, nicht zu trocken; nicht zu reich, nicht zu arm; nicht zu dumm, nicht zu schlau: lagom eben. Man könnte es mit »genau richtig« übersetzen, obwohl es natürlich auch bedeuten kann: nicht zu richtig und nicht zu falsch. Viele Schweden behaupten, lagom sei ein so typisch schwedisches Wort, das könne man überhaupt nicht übersetzen. »Lagom ist immer am besten« ist eine beliebte schwedische Redensart. Obwohl das natürlich widersinnig ist, denn die Defintion von lagom besagt, dass etwas eben nicht am besten und auch nicht am schlechtesten ist, sondern lagom. Das ist für Ausländer wirklich nicht einfach zu verstehen. Aber wenn man Schwedisch lernt, dann lernt man auch schnell, diesen Begriff zu verwenden. Denn im schwedischen Alltag kommt man nicht ohne ihn aus.

»Ist der Kaffee zu heiß?« – »Nein, er ist genau lagom. Danke.«

»Mit viel oder wenig Milch?« – »Lagom viel, sei so lieb.«

»Ist es nicht kalt draußen?« – »Nein, es ist genau lagom kalt für einen Spaziergang.«

Der König verkörpert wie gesagt dieses allgegenwärtige Mittelmaß in idealer Weise. Und nicht nur er: Thronfolgerin Victoria scheint problemlos in Papas lagom große Fußstapfen zu treten. Nirgendwo wird das so deutlich wie bei der Wahl ihres Verlobten. Sie hätte ja vermutlich zwischen London und Bangkok eine reiche Auswahl an Prinzen gehabt. Aber wie ihr Vater war sie wohl der Meinung, ein Partner aus dem Volk sei lagom für eine Beziehung. Victoria verliebte sich also in ihren Fitnesstrainer Daniel Westling. Eine gute Wahl – die Schweden mögen ihn, und er passt zu dem Königshaus wie der Inbusschlüssel ins Billy-Regal. Westling ist ein ganz durchschnittlicher Durchschnittsschwede, der aus einem kleinen Ort namens Ockelbo stammt, wo er in einem faluroten Einfamilienhaus aufgewachsen ist. Im Internet wirbt Ockelbo, das gut 200 Kilometer nördlich von Stockholm an einem Waldsee liegt, mit folgenden Versprechungen um Touristen: »Unsere Landschaft ist nicht so dramatisch wie die Alpen, aber ausreichend dramatisch. Das Wasser in unserem See ist nicht so warm wie auf den Malediven, aber ausreichend warm. Die Bären in unseren Wäldern sind nicht so groß wie in Alaska, aber ausreichend groß.« Solche Werbung gibt es wohl wirklich nur in Schweden. Dem Land, wo die Königsfamilie nicht so königlich ist wie in Windsor, aber ausreichend königlich.

Bei der Recherche für meinen Artikel zum Geburtstag des Königs habe ich jedenfalls irgendwann das Gefühl, im Leben eines Nachbarn herumzustochern. So normalschwedisch wirkt der Regent auf all den Bildern, die ihn im Kreis seiner Familie, im grauen Business-Anzug, im Wollpulli, im Pfadfinder-Kostüm (Carl XVI. Gustaf ist seit seiner Jugend leidenschaftlicher Pfadfinder) oder in Gummihosen mit Rute in einem Fluss stehend zeigen. Wenn ich mehr über die königliche Seite des Monarchen erfahren möchte, die ja für meinen Artikel viel interessanter ist, dann muss ich wohl anderswo recherchieren.

»Wir sollten mal die Schlösser besichtigen und schauen, wie der König so lebt«, sage ich eines Abends zu Stefanie. »Nach dem, was ich bis jetzt so über ihn gelesen habe, scheint er ein völlig gewöhnlicher Typ zu sein, ein Svensson, wie man hierzulande sagt. Ein Schwede wie du und ich. Na, jedenfalls wie ich«, füge ich stolz hinzu.

Denn vor drei Wochen war es endlich so weit: Ich habe auf der Polizei meinen Pass abgeholt. Am Ende ging es ganz einfach. Meine Mutter musste nur auf ihrem Dachboden in Deutschland ein paar verstaubte Dokumente aus einem Ordner hervorkramen. Damit konnte ich dann meine Staatsbürgerschaft bezeugen. Der Polizeibeamte, der alles kontrollierte, zweifelte zwar zunächst an der Echtheit der Dokumente. Sein gestrenges Gesicht glättete sich jedoch, als er die Unterschrift auf dem vergilbten Papier las. »Das hat ja Ulf unterzeichnet!«, lachte er. »Wie lustig, wir sind zusammen zur Schule gegangen. Er ist dann in den diplomatischen Dienst eingetreten, und ich bin zur Polizei. Jetzt am Wochenende wollen wir zusammen angelngehen, da werde ich ihm gleich von dem Fall hier erzählen.« Von diesem Punkt an war mein Passproblem gelöst. Ulfs Angelfreund kümmerte sich fortan persönlich um mein Anliegen. Er hielt mich sogar telefonisch auf dem Laufenden über den langsamen, aber nun zumindest stetigen Gang meines Antrags durch die Mühlen der schwedischen Bürokratie. Und schließlich kam der erlösende Brief, ich solle mein Dokument auf der Wache abholen. Ich ging einige Tage später einfach zur Polizei und bekam das kleine Büchlein ohne weiteres in die Hand gedrückt.

Nun liegt der weinrote Pass mit der goldenen Inschrift »Sverige« in einer Schublade unserer Garderobe. Während ich mit Steffi über den König spreche, nehme ich den Pass – zum hundertsten Mal in den vergangenen Wochen – heraus und betrachte ihn zufrieden.

»Ein richtiger Schwede bist du trotzdem nicht«, stört

Stefanie meinen Triumph. »In dem Schreiben, das heute vom Skatteverk gekommen ist, steht jedenfalls noch, dass du Deutscher bist. So leicht wird man eben kein Untertan von Carl Gustaf.«

»Ich weiß, ich weiß, den Brief habe ich auch gesehen. Aber das Problem wird bald gelöst sein: Dem Skatteverk habe ich nämlich schon vor Wochen Bescheid gesagt, dass sie den Eintrag jetzt ändern müssen. Die Sachbearbeiterin hat mich zwar gewarnt, dass es ein paar Wochen dauern kann. Aber sie meinte, das regelt sich schon.«

Stefanie lacht laut. »Wenn du jetzt wirklich glaubst, dass sich das regelt, dann bist du definitiv noch kein richtiger Schwede.«

Stefanie hat da einen wunden Punkt erwischt. Denn auf dem Auszug aus dem Bevölkerungsregister steht tatsächlich: »medborgarskap: tysk« – »Staatsbürgerschaft: deutsch«. Solche Auszüge bekomme ich regelmäßig vom Finanzamt zugeschickt – immer dann, wenn irgendjemand bei der Behörde Informationen über meine Person erfragt hat. Derzeit passiert das besonders oft, weil wegen des Hauskaufes gleich mehrere Banken meine Kreditwürdigkeit prüfen. Mein Geburtsdatum, mein Familienstand und meine Staatsbürgerschaft sind ebenso öffentliche Angaben wie meine Steuerschuld. Und weil jeder auf diese Daten zugreifen kann, ist es auch so wichtig, dass alle Angaben korrekt sind. Falsche Informationen tauchen sonst plötzlich zu den unpassendsten Gelegenheiten auf. Solange das Skatteverk behauptet, dass ich deutsch bin, bin ich das auch, Pass hin oder her. Ich hoffe also wirklich sehr, dass die Sache sich nun bald regelt – aber Stefanies Skepsis ist natürlich begründet.

Vorerst kann ich in der Sache jedoch wenig ausrichten. Da ist es besser, sich voll auf den Artikel zum Geburtstag von Carl XVI. Gustaf zu konzentrieren. An einem sonnigen, aber kalten Tag im März fahren Stefanie, Andrea, Lars und ich darum zu ihm nach Hause. Der Monarch wohnt mit seiner Frau in Drottningholm, einem recht geräumigen Schloss auf einer Insel im Mälarsee. Von der Stadt aus fährt man nach Westen und muss erst einige Brücken überqueren und eine noble Villengegend passieren. Die wundervolle Aussicht von einer der Brücken auf die dem Wasser zugewandten Fassaden der schmucken Residenzen lässt Stefanie und mich wehmütig seufzen. Mir fällt außerdem auf, dass die Straße nach Drottningholm von ungewöhnlich vielen Radarfallen gesäumt ist – möglicherweise um den Regenten zu bremsen. Angeblich lenkt der König manchmal höchstpersönlich seinen kleinen Volvo morgens zu seinem Arbeitsplatz im Stadtschloss, und den Gerüchten zufolge hat sich der mittlerweile ja schon etwas betagte Monarch einen jugendlichen Fahrstil bewahrt.

Drottningholm selbst präsentiert sich nach der letzten Brückenquerung von seiner schönsten Seite. Seine langgestreckte Fassade spiegelt sich im glitzernden Wasser des Mälaren. Wenn man zur richtigen Zeit kommt, liegen am Kai vor dem Schloss manchmal altmodische Dampfer vertäut, mit denen Touristen aus dem Zentrum in die royale Vorortidylle schippern. Für motorisierte Besucher wie uns hat der König einen geräumigen Parkplatz anlegen lassen. Er bekommt schließlich jede Menge Besuch, da die Hälfte seiner Luxusbleibe, die von der UNESCO zum Weltkulturerbe erklärt wurde, Gästen aus aller Welt zur Besichtigung offensteht.

Nachdem wir unseren Wagen abgestellt haben, gehen Lars und Andrea ins Schloss, um sich nach der nächsten Führung zu erkundigen. Ich suche inzwischen den Parkscheinautomaten, denn ich habe es bis jetzt in Stockholm noch nirgends erlebt, dass man sein Auto einfach umsonst abstellen darf. Aber in Drottningholm kann ich keine von diesen Maschinen finden, die sonst überall stehen, um das Geld der Autofahrer zu schlucken. Dafür jedoch stehen zwei Parkwächter mit eindrucksvollen, goldverzierten Uniformen unter den Ästen eines Baumes und unterhalten sich.

»Wie viel kostet es denn?«, frage ich die beiden, die sich offenbar überhaupt nicht um die vielen Gäste kümmern.

»Wie bitte?«

»Na, der Parkplatz. Ist der etwa gratis?«

Der Uniformierte lächelt freundlich.

»Ich denke schon.« Dann wendet er sich wieder seinem Kollegen zu, um die Unterhaltung fortzusetzen.

Ich bin begeistert von so viel wahrhaft königlicher Großzügigkeit, auch wenn ich meine, dass Carl Gustafs Mitarbeiter ruhig ein wenig zuvorkommender sein könnten.

Mit Wohlwollen besichtige ich nun das Heim des Monarchen. Es ist wirklich hübsch. Nicht so groß wie Versailles, aber ausreichend groß. Als wir nach dem Rundgang wieder ins Freie treten, hat sich im Schlosshof eine größere Menschenmenge versammelt.

»Ihr habt Glück«, sagt Lars. »Heute ist die Ablösung der Wachbataillone. Die marschieren hier gleich in Gardeuniform vorbei!«

In dem Moment ertönt zackige Blasmusik, und ein Trupp blauuniformierter Männer biegt um die Ecke. Goldene Helme mit buschigem Federschmuck blitzen in der Sonne, Stiefel knallen aufs Pflaster, blaugelbe Fahnen flattern im Wind. Von der gegenüberliegenden Seite kommt ein Trupp in einem ähnlich fotogenen Aufzug anmarschiert. In der Mitte des Schlosshofes treffen sich die beiden Formationen, die Kommandanten salutieren einander. Auf einem Podest am Rand stehen zwei goldverzierte Gestalten und verfolgen mit ernsten Mienen das Geschehen. Einer der Männer lächelt mir freundlich zu, als er mich sieht.

»Oh, das ist ja gar kein Parkwächter«, sage ich halblaut. Lars blickt mich entgeistert an.

»Was, DEN hast du nach einem Parkticket gefragt?«

»Ist das etwa, ich meine, ich habe ihn gar nicht erkannt, er sieht so anders aus«, stammele ich. »Ist das etwa ...?«

»Nein, natürlich nicht!«, sagt Lars entrüstet. »Der König ist unser Staatsoberhaupt. Er kümmert sich nicht um die Bewachung von Schlössern. Diese Herren sind Generäle. Das erkennt man übrigens an den drei Sternen auf ihrer Schulter. Jedes Kind weiß das! Ihr Deutschen habt wirklich überhaupt keine Ahnung vom Militär!«

Ganz unrecht hat er ja nicht. Wie die meisten Jungs in meinem bayerischen Abijahrgang habe auch ich Zivildienst abgeleistet. Und die militärischen Dienstgrade habe ich tatsächlich nie gelernt – obwohl ich ein paar Freunde beim Bund hatte, die sich ehrlich darum bemüht haben, dies zu ändern. Und Lars hat wohl auch damit recht, dass diese Bildungslücke typisch deutsch ist. In Schweden – wo es ebenfalls eine allgemeine Wehrpflicht gibt – wird zwar nur ein Bruchteil der jungen Männer eingezogen, weil die Armee kein Geld hat, alle auszubilden. Aber das Militär hat dennoch eine ganz andere Stellung, ist viel angesehener als bei uns. Wehrdienstverweigerer sind äußerst selten und werden im besten Fall als komische Käuze betrachtet.

Was mich natürlich wurmt, ist, dass Lars mich da einfach so mit »den Deutschen« in einen Topf geworfen hat. Bloß weil ich die Bedeutung von ein paar lächerlichen Schulterstücken nicht erkannt habe.

»Was muss man eigentlich noch alles tun, um endlich Schwede zu werden?«, schnauze ich ihn an.

Lars mustert mich verständnislos. Als wir nach der Parade durch den Schlosspark schlendern, erzähle ich ihm dann die Geschichte von meinem Pass, von den verschollenen Geschwistern meiner Tante und vom Eintrag beim Finanzamt, dem zufolge ich immer noch Deutscher bin.

Lars schüttelt den Kopf. »Du gehst da viel zu verbissen ran. Die wichtigste schwedische Tugend ist: ruhig bleiben. Den Ärger mit den Behörden, den kennen alle, die hier leben. Darüber darfst du dich nicht aufregen – das regelt sich schon.«

Ich will ihm gerade widersprechen, da legt er mir die Hand auf die Schulter. »Außerdem: Das mit dem Pass und dem Finanzamt ist doch gar nicht so wichtig. Wenn du wirklich ein Schwede werden willst, dann solltest du vor allem lernen, dich wie ein Schwede zu benehmen.«

Wahrscheinlich hat Lars schon wieder recht. Mein Streben nach schwedischer Identität war bislang ja wirklich sehr bürokratisch; vielleicht gar: sehr deutsch? In Deutschland ist man schließlich auf Formulare und Behörden fixiert, das weiß ja alle Welt.

»Wie benimmt man sich denn als Schwede?«, frage ich.

Lars überlegt eine Weile, dann lächelt er. »Also, eigentlich ist das gar nicht so schwer. Wir sind ein offenes Land, und im Prinzip kann bei uns jeder mitmachen. Mittlerweile hat ein Fünftel aller Schweden seine Wurzeln im Ausland.«

Lars nickt wohlwollend, so als würde er erwägen, mich in eine Fußballmannschaft aufzunehmen.

»Und du hast ja sogar eine schwedische Mutter. Es sollte also kein großes Problem sein. Das Wichtigste ist, dass du ein paar Grundlagen unserer Kultur kennen und achten lernst und sie als deine eigenen annimmst.«

»Was sind das für Grundlagen? Gesetzestreue? Gleichberechtigung? Dass man keinen Müll im Park liegen lässt und seine Rechnungen pünktlich zahlt? Sich hinten anstellt? Mach ich alles schon, meistens jedenfalls.«

»Na ja, in diesen Dingen sind die Deutschen nicht so viel anders als die Schweden. Ich rede eher von diesen wichtigen Kleinigkeiten, die uns vom Rest der Welt – und somit auch von euch – unterscheiden.«

»Was denn zum Beispiel?«

»Zum Beispiel die Liebe zur Natur. Wir Schweden lieben es, durch Wald und Flur zu streifen und dort alle möglichen Dinge zu tun. Du brauchst ein Hobby, das dich ins Freie führt. Ich hätte da auch schon …«

»O nein!«, stöhnt Andrea, die der ganzen Unterhaltung ruhig zugehört hat, und rollt ihre Augen himmelwärts. »Jetzt fängt er gleich wieder mit seinen blöden Fischen an. Lars: Man muss nicht angeln, um Schwede zu werden, bloß weil du dieser unnützen Tätigkeit nachgehst.«

»Gunnar könnte natürlich auch Vögel beobachten, Elche jagen oder lange Spaziergänge machen«, versucht Lars zu beschwichtigen. Aber Andrea ist nun richtig in Fahrt.

»Überhaupt: Was ist das für ein Land, in dem man sich durch Gestrüpp quälen und von Zecken und Mücken fressen lassen muss, um dazuzugehören? Das ist ja wie bei den kleinen Jungs im Pfadfinderclub!«

»Der König ist ja auch ein Pf…«, versuche ich die Unterhaltung auf ein weniger vermintes Gebiet zu lenken, aber es ist vergebens.

»Du verstehst das nicht«, sagt Lars beleidigt zu Andrea. »Aber du willst ja wohl auch keine Schwedin werden. Wenn du nur mal mitgehen würdest zum Angeln, dann würde es dir vielleicht Spaß machen und …«

»Nein!«

Stefanie lacht. »Streitet euch doch nicht. Ich kann mir sowieso kaum vorstellen, dass Gunnar stundenlang an einem See sitzen möchte, um auf einen Fisch zu warten. Da ist er doch viel zu ungeduldig für!«

Es gibt wohl in jeder Beziehung Dinge, die man über seinen Partner nicht weiß und die dann irgendwann völlig überraschend aus der Vergangenheit in die Gegenwart gerissen werden. Ich hatte Stefanie zwar oft von meinen Kindheitsurlauben in Südschweden erzählt. Aber irgendwie hatte ich dabei wohl nie die Sache mit der Angel erwähnt. Ich hatte auch eine als Kind. Und mit meinem jüngeren Bruder saß ich oft stundenlang auf der Hafenmole von Vitemölla und blickte über die Ostsee, wo mein kleiner roter Schwimmer auf den Wellen dümpelte. Leider kam es so gut wie nie vor, dass sich der Schwimmer senkte, um einen Biss anzuzeigen. Meist mussten wir darum ohne Fang heimziehen, in der Hoffnung, auf diesem Weg niemandem zu begegnen, dem man die peinliche Frage »Und, beißen sie?« beantworten musste. Nur selten gelang es uns, hässliche, breitmaulige

Hafenfische zu landen, die man aber gar nicht essen konnte und die wir darum gleich wieder ins Meer warfen. Der Spott der Familie war uns nach solchen Ausflügen sicher. Trotzdem gingen wir immer wieder zum Hafen, in der Hoffnung, irgendwann doch einmal Glück zu haben. Meine Angelerlebnisse sind also eng mit dem Gefühl der Niederlage verknüpft – vermutlich habe ich Stefanie darum nie davon erzählt. Aber mit Lars eröffnet sich nun die verlockende Möglichkeit, die Niederlagen meiner Kindheit wettzumachen und endlich auch einmal einen richtigen Fisch an den Haken zu bekommen.

»Ich würde gerne mal mit zum Angeln gehen«, sage ich.

Andrea seufzt. »Mein Beileid«, sagt sie knapp zu Stefanie.

Lars dagegen grinst zufrieden: »Ich glaube, es wird gar nicht so schwer, einen Schweden aus dir zu machen. Die meisten anderen schaffen es ja auch.«

Wir sind inzwischen eine kleine Anhöhe hinaufspaziert und stehen vor dem »Kina Slott« – einem Lustschloss in chinesischem Stil. König Adolf Fredrik schenkte es seiner Gattin Lovisa Ulrika am 24. Juli 1753 zu ihrem 33. Geburtstag. Lovisa Ulrika hieß eigentlich Luise Ulrike und war eine preußische Prinzessin und Schwester von Friedrich dem Großen. Sie gehört wohl zu jenen Einwanderern, die es in Schweden geschafft haben. Geangelt hat sie nicht, zumindest steht in den Geschichtsbüchern nichts darüber.

Stefanie, der die Verzierungen am Kina Slott gut gefallen, sagt: »Könntest du mir nicht auch mal ein Schloss schenken, um mir das Leben in Stockholm zu verschönern?«

10

Stefanies Wunsch nach einem Schloss bleibt leider vorerst unerfüllt. Trotz ausgedehnter Ausflüge in sämtliche Vororte Stockholms finden wir keine passende Bleibe. Aber zumindest lernen wir auf diese Weise die Umgebung der Hauptstadt kennen. Und sie gefällt uns immer besser, was wohl vor allem am Wetter und am Licht liegt. Denn seit dem 21. März ist es in Stockholm heller als in München. Der lange Winter geht zu Ende, die Tage werden merklich länger, und die Pfützen vor unserem Mietshaus sind nicht mehr jeden Morgen zugefroren.

Doch der Frühling kommt nach Stockholm deutlich später als nach Deutschland. An manchen Tagen, wenn wir in meiner Zeitung die Fotos blühender Münchner Gärten sehen, fürchten wir schon, er werde ganz ausbleiben. Dann aber geht alles ganz schnell: Binnen weniger Wochen explodiert die Natur förmlich. Krokusse, Tulpen, Schneeglöckchen, Obstbäume – alles blüht gleichzeitig. Und weil es so viel Licht gibt – im Hochsommer wird es in Stockholm eigentlich gar nicht dunkel –, wachsen die Pflanzen in einem unglaublichen Tempo. Man kann fast dabei zusehen, wie die Bäume sich hastig ihr Blätterkleid überstreifen.

Die warme Jahreszeit beginnt in Skandinavien traditionell am 30. April. Ein ganz besonderer Tag, der in Schweden mit großen Feuern und viel Alkohol gefeiert wird. »Valborg« heißt das Fest, das sich kein echter Schwede entgehen lässt. Mit »Walpurgisnacht« ist dieser Begriff nur unzureichend übersetzt. Zwar hat auch Valborg seine Wurzeln in altem Aberglauben, und in manchen Gegenden Skandinaviens spielen Hexen an diesem Tag auch eine gewisse Rolle. Aber in Stockholm, Helsinki und den meisten anderen nordischen Städten ist es einfach ein ausgelassener Feiertag, und überall in den Parks begrüßen große Menschenmengen den Frühling – und begießen ihn …

Der 30. April ist zugleich auch der Geburtstag des schwedischen Königs. Und damit der Tag, an dem mein Artikel spätestens erscheinen muss. Der Besuch in Drottningholm war zwar ein netter Ausflug – für meinen Text hat er jedoch wenig gebracht. Ein paar Tage später ist es mir aber immerhin noch geglückt, ein Interview mit dem Geschichtslehrer von Kronprinzessin Victoria zu bekommen, der natürlich ein glühender Royalist ist. Nach dem Gespräch, das eine Menge brauchbarer Zitate über Carl XVI. Gustaf und seine Familie lieferte, beendete ich meine Recherche. Näher als bis zum Geschichtslehrer der Prinzessin, so denke ich mir, werde ich dem Königshaus wohl vorerst nicht kommen.

Trotzdem möchte ich den König wenigstens ein Mal aus der Ferne live sehen. Also überrede ich Stefanie, dass wir Carl XVI. Gustaf an seinem Geburtstag einen Besuch abstatten. Das Protokoll der Feierlichkeiten können wir am Morgen des 30. April in allen Tageszeitungen nachlesen. Die Massen scharen sich auf der Norrbro, einer breiten Brücke, die von der Altstadt aus nach Norden in die City führt, quer über den Strom, der Mälarsee und Ostsee miteinander verbindet und dabei Stockholm in zwei Hälften teilt. Die Brücke führt gleich hinter dem Reichstagsgebäude über eine kleine Insel, auf der sich die Straße zu einem Platz erweitert. Dort stehen wir nun und blicken gemeinsam mit hunderten anderen Schweden auf die schmucklose Schlossfassade, in deren Mitte sich ein Tor befindet, aus dem irgendwann gegen Mittag der König höchstselbst heraustreten soll.

Als er schließlich erscheint, dröhnen meine Ohren bereits von Lauras Geschrei. Alles Schaukeln im Tragetuch vor meinem Bauch will nichts helfen – das arme Kind ist zutiefst verstört. Denn die königlichen Kanonen haben Laura mit einigen Salutschüssen aus ihrem friedlichen Schlaf geschreckt. Und als das Geballer endlich vorbei war, haben die Schaulustigen um uns herum plötzlich den Regenten lauthals mit einem Lied begrüßt.

Die Schweden singen ja gerne, besonders im Sommer. Für fast jeden Anlass haben sie eigene Lieder gedichtet: Es gibt Weinlieder, Schnapslieder, Lieder, die zu einem süßen Likör namens Punsch passen, der nach dem Essen mit dem Kaffee gereicht wird. Und natürlich gibt es auch Lieder für Monarchengeburtstage. Das bekannteste heißt ganz einfach »Kungssången« – Das Königslied . Es ist so etwas wie die heimliche Nationalhymne der schwedischen Royalisten, die Sänger versprechen in der ersten Strophe »aus der tiefe schwedischer Herzen«, dass sie dem König und seinem Geschlecht immer treu sein wollen, auf dass ihm die »Krone auf seinem Scheitel leicht werde«.

Erst in der zweiten Strophe, wo um Gottes Beistand für »den Svea König und seine Männer« gebeten wird, beruhigt sich Laura wieder. Das mag daran liegen, dass der Lärmpegel merklich sinkt. Früher, das weiß ich von meiner Tante Maria, mussten alle Kinder das Königslied in der Schule lernen. Das ist heute nicht mehr so, und spätestens ab der zweiten Strophe zeigt sich auf dem Platz vor dem Schloss ganz deutlich der Effekt dieser Lehrplanänderung. Die meisten Schaulustigen summen bloß noch zaghaft vor sich hin. Nur zwei ältere Damen mit Hüten schmettern in unserer Nähe auch die zweite Strophe noch unverzagt. Und eine Gruppe Studentinnen singen die royalen Zeilen laut von einem Zettel ab – sie haben sich den Text offenbar ergoogelt.

Nach dem Ende der letzten Strophe kichern die Mädchen schelmisch, so als hätten sie gerade etwas sehr Verbotenes getan. Dann machen sie auf Norwegisch einige spitze Bemerkungen darüber, dass der echte König ja – anders als im Lied – überhaupt keine Krone auf seinem Scheitel trägt. Nun war Norwegen bis zum Jahr 1905 mit Schweden in einer Union verbunden. Man teilte sich damals einen König, denn die Schweden hatten das Nachbarland nach den napoleonischen Kriegen dazubekommen – sozusagen als Entschädigung für das verlorengegangene Finnland. 1905 aber erklärte das Parlament in Oslo diese Union einfach für beendet, fortan war Norwegen unabhängig. Trotz der abrupten Scheidung ist das Verhältnis zwischen den beiden Ländern immer noch ein ganz besonderes. Es erinnert ein wenig an das zwischen zwei Brüdern. Mit keinem anderen Land haben die Schweden so viel gemeinsam – in Norwegen gibt es Holzhäuser, einen eigenen König (anders als in Finnland) und Elche (anders als in Dänemark). Und mit keiner Nation können die Schweden so leidenschaftlich zanken und frotzeln wie mit den Norwegern. Als zum Beispiel bei der Winterolympiade 2006 in Turin die meist sehr erfolgreichen norwegischen Athleten nur zwei Goldmedaillen holten und darum – anders als sonst immer – im Medaillenspiegel weit hinter den Schweden lagen, da konnte es sich der Schwedische Rundfunk nicht verkneifen, ein bisschen in der offenen Wunde zu stochern. Der Sender schickte ein Kamerateam zu einer Liftanlage in der Nähe von Oslo, und der Reporter fragte dort die norwegischen Skiurlauber, warum ihr Land diesmal so schlecht war und ob sie sich denn auch ärgerten, dass Schweden vorn lag. Es ist bezeichnend für die nordischen Beziehungen, dass das Kamerateam nicht einen einzigen Norweger fand, der sich die Blöße gab, seinen Ärger offen zu zeigen. Stattdessen antworteten alle Befragten höflich, man gratuliere und freue sich mit den Nachbarn – es sei nur gerecht, dass nach all den Jahren norwegischer Überlegenheit auch Schweden einmal ein paar Goldmedaillen mehr hole.

»Wollt ihr euch uns vielleicht wieder anschließen«, ruft ein junger Schwede, der den norwegischen Studentinnen schon die ganze Zeit neugierig über die Schulter geschaut hat, vermutlich nicht nur um einen Blick auf den Liedtext zu erhaschen. »Nein, wir wollen bestimmt keine Schweden werden«, sagt eine der drei und fügt spitz hinzu: »Weißt du, wir gehören einer geheimen Regierungskommission an, die prüft, ob wir Schweden vielleicht kaufen sollen.«

»Genau«, kichert eine andere Studentin. »Aber wir werden unserer Regierung empfehlen, davon die Finger zu lassen – euer König hat ja noch nicht einmal eine Krone!«

Zu den wenigen Unterschieden zwischen Schweden und Norwegen gehört, dass die Norweger sich dank ihrer Erdölquellen keine Sorgen um ihren Staatshaushalt machen müssen. Sie haben in einem Fonds so viele Ölmilliarden angespart, dass das Geld noch für Generationen ausreichen wird. Eine Tatsache, die man den »armen« Nachbarn immer wieder gerne unter die Nase reibt. Vor allem deshalb, weil man vor dem Ölboom selbst arm war und von den durch Industrie und Bergbau wohlhabend gewordenen Schweden gehänselt wurde. Der neue Reichtum der Nachbarn ruft in Schweden übrigens durchaus Neidgefühle hervor. Das musste eines Tages eine meiner norwegischen Kommilitoninnen in Lund erfahren, als sie sich in der Bibliothek ihres Instituts nach den Öffnungszeiten erkundigte. Sie könne hier montags, mittwochs und donnerstags arbeiten, lautete die Antwort. Woraufhin meine Bekannte etwas enttäuscht bemerkte, drei Tage die Woche seien aber nicht viel für eine Uni-Bücherei im Semester. Das hätte sie besser nicht gesagt. Denn sofort raunzte die Bibliothekarin in rauem südschwedischem Akzent, sie solle doch gefälligst ihre überzogenen Ansprüche zurückschrauben. »Hier bei uns sprudelt das Geld nicht einfach so aus dem Boden, wissen Sie.«

Der kleine Zank zwischen den Studenten vor uns scheint jedenfalls in einer herzlichen Verbrüderung zu münden. Der junge Schwede und die drei Norwegerinnen unterhalten sich bald angeregt. Aus den Gesprächsfetzen, die zu uns herüberwehen, schließe ich, dass der Mann seine neuen Bekanntschaften in die Geheimnisse des Stockholmer Nachtlebens einweihen möchte. Eine der Norwegerinnen sagt aufgeregt, sie habe gehört, hier in Stockholm sei ja alles so billig, vor allem die Getränke in den Bars.

»Ja, ja«, sagt der Schwede, »viel, viel günstiger als in Oslo!«

»Ach, ihr habt es gut. Unsere Regierung sollte sich mal ein Beispiel nehmen und die Steuern senken«, meint die Norwegerin.

Es gibt wohl kein anderes Volk auf der Welt, das Schweden solche Komplimente macht.

Nach einer kurzen Pause, in der er würdig ins Publikum winkt, beginnt der König mit seiner Ansprache. Der Monarch bedankt sich artig, dass so viele Menschen zu seinen Ehren hergekommen sind. Die Menge klatscht, der Regent winkt nochmals, Silvia auch. Dann verschwindet die ganze Königsfamilie zu den Klängen einer Blaskapelle ins Schloss, wo die eigentliche Geburtstagsparty stattfindet. Aber da sind wir freilich nicht eingeladen. Also trollen wir uns langsam in Richtung Innenstadt. Beim Anblick der vielen flaggeschwenkenden Schweden drängt sich mir die Frage auf, ob es denn in meinem neuen Heimatland gar kein kritisches Gegengewicht gibt zu dieser Form von Party-Patriotismus. Da ruft eine junge Frau von einem Infostand an einer Straßenecke zu mir herüber: »Wollen Sie vielleicht ein Stück Kuchen?«

Wir haben seit dem Frühstück nichts gegessen – warum nicht? Der Kuchen, der sich vor der Frau ausbreitet, ist mindestens einen Quadratmeter groß und mit pastellfarbenem Zuckerguss verziert.

»Ist das eine Geburtstagstorte?«, frage ich, während die Dame mir ein Stück reicht.

»Ja. Für Carl Gustaf. Das sieht man doch!«

Mit einem breiten Grinsen deutet die Rothaarige auf ein blaues Zuckergussgekräusel in der Mitte des Kuchens, das sich bei näherer Betrachtung als Krone herausstellt.

»Warum ist die Krone durchgestrichen?«, frage ich verwundert.

»Ich habe gehofft, dass Sie das fragen«, antwortet die

Frau und greift nach einem Stapel Broschüren neben dem Kuchen.

»Wir von der Republikanischen Vereinigung meinen, dass Monarchie unzeitgemäß ist und Schweden lieber eine Republik mit einem Präsidenten werden sollte.«

»Ja, aber geht denn das so einfach? Aus dem König einen Präsidenten machen.«

Klar, meint die Frau, die sich als Gull-Britt vorstellt und erzählt, dass sie für die Sozialdemokraten im Reichstag sitzt. Sie sagt, die Republikanische Vereinigung habe bereits eine jahrzehntelange Tradition, ihre Unterstützerschar wachse langsam, aber stetig.

»Und eines Tages, wenn die Zeit reif ist, da werden wir die Monarchie überwunden haben!«, ruft sie kämpferisch.

Einige Passanten schütteln lachend den Kopf und schwenken ihre Fähnchen.

»Wussten Sie, dass wir Sozialdemokraten die Abschaffung der Monarchie schon seit langem in unserem Parteiprogramm stehen haben?«

»Aber die Sozialdemokraten stellen seit über fünfzig Jahren fast ununterbrochen die Regierung – warum haben sie die Monarchie denn dann noch nicht abgeschafft?«, frage ich verwundert. Gull-Britt überlegt eine Weile.

»Entschuldige mich. Der Herr dort drüben möchte auch noch Kuchen«, sagt sie plötzlich und entflieht ans andere Ende des Infostandes. Meine Frage bleibt unbeantwortet, bis wir den Kuchen verputzt haben und gehen müssen.

Als ich später im Büro einmal die Geschichte der Republikanischen Vereinigung recherchiere, stelle ich fest, dass Gull-Britt recht hat. Die Republikaner haben in der Tat viele Unterstützer, nicht nur unter den Sozialdemokraten, auch bei anderen Parteien gibt es Politiker, die den König abschaffen wollen.

Es gehört zu den großen Widersprüchen der schwedischen Gesellschaft, dass zwar seit Jahrzehnten eine Partei das politische Leben bestimmt, die in ihrem Programm offen gegen die Monarchie eintritt – der König trotzdem Staatsoberhaupt geblieben ist.

Natürlich wäre es wohl vernünftiger, durch eine Wahl den besten Kandidaten in das Amt des Staatsoberhaupts zu berufen und die Sache nicht der genetischen Lotterie einer Adelsfamilie zu überlassen. Aber das wäre eben auch langweiliger. Wahrscheinlich brauchen die sonst so überaus praktischen Schweden einfach diesen Rest von irrationaler Tradition in ihrer Gesellschaft. Aber zu abgehoben sollte es dann bitte doch nicht sein! Und darum haben die Schweden eben einen König, der so aussieht, als wäre er ein vom Volk gewählter Präsident.

Es passt jedenfalls ganz gut, dass König Carl XVI. Gustaf ausgerechnet am letzten April Geburtstag hat. Dem Tag, an dem noch eine andere Tradition aus grauer Vorzeit aufflackert. Auch wir werden an diesem Abend natürlich Valborg feiern, denn Tante Maria hat uns zu einer großen Familiensause eingeladen.

Ich bin schon ganz gespannt, denn bislang habe ich in meinem Leben nur ein Valborg-Fest miterlebt, und das war in Helsinki. Dort heißt der Tag Vappu und ist wohl einer der bizarrsten nationalen Feiertage, die es auf der Welt gibt. Die Studenten der finnischen Hauptstadt versammeln sich zu Vappu gegen Mittag auf einem Platz vor dem Präsidentenpalast. Dort steht auf einem Podest die Statue »Havis Amanda«, eine kleine Meerjungfrau. Einige Studenten werden mit einem Kran auf Augenhöhe des Denkmals gehievt. Sie waschen die Dame, und um

Punkt 18 Uhr bekommt Havis Amanda dann eine weiße Studentenmütze mit schwarzem Schirm aufgesetzt. Das Ereignis wird vom Fernsehen live übertragen. Sobald die Meerjungfrau ihre Mütze auf dem Kopf hat, setzen Finnen im ganzen Land ebenfalls ihre Mützen auf. Anschließend beginnen sie mit den Feierlichkeiten, bei denen die ganze Nacht über große Mengen Vodka die Kehlen hinunterfließen.

Ursprünglich war Vappu oder Valborg vor allem ein Studentenfest. Daher auch die niedliche Tradition mit den Schirmmützen – solche Mützen bekommen Finnen und Schweden zum Abitur geschenkt. Sie sind ein Zeichen der Hochschulreife und das klassische Accessoire eines jeden Studenten. Da heute in Schweden fast jeder Abitur macht – auch wenn er später keine Hochschule besucht, sondern zum Beispiel Automechaniker wird –, ist die Kopfbedeckung inzwischen bei jungen Menschen aller Bildungsschichten verbreitet. Wer sie am letzten April trägt, zeigt damit vor allem eines: dass er feiern möchte.

Zu einem typischen schwedischen Valborg gehört neben den Mützen außerdem ein großes Feuer, um das sich am frühen Abend auch Familien und Kinder scharen. Angeblich sollen die Flammen früher irgendwelche Wintergeister vertrieben haben und auch Raubtiere, bevor man das Vieh im Frühling auf die Weide ließ. Heute wird es wohl vor allem darum angezündet, weil Aprilabende in Schweden ziemlich frostig sein können.

Maria und ihr Mann haben vorgesorgt, so dass wir uns auch von innen wärmen können. Neben dem kalten Buffet mit gebeiztem Lachs, Kartoffeln und Hering sowie dem obligatorischen Drei-Liter-Weincontainer gibt es auch Aquavit, der Gott sei Dank noch nicht in großen

Vorratspacks angeboten wird. Während des Essens schenkt Marias Mann Bert vier elegante Schnapsgläser mit langem Stiel bis zum Rand voll.

»Hier, bitte sehr.«

»Danke.«

»Vielen Dank.«

»Was für ein schönes Glas. Danke.«

»Keine Ursache«, sagt Bert. Und stellt dann mit ernster Stimme fest: »Nu måste vi skåla.« – »Nun müssen wir anstoßen.« Er erhebt sein Glas und sagt mit sonorer Stimme: »Liebe Stefanie, lieber Gunnar. Wir heißen euch herzlich willkommen in unserem Haus. Danke, dass ihr gekommen seid. Skål!« Dann blickt er der Reihe nach uns und seiner Frau in die Augen, nickt jedem einmal zu (die Gläser zusammenstoßen gilt in Schweden als vulgär), trinkt bedächtig die Hälfte seines Schnapsglases leer und lächelt zufrieden.

Das klingt ziemlich förmlich, aber Schweden sind eben sehr traditionsbewusst, wenn es ums Trinken und um Essenseinladungen geht. Viele Menschen meinen ja, dass die Schweden immer noch an unwirtlichen Orten Gelage feiern, sich dabei literweise Selbstgebrannten hinter die Binde kippen und die Trinkhörner nur ab und zu mal absetzen, um sich den Bart zu wischen oder schließlich unter die grob gezimmerte Holzbank (Modell Hägar) zu sinken. Das ist ein Irrtum, und jeder Gast tut gut daran, sich vor seiner ersten Einladung zum schwedischen »Middag«, wie das abendliche Dinner heißt, erst einmal genau mit den komplizierten Sitten des Landes vertraut zu machen. Sonst gilt man schnell als ungehobelter Klotz.

Zu den Gepflogenheiten gehört es, dass ich nun bei der nächsten Gelegenheit mein Glas hebe, den Trinkspruch erwidere, allen zunicke und so weiter, bis wieder alle getrunken haben. Außerdem dürfen wir keinesfalls vergessen, in den nächsten Tagen bei Maria anzurufen (oder ihr eine Karte zu schicken), um uns für den schönen Abend zu bedanken. »Tack för senast!« – »Danke für neulich!«, sagt man dann, und meist spricht man auch gleich die Einladung zum Gegenbesuch aus.

Viele Ausländer erleben die Schweden als kühl und unnahbar und wundern sich darüber, dass sie auch nach Jahren immer noch keine richtigen Freunde gefunden haben. Oft haben sie einfach das »Tack för senast!« vergessen und nicht verstanden, dass einer Einladung zwingend eine Gegeneinladung folgen muss. Wer das nicht beachtet, der wird als unkultivierter Eigenbrötler angesehen und beim nächsten Middag einfach durch einen anderen Gast ersetzt. Auf die Dauer kann es dann ziemlich einsam werden, denn in Schweden gibt es keine Kneipenkultur. Und darum sind gemeinsame Abendessen für viele Freundeskreise die einzige Form geselligen Umgangs.

Sicher, auch in dem Klischee vom saufenden Wikinger steckt ein wahrer Kern. Denn ein Middag, das steif förmlich beginnt, kann im Verlauf des Abends natürlich rasch seinen Charakter verändern. Vor allem dann, wenn sehr viele Gäste geladen sind und alle meinen, sich mit einem Trinkspruch für die Einladung bedanken zu müssen. Da Stefanie als stillende Mutter nichts trinken darf und ihren Schnaps immer in mein Glas umfüllt, bin ich sehr glücklich darüber, dass Maria nur uns zum Buffet gebeten hat. Somit ist schon nach zwei Trinksprüchen der Tradition Genüge getan. Und Bert kann gleich zum nächsten Punkt im Pflichtprogramm eines echten schwedischen Festabends übergehen. Er füllt die Gläser mit langsamen Bewegungen auf ein Neues. Dann erhebt er seinen Schnaps. »Und nun müssen wir singen«, sagt er, immer noch mit feierlichem Ernst.

Wir stimmen nun gemeinsam das »Helan går« an. Dieses Lied ist die Mutter aller schwedischen Trinklieder. Der Song besteht nur aus wenigen Zeilen, jeder kennt ihn, und der Text enthält eine Menge simpler Laute wie zum Beispiel »hopp-fallerala-lej«, so dass man ihn auch noch am späteren Abend problemlos lallen kann. Der Inhalt ist denkbar einfach. Er besagt, kurz gefasst, dass man unbedingt das ganze Schnapsglas in einem Zug leeren muss, weil man sonst noch nicht einmal ein halbes Glas verdient habe.

Gesungen – getan. Berts Gesicht verliert nach dieser letzten Portion Aquavit langsam seine ernsthaften Züge. Seine nordische Strenge weicht einem seligen Lächeln, und es sieht so aus, als würde auf seinen Backen eine rote Morgensonne aufgehen. »Noch ein wenig Wein?«, fragt er und lässt mit Knopfdruck auf den Plastikzapfhahn des Pappcontainers einen Schwall Chardonnay in Tante Marias Glas schießen.

»Danke, jetzt reicht es aber«, meint sie. »Wir wollen schließlich nicht zu spät zum Feuer kommen. Da fällt mir ein, Gunnar – ich habe da noch was für dich.«

Maria verschwindet in einem Wandschrank neben der Garderobe und kramt dort zwischen Kisten mit alten Kleidern herum.

»Die hier hat einmal deinem Morfar gehört«, ruft sie schließlich und schwenkt eine Mütze mit Schirm, deren vergilbtem Stoff man nur noch mit Mühe ansehen kann, dass er einmal weiß gewesen ist. Vorne über dem Schirm ziert ein blau-gelber Punkt die Kopfbedeckung. Einen schwedischeren Aufzug hätte ich mir für diesen Abend wirklich nicht wünschen können.

»Ist aber nur geliehen«, sagt Tante Maria, als sie das Leuchten in meinen Augen sieht.

Aufgewärmt vom Aquavit ziehen wir dann also mit Studentenmütze und Kinderwagen in den nahegelegenen Park, wo sich bereits eine größere Menschenmenge um einen etwa fünf Meter hohen Reisighaufen versammelt hat. An langen Tischen verkauft ein Eissportverein alkoholfreien Glögg und Leichtbier, das mit seinen 3,5 Prozent Alkohol gerade noch ohne Lizenz ausgeschenkt werden darf. Ein paar Meter weiter, an einem deutlich kleineren Stand, treffe ich Gull-Britt wieder, die Sozialdemokratin, die wir ein paar Stunden zuvor schon bei der republikanischen Vereinigung getroffen haben. Freudig greift sie nach meiner Hand und zieht mich zu ihrem Tisch heran. Kuchen gibt es diesmal keinen, dafür aber Johannisbeersaft. Auch die Broschüren sind neu. Gull-Britt kämpft zu dieser späten Stunde nämlich gegen einen Feind, der noch viel gefährlicher als der König ist: die Trunksucht.

Die junge Abgeordnete ist nicht nur glühende Republikanerin, sondern auch stolzes Mitglied im Guttemplerorden. Der »International Order of Good Templars«, kurz: IOGT, ist eine internationale Abstinenzlerbewegung, die es in Schweden mit mehr als 40 000 Mitgliedern zu außerordentlicher Blüte gebracht hat. Die immer noch strenge Alkoholpolitik des Landes ist unter anderem der erfolgreichen Lobbyarbeit dieses Vereins zuzuschreiben.

Gull-Britt drückt mir einen ganzen Stapel mit Infomaterial in die Hand. Ich nehme die Faltblätter dankend an und fächele damit dezent vor meinem Gesicht herum, in der Hoffnung, dass so der Geruch des Aquavit verweht.

»Du findest es doch auch verkehrt, wenn Ehefrauen von ihren Männern verprügelt werden«, sagt Gull-Britt plötzlich und blickt mich dabei herausfordernd durch dicke Brillengläser an, die ein poppig-bunter Plastikrahmen begrenzt.

»Äh, ja. Ich meine: Das ist furchtbar«, antworte ich, immer noch fächelnd. Hinter mir hat sich gerade ein Trupp Feuerwehrmänner aufgebaut, um das Entzünden des Feuers zu überwachen. Ich muss einsehen, dass mir der Fluchtweg abgeschnitten wurde.

»Wenn ich dir jetzt sage, dass fast alle Fälle häuslicher Gewalt mit Alkohol zusammenhängen und dass das wissenschaftlich bewiesen ist. Nun, was heißt das für dich?«

Ich zucke mit den Schultern und füge mich still in Gull-Britts vernünftige Argumentation, die natürlich unweigerlich in der Erkenntnis mündet, dass ein Leben ohne Alkohol ein besseres, ein sozialeres, ja überhaupt das einzig wahre ist. Pflichtgemäß stelle ich auch ein paar Zwischenfragen wie: »Du meinst also, man soll gar nichts trinken, also nicht einmal ein Feierabendbier?«

Die Unterhaltung ähnelt dabei immer mehr jener zwischen einem Schüler und seiner gestrengen Lehrerin. Während mein Kopf langsam zu schmerzen beginnt, muss ich ständig an Platons Dialoge denken, die ich in meinem Politikstudium immer lesen musste. Ich habe Sokrates, den weisen Helden dieser Dialoge, schon damals für einen nervtötenden Besserwisser gehalten. Und nachdem man mich einige Semester mit dieser Lektüre gequält hatte, konnte ich ein gewisses Verständnis für jene Athener aufbringen, die sich die Sache mit dem Schierlingsbecher ausgedacht haben. Aber Gull-Britt würde vermutlich auch den nicht trinken.

Sie schließt ihre wortreiche Argumentationskette endlich mit dem Satz: »Und darum ist es nur folgerichtig, auf Alkohol ganz und gar zu verzichten. Und unsere gute Sache zu unterstützen.«

Entschlossen schiebt sie mir Beitrittsformular und Stift vor die Nase. Aber ich habe Glück. Genau im richtigen Moment landet mit Wucht eine siegelringbeschwerte Hand auf meiner Schulter.

»Pass auf! Man sollte nichts unterschreiben, wenn man betankt ist«, dröhnt eine Stimme in mein linkes Ohr. Ein wohlbekannter Moschusduft kitzelt meine Nase. Es ist John Svenzon. Und trotz seines nicht mehr ganz so ansehnlichen Zustandes bin ich froh, ihn zu treffen.

»Hallo, wie geht's«, rufe ich freudig und verabschiede mich von Gull-Britt mit einem entschuldigenden Achselzucken. Ein sehr strenger Blick bohrt sich durch ihr buntes Brillengestell in meinen Rücken, während ich mit Gadget-Johnny in Richtung des Reisighaufens gehe, den die Feuerwehrleute nun mit Fackeln in Brand setzen. Kollege Svenzon sieht heute noch dämlicher aus als sonst. Aus seiner Lederjacke lugt eine Bierdose. Und auf dem Kopf hat er einen Plüsch-Wikingerhelm mit putzigen Hörnern und seitlich angenähten gelben Zöpfen, die ihm im Takt seiner wankenden Schritte ständig vors Gesicht baumeln.

»Normalerweise betrinke ich mich ja nicht«, raunt er mir zu. »Aber heute ist ein ganz besonderer Tag. Und tief drinnen, weißt du, da ist man eben doch noch ein Wikinger.«

Bei der letzten Bemerkung rüttelt er fest an seinen Plüschhörnern und wirft mir einen schwermütigen Blick zu. Ich kann gerade noch ein Lachen unterdrücken und versuche schnell das Thema zu wechseln. Wie es denn der »Braut« gehe, will ich wissen. John nimmt einen tieftraurigen Schluck aus seiner Bierdose und antwortet dann, die sei jetzt mit einem Börsenmakler zusammen. Dann setzt er zu einem längeren Monolog über das Leben, die Frauen und die Liebe an sich an. Ich habe schon öfter bemerkt, dass schwedische Männer in diesem Zustand eine geradezu russische Schwermut entwickeln können, die alle und alles in ihrem Umfeld in eine tiefe Depression hinabzureißen droht. Gelegentlich enden solche Tauchgänge in die Abgründe der nordischen Seele auch in einer handfesten Schlägerei oder einem andersgearteten Gewaltausbruch.

»Mit wem bist du denn dann heute hier?«, frage ich, um John schnell auf andere Gedanken zu bringen.

Sein Gesicht hellt sich schlagartig auf. »Ein paar Bräute bei uns aus dem Büro haben mich hier in der Nähe zum Förefest (zum Vorglühen) eingeladen. Und nachher geht es noch weiter in die Stadt. Ein paar von denen sehen wirklich scharf aus, sag ich dir.« John zwinkert mir mit dem rechten Auge zu. Sein Lid bewegt sich dabei schon verdächtig langsam auf und ab.

»Und für nachher hab ich noch etwas Besonderes auf Lager«, meint John kichernd und zückt ein nagelneues Handy.

»Hab ich mir neulich im Internet runtergeladen«, sagt er, während er hektisch auf dem Display herumdrückt. Plötzlich leuchtet der große Bildschirm des Geräts gelb auf, am oberen Rand ist er schaumigweiß.

»Sieht aus wie ein volles Bierglas, nicht? Und jetzt guck mal!« Mit zitternder Hand neigt er das Telefon zur Seite. Der digitale Bierpegel auf dem Display bleibt dabei immer waagrecht. Das sieht deshalb wie ein volles Bierglas aus, das John langsam leert.

»Heftig, was? Das wird der Renner heute Abend! Bis dann, ich muss wieder zu den Kollegen.«

Erleichtert sehe ich seine wankenden Wikingerhörnchen langsam in der Menge verschwinden.

»Wieso die Helme wohl Hörner haben?«, denke ich mir und beschließe, der Sache demnächst einmal auf den Grund zu gehen – vielleicht lässt sich ja ein Artikel daraus machen.

Nach kurzem Suchen finde ich auch Stefanie wieder, die, mit Tante Maria und Bert in eine angeregte Unterhaltung vertieft, in der Nähe des Feuers steht.

»Maria sagt, wir sollen uns mal in Hässelby umsehen, wegen eines Hauses. Das sei eine nette Gegend, meint sie.« Stefanies Augen leuchten im Feuerschein. »Lass uns da gleich nächste Woche hinfahren.«

»In dieser Woche ist der 1. Mai«, antworte ich müde. »Das ist doch ein Feiertag, den nutzen bestimmt viele Leute für einen Kurzurlaub. Ich glaube nicht, dass da viele Häuser angeboten werden.« Und manche Leute wollen kommendes Wochenende außerdem mit Lars ein Angelgeschäft besuchen und haben darum überhaupt keine Lust auf Hausbesichtigungen. Aber Stefanie lässt sich nicht beirren.

»Vielleicht ist das wegen des Feiertags ja gerade DIE Gelegenheit!«

Ich spüle meinen Protest mit einem Schluck Johannisbeersaft herunter. Gerade als ich mich im Stillen frage, ob das Junggesellendasein nicht doch viele Vorzüge hat, sehe ich in der Ferne etwas leuchten, das wie ein Bierglas aussieht. Bei genauerem Hinsehen ist es ein Handy. Das Bier flackert, offenbar ein Softwareproblem.

»Du hast recht, wir sollten es auf jeden Fall versuchen«, sage ich zu Stefanie und nehme sie fest in den Arm.

11

Die Haussuche ist zu einem echten Wochenendkiller geworden. Es vergeht kein Samstagmorgen, an dem wir nicht mit einer Batterie Textmarker bewaffnet die Immobilienbeilagen der Tageszeitungen erkunden. In der Hoffnung, endlich unser ganz persönliches Bullerbü zu entdecken, begutachten wir die mickrigen Farbfotos, mit denen die Makler ihre Ware anpreisen. Laptop und Drucker haben mittlerweile auf dem Frühstückstisch ihren festen Platz bekommen, gleich rechts neben dem Toaster, hinter der Müslipackung. Im Internet suchen wir die Adressen potentieller Traumhäuser bei einem Kartendienst heraus, der auch Satellitenbilder anzeigt. Quellen von Gestank und Lärm wie Schnellstraßen, Privatflugplätze, Müllkippen oder Gewerbegebiete identifizieren Stefanie und ich inzwischen mühelos auf den pixeligen Luftbildern. Wir wären eine Zierde für jeden Geheimdienst.

Leider sind wir nicht so gut ausgestattet wie James Bond und können nicht in die Reihenhäuser, Villen und Eigentumswohnungen hineingucken. In den Beschreibungen unter den kleinen Zeitungsfotos werden sie stets in den freundlichsten Worten angepriesen. Aber auch unser semantisches Gespür ist in den vergangenen Wochen durch das ständige Lesen der Maklerprosa geschärft worden wie ein Jagdmesser. Wenn irgendwo das Wort »Potential« auftaucht, schrillen sämtliche Alarmglocken! Das Haus ist mit Sicherheit eine lausige Bruchbude, und man sollte es nur kaufen, wenn man Freude daran hat, künftig seine Freizeit im Blaumann und in Baumärkten zu verbringen. Das ist bei mir eher nicht der Fall. Das Versprechen »Gute Verkehrsanbindung« wiederum lässt uns auf dem Satellitenbild extra gründlich nach nahegelegenen Schnellstraßen, Bahntrassen und Flugplätzen suchen. Und »Guter Grundriss« oder »Raumwunder« heißt oft nichts anderes als: Dieses Domizil ist winzig und war einmal ein Gartenhäuschen. Der Architekt hat dort aber trotzdem drei Zimmer, Küche, Bad untergebracht, weil es sich so einfach besser verkaufen lässt. Aber Sie wollten sich ja bestimmt ohnehin von einigen Ihrer Möbel trennen …

Knifflig ist auch, das Kauderwelsch des »Besiktningsman« zu lesen. Dieser Mensch ist ein Experte für Bausubstanz, und üblicherweise wird er vom Makler damit beauftragt, einen Bericht über das Kaufobjekt zu schreiben. Der Besiktningsman untersucht, ob es technische Mängel gibt: zum Beispiel einen schimmeligen Dachboden oder Fäulnis am Fundament – ein gar nicht seltenes Problem bei den in Schweden so verbreiteten Holzhäusern. In seinem Bericht schreibt der Experte natürlich nicht: »Finger weg, dieses Haus ist vergammelt« (Würde ihn der Makler sonst beim nächsten Mal wieder anheuern?). Nein, die Mängel werden in ein kryptisches Techniker-Schwedisch verpackt und dann – möglichst kleingedruckt – mit allen möglichen allgemeinen Angaben zu Größe, Baujahr und Vorbesitzer garniert. Die bautechnischen Begriffe, die wir aus diesem Zahlensalat herausfiltern, sind so kompliziert, dass selbst der dicke Langenscheidt keinen Rat mehr weiß. Aber nach unzähligen Besichtigungen und Gesprächen mit mehr oder weniger hilfsbereiten Maklern ist es uns gelungen, ein solides Expertenwissen zu erwerben. Wir verstehen jetzt, dass ein »Krypgrund« – »Kriechgrund« – unter dem Haus nicht von kriechenden Tieren bevölkert und auf gar keinen Fall »fuktig« – feucht – sein darf. Dieser Hohlraum findet sich unter fast allen Holzhäusern, er soll das Bauwerk belüften und Fäulnis verhindern. Wir wissen auch, dass in einem aus Brettern gezimmerten Haus der noch so kleinste Riss oder Sprung in der wasserabweisenden Wand eines Badezimmers auf einen sehr teuren Schaden im Gebälk dahinter hindeuten kann. Wir können selbst aus größerer Entfernung asbesthaltige Dachziegel von ungiftigen unterscheiden und wissen aus dem Kopf, wie hoch der zulässige Grenzwert für das radioaktive Radon-Gas ist, das mancherorts aus dem schwedischen Granitgestein von unten in die Häuser hineindringt. Ja, wir haben sogar gelernt, welche feuerpolizeilichen Vorschriften beim Betrieb eines offenen Kamins zu beachten sind (man benötigt für das gemütliche Prasseln im Wohnzimmer eine Genehmigung der Gemeinde, die alle paar Jahre erneuert werden muss). Ja, wer von der deutschen Bürokratie die Schnauze voll hat, sollte nicht gerade nach Schweden auswandern.

Wie Stefanie vermutet hat, ist das Angebot an Hausbesichtigungen wegen des Feiertags viel kleiner als sonst. Wir sehen darin ein gutes Omen. Denn die wenigen Häuser, die weder verschimmelt noch baufällig noch zu klein, zu groß, zu schlecht gelegen waren, die wurden uns in den vergangenen Wochen immer von offenbar sehr wohlsituierten Mitbietern vor der Nase weggesteigert. Zwar haben wir inzwischen eine schriftliche Kreditgarantie von einer Bank und können darum wie unsere Mitstreiter den Maklern problemlos Millionengebote per SMS schicken – wenn man in Kronen zahlt, ist man beim Hauskauf schnell im siebenstelligen Bereich. Aber natürlich gibt es eine Schmerzgrenze, die wir nicht überschreiten können. Wir haben in unserer Verzweiflung über die hohen Preise schon darüber diskutiert, in ein Dorf ohne U-Bahn-Anschluss zu ziehen oder uns in einer Zweizimmerwohnung einzurichten. Aber uns ist klargeworden, dass dies wohl das rasche Ende des Stockholm-Abenteuers einleiten würde. Und unserer Beziehung würden abgeschiedene Dörfer oder mickrige Wohnungen bestimmt auch nicht sonderlich guttun. Von der romantischen Vorstellung, morgens mit dem Boot in die Arbeit zu schippern, habe ich mich ohnehin schon längst verabschiedet, nachdem ich einmal die Preise für Boote und Anlegeplätze studiert habe. Leute, die mit ihrer Yacht zur Arbeit pendeln, sind auch in Stockholm selten Journalisten, sondern eher Finanzhaie oder kriminell oder beides.

Das spärliche Angebot an Häusern und Wohnungen lässt uns jedenfalls hoffen, dass auch die Käufer an diesem Wochenende weniger sind. Immerhin entdecken wir zwei Annoncen für den Westen Stockholms, die uns interessieren. Der Westen ist seit einigen Wochen unser bevorzugtes Jagdgebiet. Denn hier sind die Häuser nicht so teuer wie im noblen Norden, wo die Millionäre wohnen (die, die ihre Millionen nicht nur in Kronen, sondern auch in Euro rechnen können). Oder im Osten der Stadt, der sich in den Schärengarten reckt und darum die zahlungskräftigen Yachtbesitzer anlockt. Andererseits ist der Westen aber auch nicht so heruntergekommen wie viele Vororte im Süden, wo die Eigenheimidylle oft nur im Schatten grauer Betonblöcke dahinvegetiert.

Tatsächlich scheint uns das Immobilienglück an diesem Maiwochenende endlich hold zu sein. Gleich das erste Haus ist ein Volltreffer – auf den ersten Blick zumindest. Seine falurote Fassade strahlt selbst durch den fahlen Vorhang des dichten Nieselregens einen unwiderstehlichen Charme aus. Die freistehende Villa, in den 1940er-Jahren als Heim für eine Arbeiterfamilie erbaut, ist umrahmt von einem großen Garten. Die U-Bahn-Station liegt nur wenige Minuten entfernt, in knapp 20 Minuten erreicht man die City. Unter knorrigen, alten Apfelbäumen haben die jetzigen Besitzer des Hauses einen Sandkasten gebaut, daneben leuchtet ein kleines Spielzeug-Holzhaus rot durch Beerenbüsche, deren üppige Blüten eine reiche Ernte versprechen. In der frisch renovierten Küche steht eine lächelnde Maklerin. Ihr Parfum verströmt einen dezenten Lavendelduft, sie verteilt Zettel mit einem »Testimonial« der Menschen, die derzeit das Haus bewohnen. Der Text beginnt mit den Worten: »Herzlich willkommen in unserem Bullerbü.« Wir sind ergriffen. In schmalztriefenden Worten schildert der kleine Aufsatz alsdann die »Liebesgeschichte« zwischen dem Haus und seinen jetzigen Besitzern. Wie sie es über die Jahre gehegt, gepflegt, gestrichen und renoviert haben. Wie sie ihre Kinder unter den blühenden Apfelbäumen das Laufen beibrachten. Wie sie im Herbst die Äpfel aus dem eigenen Garten zu Bratäpfeln brutzelten, am Kamin im Wohnzimmer, »dem flackernden Mittelpunkt winterlicher Häuslichkeit in unserem kleinen Paradies«. In dem Text steht auch, dass der nun anstehende Verkauf der armen Familie fast die zarten Herzen bricht. Aber mit fünf Kindern sei es – trotz mehr als 150 Quadratmetern Wohnfläche – inzwischen einfach zu klein geworden. »Wir werden das Haus aber in jedem Fall nur an Leute verkaufen, die es auch gut behandeln.«

An Leute wie uns! – diesen Gedanken haben Stefanie und ich schnell gefasst, nachdem wir noch ein wenig durch die großen, pastellfarbenen Räume des Anwesens gestreunert sind.

»Haben Sie noch Fragen?«, flötet die Maklerin zum Abschied. Nein, haben wir nicht. Wir wollen nur noch kaufen.

Das andere für heute eingeplante Haus sehen wir an diesem Tag bloß noch nebenbei an, wohl nur deshalb, weil wir in der Gegend sind und nach Monaten der Nestsuche mit unserer Freizeit auch gar nichts anderes mehr anzufangen wissen. Das Geräusch blauer Schuhhäubchen, die über frisch gewienertes Parkett rascheln, gehört für mich jedenfalls inzwischen zum Wochenende dazu. Ich finde es direkt entspannend. Routiniert streifen wir also die Schutzbezüge über die von den vielen Hausbesichtigungen abgewetzten Sohlen unserer Schuhe und schauen uns das nächste Objekt an. Es handelt sich um ein durchschnittliches Reihenhaus in einer durchschnittlichen Reihenhaussiedlung in einem durchschnittlichen Vorort, der in etwa so aussieht wie die Vororte in München. Nur dass auf dem Parkplatz der Siedlung keine Opels und Volkswagen stehen, sondern Volvos und Saabs. Da wir ja ohnehin das Bullerbü-Haus kaufen möchten, stellen wir auch diesem Makler kaum Fragen. Nur eines interessiert mich wirklich brennend.

»Was ist das eigentlich für eine seltsame Klappe, da in der Wohnzimmerecke? Das habe ich bei anderen Häusern auch schon gesehen.«

»Das, mein Herr, ist der Zentralstaubsauger. Sehen

Sie!« Der Makler reißt einen Fetzen Papier von seinem Block und zerknüllt ihn. Dann öffnet er die kleine Klappe in der dunklen Wohnzimmerecke. Hinter der Klappe befindet sich ein rundes, schwarzes Loch, das plötzlich laut zu brummen anfängt. Der Makler hält den Papierfetzen vor die Öffnung, wo er mit einem Schlurfgeräusch verschwindet. Der Mann freut sich wie ein kleines Kind.

»Phantastisch, was. Zum Haus gehört auch ein langer Staubsaugerschlauch, der genau in dieses Loch passt.«

»Und wohin verschwindet der Staub?«, frage ich neugierig.

»Der wird in der Abstellkammer gesammelt, wo auch der eigentliche Staubsauger montiert ist. Sie müssen das schwere Gerät also nie wieder durch die Wohnung schleppen!«

»Hmm. Interessant«, sage ich.

»Wie schön, dass Sie interessiert sind!«, ruft der Makler. »Geben Sie mir mal Ihre Handynummer, für meine Liste.«

Kurz erwäge ich, dem Mann zu erklären, dass wir lieber Bullerbü kaufen wollen statt seiner würfelförmigen Bude mit dem zentralistischen Staubsauger. Aber dann gebe ich ihm doch die Nummer, weil er irgendwie sympathisch ist – und das ist ja selten, bei Maklern.

Am darauffolgenden Montag geht alles sehr schnell. Selma, die Maklerin aus dem Bullerbü-Haus, ruft schon morgens um acht an, um das erste Gebot einzuholen. Gegen 12 Uhr müssen wir zum ersten Mal erhöhen. Um 14 Uhr ist das Limit erreicht, das Stefanie und ich uns eigentlich gesteckt hatten. Um 14.30 Uhr bekommen wir von unserer Bank die Erlaubnis, noch weiter zu steigern. Es sind jetzt nur noch zwei Bieter im Rennen – wir und der Käufer mit der Nummer 6. Der Wettlauf zieht sich fast zwei Stunden hin. Gegen halb fünf verkündet Selma endlich: »Er ist ausgestiegen. Sie kriegen das Haus!«

Aber nur unter einer Bedingung: Wir müssen den Vertrag sofort unterschreiben. »Wissen Sie, die Verkäufer sind da ein wenig in Zugzwang. Die müssen ja ihr neues Zuhause anzahlen.« Selma schlägt vor, dass wir uns um 18 Uhr in ihrem Büro treffen und das Geschäft abschließen.

Es ist diese ungewöhnliche Hast, die uns misstrauisch macht. Möglicherweise ist Bullerbü gar nicht wirklich Bullerbü, sondern eine Mogelpackung. Stefanie und ich sind uns plötzlich nicht mehr so sicher. Auch sind beim genaueren Studium des Berichts vom »Besiktningsman« noch einige Fragen aufgetaucht. Besonders beunruhigt uns ein ziemlich unverständlicher Satz, in dem es um die Heizung geht. Das Ding ist zwar dem Text zufolge »voll funktionstüchtig«, hat aber auch »leichte Mängel«, die jedoch »für diesen Typ nicht ungewöhnlich sind«.

Ich sage Selma deshalb, dass wir gerne noch einmal die Heizung sehen und mit dem Besiktningsman sprechen wollen, bevor wir unterschreiben. Ihre Stimme wird plötzlich schneidend scharf und bekommt einen nervösvibrierenden Unterton.

»Auf keinen Fall! Das hätten Sie sich früher überlegen müssen. Ich weiß schon, dass in anderen Ländern immer ewig gefeilscht wird. Aber hier in Schweden, da machen wir ordentliche Geschäfte. Da geht es eben schell, verstehen Sie. Unser Büro hat jahrelange Erfahrung im Immobiliengeschäft. Wir haben alle Vorschriften eingehalten. Sie hatten den Bericht des Besiktningsmans rechtzeitig vorliegen. Sie ...«

»Ja, ja«, beschwichtige ich. »Ich mache Ihnen ja keine

Vorwürfe. Aber ich wollte trotzdem gerne noch mal einen kurzen Blick auf ...«

»Wir können in meinem Büro darüber sprechen«, meint Selma knapp.

Ich bin noch auf der Arbeit und schreibe eine längere Hintergrundreportage über das vorbildliche finnische Schulsystem. Die muss nun bis morgen warten. Macht nichts, das deutsche Bildungswesen wird sicher auch morgen noch Vorbilder brauchen. Unsere Chance auf einen eigenen Platz im Volksheim dagegen könnte rasch vorüberziehen, wenn wir jetzt nicht zuschlagen. Stefanie und ich vereinbaren, dass wir uns nachher im Maklerbüro treffen. Als ich hektisch meinen Schreibtisch aufräume, kommt unser Bürotechniker Sven vorbei. Ich stoppe ihn, indem ich mit meinem Stuhl direkt vor seine Füße rolle.

»Sven! Du musst mir unbedingt helfen. Du kennst dich doch mit Hausverkäufen aus?«

Ich erzähle ihm von der hastigen Versteigerung und der Heizung. Sven runzelt die Stirn.

»Das klingt nicht gut. Dass am Ende der Versteigerung nur noch ein Bieter da war, der den Preis hochgetrieben hat, ist ein schlechtes Zeichen. Es könnte sein, dass das die Verkäufer selbst waren – oder ihre Freunde. Und dass die es so sehr eilig haben mit dem Vertrag, ist auch seltsam.«

Das Expertenschwedisch im Bericht des Besiktningsmans versteht Sven allerdings auch nicht.

»Aber ich habe eine Idee. Ein Freund von mir ist Monteur. Gib mir den Bericht, ich versuche, ihn zu erreichen. Er kann dich ja dann auf dem Handy anrufen, falls was faul ist.«

Ich umarme Sven voller Dankbarkeit, was ihm sichtlich unangenehm ist. Er ist offenbar noch nicht so ganz aus der Winterstarre erwacht. Viel zu spät renne ich zur U-Bahn und fahre nach Westen, zum Maklerbüro.

Das Büro befindet sich im ersten Stock eines hässlichen, grauen Flachbaus, in einem Einkaufszentrum am Stadtrand. Es ist zu dieser Stunde menschenleer – dank mächtiger Gewerkschaften sind Überstunden in Schweden unüblich, die meisten Angestellten gehen pünktlich zum Dienstschluss oder sogar ein wenig vorher nach Hause. Im Vorzimmer der Maklerin wartet ein unrasierter Mann in Kapuzenpulli, alten Jeans, kaputten Turnschuhen. Neben ihm sitzt ein etwa fünf Jahre alter Junge.

»Papi, sind das da die Leute«, sagt er, als Stefanie, Laura und ich zur Tür hereinkommen.

Der Mann zuckt nervös zusammen.

»Pssst! Du musst jetzt mal ein bisschen still sein, bis Papa das hier erledigt hat.« Dann verkriecht er sich grußlos hinter einer Zeitung.

In dem Moment öffnet Selma ihre Tür. »Hej!«, ruft sie mit einem strahlenden Lachen. Sie führt uns zu einem Konferenztisch im hinteren Teil der Geschäftsräume. Die Einrichtung des Maklerbüros stammt offenbar noch aus derselben Zeit wie das Gebäude. Der Konferenzraum ist fensterlos, das kalte Licht zweier Neonröhren wird von einer Regalwand aus dunklem Holz verschluckt. An der Wand hängt ein Barsch. Es ist einer jener Scherzartikel, die man aus amerikanischen Filmen kennt – der Fisch sieht aus wie eine Anglertrophäe, ist aber aus Plastik. Drückt man auf einen kleinen Knopf, fängt der Fisch zu singen an und wackelt mit dem Schwanz. Wahrscheinlich soll das Tier ein wenig Frohsinn in den tristen Raum tragen. Aber die Batterien sind leer. Von Bullerbü ist hier in diesem Büro jedenfalls nichts mehr zu spüren. Der Konferenzraum erinnert vielmehr an einen Gangsterfilm, und zwar an die Szene, in der das ahnungslose Opfer von den Gangstern an einen einsamen Ort gelockt wird. Unsere Unsicherheit steigt weiter an.

»Ich hoffe, Sie freuen sich über Ihr schönes neues Zuhause – es ist wirklich ein Traumhaus«, sagt Selma, nachdem alle Platz genommen haben.

»Wir lieben es!«, versichere ich. »Aber Selma, wir hatten ja schon über die Heizung gesprochen. Und über den Besiktningsman. Wann kann ich den anrufen?«

Wortreich erläutert Selma nun, dass sie schon seit zwei geschlagenen Stunden versucht, den guten Mann ans Telefon zu bekommen. Aber er scheint verreist zu sein. Plötzlich, unerwartet und ganz bestimmt für längere Zeit.

»Ja wenn Sie früher was gesagt hätten, dann wäre das kein Problem gewesen.«

Sie verstehe ja, dass diese rasche Art des Geschäftemachens für Ausländer vielleicht schwer zu verstehen sei.

»Bei euch in Deutschland dauert ja alles etwas länger – ich habe da neulich gelesen, ihr fangt jetzt erst damit an, Tagesstätten für eure Kinder zu bauen. Wir haben die ja schon seit mehr als dreißig Jahren.« Selma kichert. Es sollte wohl ein Scherz sein, um die Stimmung aufzulockern. Aber ich finde sie etwa so lustig wie den ausgepowerten Plastikbarsch, der über ihrem Kopf stumm in den Konferenzraum blickt.

Mit ernster, belehrender Stimme erklärt Selma, dass

in Schweden die Dinge nun einmal anders laufen. Schneller und oft auch besser, meint sie. Und der Verkäufer könne darum auch nicht länger warten, denn beim Kauf seines nächsten Hauses, da gehe es ebenso rasch zur Sache. Der unrasierte Mann neben ihr nickt. Ich schüttele den Kopf.

Nach einer zwanzigminütigen Diskussion ändert Selma ihre Strategie. Sie schlägt mit der Faust auf den Tisch. Ich zucke zusammen. So etwas habe ich eine Schwedin tatsächlich noch nie tun sehen. Was wohl in sie gefahren ist? Vielleicht meint sie, dass man in Deutschland auf diese Weise verhandelt.

»Jetzt passen Sie mal auf!«, ruft Selma. »Das letzte Gebot des anderen Bieters, das lag nur ganz knapp unter dem Ihren. Ganz knapp! Und wenn Sie jetzt nicht sofort unterschreiben, dann rufe ich den an. Der ist in zehn Minuten hier und kauft das Haus. In zehn Minuten! Dann haben Sie die Chance auf Ihr Bullerbü-Haus für immer verpasst!«

Selma schiebt schnaufend den Vertrag über den Tisch und knallt einen Stift auf das Papier.

»Es ist halt so, verstehen Sie. Ich kann es nicht ändern«, fügt sie mit ganz sanfter Stimme hinzu.

Dann greift sich Selma den Mantel, der über ihrer Stuhllehne liegt. Als hätten wir gerade nur ein wenig übers Wetter geplaudert und nicht knallhart um ein Haus verhandelt, sagt sie seelenruhig: »Ich muss mich entschuldigen. Mein Sohn ist noch in der Kita. Den muss ich dringend abholen, sonst werden die Erzieherinnen sauer auf mich. Ich komme aber gleich wieder. Ich hoffe, das ist kein Problem?«

»Natürlich nicht«, sagt der unrasierte Mann, der die ganze Zeit stumm neben ihr gesessen hat. Er lächelt zum ersten Mal seit Beginn der Verhandlungen. Auch ich signalisiere, dass das für uns kein Problem ist. Eines habe ich über die Schweden gelernt: Egal, wie wichtig ein Termin oder wie hart eine Verhandlung auch sein mag – die Öffnungszeiten der »Dagis«, der Kita, sind heilig. Sie müssen um jeden Preis eingehalten werde. Es ist sehr unhöflich, ja direkt barbarisch, dafür kein Verständnis aufzubringen. Das gilt selbst dann, wenn die Person, deren Kind abzuholen ist, gerade versucht, mit rüden Methoden eine Kleinfamilie über den Tisch zu ziehen. Die Situation erscheint auf den ersten Blick grotesk, aber sie zeigt doch die große Kinderfreundlichkeit, die die Schweden letztlich so sympathisch macht. Schließlich kann Selmas Sohn nun wirklich nichts dafür, dass seine Mutter eine fiese Schlange ist. Warum also sollte er unter dem Drama im Maklerbüro leiden müssen?

Der Abgang der Maklerin verschafft uns Zeit, unsere Taktik zu überdenken. Ich betrachte mir erst einmal den Verkäufer unserer Bullerbü-Kopie genauer. Er hat aus seinem Kapuzenpulli ein Butterbrot hervorgeholt, das er nun mit seinem Sohn teilt.

»Wo sind eigentlich die anderen vier Kinder?«, frage ich freundlich.

»Welche Kinder, Papi?«, fragt der Sohn, der sich offensichtlich sehr gelangweilt hat und froh ist, dass er nun nicht mehr stillsitzen muss. Der Mann zerdrückt vor Schreck die Stulle in der Hand.

»Die sind im Ausland. Also, die Kinder machen Urlaub mit ihrer Mutter. In Thailand, wissen Sie, weit weg.«

»Papi, wo ist denn das, Thailand?«

»Nicht jetzt. Ich hab doch gesagt, du sollst still sein.«

»In Thailand, wie schön. Eine Bekannte von mir lebt dort. Wo genau in Thailand ist denn Ihre Frau?«

»Ich bin mir nicht sicher, diese asiatischen Namen kann ich mir so schlecht merken. Khao, Bao, irgend so was.«

»Ich will auch nach Thailand, hier ist es langweilig.«

Ich beschließe, die Abwesenheit der Maklerin zu nutzen, um den Mann ein wenig ins Verhör zu nehmen.

»Vielleicht könnten Sie uns was über die Heizung erzählen. Wir haben nur ein paar kleinere Fragen. Also hier steht ja, dass …«

»Ich denke nicht, dass wir über diese technischen Details sprechen sollten, während Selma …«

»Papi, darf ich mit dem Fisch spielen?«

»Was für ein Fisch?«

»Aber Sie müssen uns doch wenigstens sagen können, ob es im Winter richtig warm wird in dem Haus? Um mehr geht es uns nicht.«

»Der Fisch da oben. DA OBEN!« Der Junge klettert auf den Stuhl, seine Finger reichen bereits gefährlich nahe an den Barsch.

»Komm sofort runter! Der Fisch bleibt, wo er ist. Also warm, ja, natürlich, es ist nicht zu warm, nicht zu kalt, lagom warm würde ich …«

»Kann man den Fisch essen?«

»Nein!«

»Warum nicht?«

»Wenn du jetzt nicht sofort mit dem Fisch aufhörst, dann wartest du draußen, so lange, bis wir nach Hause gehen!«

»Also Sie versichern uns, dass wir in ihrem Bullerbü nicht frieren werden?«

»Haben Sie denn unser Testimonial nicht gelesen? Wir

haben sogar einen Kamin, den flackernden Mittelpunkt winterl…«

»Nach Hause will ich nicht, da ist es immer so kalt. Ich will nach Thai…«

»Jetzt ist Schluss! Entschuldigen Sie uns, es ist wohl besser, wir warten vor der Tür auf Selma.« Der Mann packt seinen Sohn, etwas unsanft wie mir scheint, und geht. Bevor ich ihm folgen kann, um noch weitere Fragen zu stellen, klingelt mein Telefon.

»Kaufen Sie das Haus nicht!«, meldet sich eine aufgeregte Männerstimme.

»Wer bitte ist da?«

»Stig ist mein Name. Der Kumpel von Sven, Sie hatten ihn doch heute um Hilfe gebeten. Also: Sie haben das Haus doch noch nicht gekauft?«

»Nein. Stimmt was nicht mit der Heizung? Im Prospekt steht doch eigentlich, dass sie voll funktionstüchtig ist.«

»Falsch, da steht, dass sie Mängel hat, die für den Typ RVW-XY-1508 typisch sind.«

»Ja und?«

»Mensch, Sie kennen sich ja überhaupt nicht aus. Der RVW-XY-1508 wird seit vierzig Jahren nicht mehr hergestellt. Typische Mängel für so ein altes Ding – das kann so ziemlich alles sein. Und selbst wenn der Kessel noch ein bisschen heizt: Er macht's nicht mehr lange.«

»Was würde denn eine neue Heizung kosten?«, frage ich ohne große Hoffnung.

»Bei einem Objekt dieser Größe? Teuer, sehr teuer …«

Als Selma zehn Minuten später mit ihrem dreijährigen Sohn durch die Tür kommt, haben Stefanie und ich bereits unsere Sachen gepackt. Ich drücke der Maklerin den Vertrag in die Hand und erläutere, dass wir wohl noch nicht reif sind für den schnellen Stockholmer Wohnungsmarkt. Sie möge doch den anderen Bieter anrufen und ihm herzlich gratulieren. Selma sieht mit einem Mal sehr müde aus. Ihr Sohn quengelt und ist vor der Tür in heftigen Streit mit dem Sohn des Verkäufers darüber geraten, ob man den Fisch im Büro denn nun essen könne oder nicht.

An diesem Abend sind wir sehr niedergeschlagen. Wie hatten wir uns auf den Sommer im eigenen Garten gefreut, auf das Spielzeughaus für Laura, auf die Obsternte im Herbst. In Gedanken hatte ich mir bereits die gemütlichen Abende am prasselnden Kamin ausgemalt. Aber da hatte ich natürlich nicht damit gerechnet, dass er die einzige funktionierende Wärmequelle in dem Haus sein würde.

»Ob wir jemals ein Bullerbü finden werden?«, frage ich.

»Ich weiß auch nicht.« Stefanie hat im Auto vor Enttäuschung geweint. Aber jetzt hat sie sich gefangen und beginnt schon wieder neue Hoffnung zu schöpfen. »Da war doch noch das andere Haus, das mit dem Staubsauger. Eigentlich fand ich das gar nicht übel.«

An viel mehr als an den Staubsauger kann ich mich nicht erinnern. Bei der kurzen Besichtigung hatte ich in Gedanken schon in Bullerbü Äpfel gebraten. Trotzdem greife ich jetzt dankbar nach diesem letzten Strohhalm. Mir ist mittlerweile alles recht, Hauptsache ich muss nie wieder Häuser besichtigen und darf einfach nur irgendwo wohnen. Gleich am Dienstagmorgen rufe ich bei dem anderen Makler an und gebe ein Gebot für das Reihenhaus ab. Dem Protokoll des Besiktningsmans zufolge scheint alles in Ordnung zu sein. Einziger Mangel ist ein Kratzer im Wohnzimmerparkett.

Ich traue meinen Ohren kaum, als der Makler nur wenige Stunden später zurückruft und sagt: »Sie haben das Haus. Wann möchten Sie den Vertrag machen?«

Es gibt keine weiteren Bieter, keinen Zeitdruck. Wir treffen uns in seinem schicken Büro in der Innenstadt. Der Verkäufer des Hauses ist ein netter, älterer Herr, der sich als Leif vorstellt. Seine Kinder seien aus dem Haus, sagt er, nun wollen er und seine Frau lieber in eine kleinere Wohnung ziehen. Er freue sich, dass nun wieder eine Familie mit Kind in seinem alten Heim wohnen werde. Während der Vertragsunterzeichnung schneidet er ständig Grimassen, um Laura zum Lachen zu bringen. Schließlich setzt er seine krakelige Unterschrift mit bedächtiger Hand auf drei Durchschläge. Der Makler serviert Kaffee – alkoholische Getränke wie Sekt sind an schwedischen Arbeitsplätzen ebenso verpönt wie Überstunden. Stefanie und ich stoßen etwas verstohlen mit unseren Tassen an. Wir sind nun Eigenheimer. Der einsame Wolf hat endlich einen Bau gefunden. Nun gut, es ist vielleicht kein typischer Wolfsbau – die Adresse lautet Marsvinsväg, Meerschweinchenweg – aber immerhin. Mit Leif vereinbaren wir, den Umzug erst nach dem Sommer zu machen, damit wir in Ruhe den Urlaub genießen können. Leif lädt uns aber für den Samstag ein, damit wir unser künftiges Zuhause noch einmal gründlich bestaunen können.

»Bei den Verkaufsbesichtigungen ist ja immer so wenig Zeit. Sie wollen bestimmt ganz sichergehen, dass auch alles in Ordnung ist«, sagt er, dabei lächelt er Laura zu. »Und meine Frau Annika würde sich bestimmt freuen, euch zu treffen. Sie macht wunderbare Kanelbullar!«

12

Vällingby ist einer der großen und bekannten Vororte Stockholms. Das Zentrum der Gemeinde stampften die Stadtplaner Anfang der 1950er in nur wenigen Jahren aus dem Boden. In Schweden nutzten die Sozialdemokraten die Aufbruchstimmung und die gute Wirtschaftslage dieser Zeit, um nun endlich ihre Vision vom Volksheim zu verwirklichen. Vällingbys Zentrum strahlt heute noch den naiven Glauben an die Moderne aus, der damals vorherrschte. Man errichtete den Vorort als Vorzeige-Kommune jener neuen Gesellschaft, die man schaffen wollte. Die steingewordene Vision ist ein bisschen eckig, aber nicht ohne Flair. Der Ort liegt am Ende einer damals neuen U-Bahn-Linie, die von Stockholm aus am Mälarstrand entlang nach Osten ins Landesinnere führt.

Vällingby war die erste ABC-Stadt in Schweden. ABC, das steht für »Arbete, Bostad, Centrum«, also: Arbeit, Wohnung, Zentrum. In den 1950er Jahren war dieses Konzept ganz frisch und galt als bahnbrechend. Die Stadtplaner meinten, an ihren Reißbrettern Ortschaften entwickeln zu können, in denen Menschen ihr gesamtes Leben verbringen würden. In dieser Idee spiegelt sich der Wunsch nach einem großen Plan wider, mit dem sich alle gesellschaftlichen Probleme lösen lassen.

Es zeigte sich freilich, dass große Pläne nicht immer so funktionieren, wie sie sollen. Orte wie Vällingby sind auch in Schweden oft zu Pendlersiedlungen verkommen, in denen die Menschen vor allem übernachten, während sie ihre Arbeit und ihr Zentrum anderswo finden. Dennoch sind die ABC-Städte Schwedens bis heute sehenswert und fanden zu ihrer Zeit international eine Menge Beachtung: Auch diejenigen, die in den 1970er Jahren die Vororte im Süden Münchens planten, haben sich wohl hier inspirieren lassen. Jedenfalls kommt mir Vällingby mit seinem grauen Charme eigenartig vertraut vor, als wir am nächsten Samstag mit unserem Golf durch die Straßen der Vorstadt rollen. Die Mischung aus Hochhaus- und Reihenhaussiedlungen, das Einkaufszentrum, dessen Läden sich eng um die Bahnstation kuscheln – all das erinnert mich wirklich sehr an Taufkirchen, jene Vorstadt, in der ich großgeworden bin. Die nun schon Monate dauernde Suche nach unserem Bullerbü hat uns nach vielen Irrwegen auf wundersame Weise dorthin zurückgeführt, wo wir hergekommen sind. Kurzum: Wir sind wieder daheim. Obwohl ich zugeben muss, dass Vällingby deutlich abwechslungsreicher gestaltet ist als die Durchschnittsgemeinden am Rande Münchens. Vällingby ist eben das Original, ich bin in einer Kopie aufgewachsen. In Vällingby gibt es sogar ein Kino – etwas das ich in meiner Jugend in Taufkirchen schmerzlich vermisst habe –, die Einkaufspassage ist von einer gewagten Stahl-Glas-Konstruktion überdacht, und neben dem Kino steht ein Café mit dem Namen »Die Treppe«, das von außen tatsächlich so aussieht, als würde es aus mehreren Stufen bestehen.

Vor unserem Ausflug zu Leif und dem neuen Haus habe ich ein wenig die Geschichte unserer künftigen Heimatgemeinde recherchiert. Zu den berühmten Bürgern der Vorstadt zählt unter anderem Olof Palme, der hier eine Zeitlang mit seiner Familie in einem Reihenhaus lebte. Der sozialdemokratische Parteiführer stammte eigentlich aus einer wohlhabenden Familie, und man darf annehmen, dass der Umzug in die neue ABC-Stadt unter anderem Nähe zum einfachen Volk signalisieren sollte. Lars erzählt mir außerdem, nicht ohne ironischen Unterton, dass Vällingby noch eine andere Berühmtheit hervorgebracht hat: John Ausonius. Ausonius war in einem Vällingbyer Reihenhaus aufgewachsen, bevor er ein rassistischer Serientäter wurde, der aus dem Hinterhalt wahllos auf Einwanderer schoss. Er versetzte Ende der 1990er Jahre ganz Stockholm in Angst und Schrecken, die Polizei brauchte viele Monate, um ihn zu fassen. Da sich Ausonius bei seinen Anschlägen einer Laserzieloptik bediente, erlangte er seine zweifelhafte Berühmtheit unter dem Namen »Lasermann«. Als Ausonius durchdrehte, wohnte er allerdings nicht mehr in Vällingby.

In unserer neuen Nachbarschaft sind etwa die Hälfte der Häuser falurot, die anderen sind von jener gelben Farbe, die Schnee manchmal annehmen kann, wenn viele Hunde unterwegs sind. Alle Straßen haben putzige Tiernamen. Auf den ersten Blick wirkt unsere neue Heimat wie ein übergroßer Spielplatz, auf dem Riesenbabys Bauklötze vergessen haben. Wie gesagt konnte ich mich gar nicht mehr so genau an das Aussehen des Hauses erinnern, als wir es kauften. Auch Stefanie weiß eigentlich nur noch, dass es einen sehr seltsamen Staubsauger hatte und die Räume ganz gut geschnitten waren.

Gespannt fahren wir also den Reihenhaushügel hinauf, auf dem unser neues Domizil steht, um es endlich in Augenschein zu nehmen. Ganz oben, am Ende der Sackgasse Marsvinsvägen, liegt unsere Siedlung. Die Reihe mit der Nummer 52 ist die einzige, die weder rot noch gelb ist. Hier herrscht bunte Anarchie, die Hausbesitzer haben ihre Fassaden offenbar einfach mit irgendwelchen Farben bemalt, die gerade im Angebot waren oder ihnen besonders schick erschienen. Das mittlere der fünf Häuser in der Reihe sieht besonders witzig aus. Es ist weiß, mit faluroten Fensterrahmen. Das ist also unser zukünftiges Zuhause. Ich muss lachen.

»Das sieht ja aus wie das genaue Gegenteil von Bullerbü: weiß-rot statt rot-weiß.«

»Mir gefällt es sehr gut!« Stefanie lächelt und sieht beim Anblick der eckigen Bullerbü-Karikatur so glücklich aus wie schon lange nicht mehr.

Annika, Leifs Frau, öffnet die Tür in einer geblümten Schürze. Besonders herzlich begrüßt sie die kleine Laura, und wir dürfen das Haus erst betreten, nachdem Annika uns den Spielplatz am Ende der Häuserreihe gezeigt hat.

»Unsere Tochter hat hier auch immer gespielt«, sagt Annika und streichelt Laura dabei mit einem wehmütigen Gesicht über den Kopf.

Die Zimtschnecken, die wir anschließend beim Kaffee vorgesetzt bekommen, halten wirklich, was Leif versprochen hat. Unter ihrer goldbraunen Kruste verbirgt sich ein noch dampfend warmer Hefeteig. In den Kringel ist reichlich Butter und Zimt eingeschlossen. Zwischen dem ersten und dem zweiten Kanelbulle machen wir eine Tour durchs Haus. Es ist viel schöner, als wir es in unserer schwachen Erinnerung hatten – was auch an dem sonnigen Wetter an diesem Samstag liegen mag.

Außerdem ist es überraschend geräumig: Im oberen Stock finden wir ein großes Schlafzimmer, ein Kinderzimmer, zwei Arbeitszimmer und einen begehbaren Kleiderschrank. Unten liegt neben einem ordentlichen Wohnzimmer und einer Küche mit Essecke und Anrichte auch noch eine ziemlich große Abstellkammer, die Leif offenbar als Werkstatt nutzt.

»Er hat immer alles selbst repariert und verschönert«, sagt Annika stolz. Leif ist wohl recht geschickt, denn obwohl das Haus aus den 1970er Jahren stammt, ist es tipptopp.

Beim zweiten Kanelbulle gehen wir die Unterlagen durch, die Annika in einem dicken Ordner neben der Kaffeekanne bereitgelegt hat. Alles ist fein säuberlich abgeheftet, die Protokolle der Siedlungsvereinstreffen, von 1973 bis auf den heutigen Tag, Quittungen für Wartungsarbeiten, selbst die Gebrauchsanweisung für den Zentralstaubsauger, ebenfalls ein Kind der 1970er Jahre, fischt Annika auf meine Frage hin ohne zu suchen aus ihrer Mappe.

»Sind denn die Nachbarn hier auch so nett wie ihr?«, fragt Stefanie.

»Aber ja – das sind die besten Nachbarn der Welt. Wir hatten nie Ärger mit ihnen«, sagt Annika. Dann erläutert sie uns im Detail, wer in welchem Haus wohnt, wie viele Kinder er hat, was er für einer Arbeit nachgeht, in welche Dagis oder Schule die Kinder gehen. Natürlich vergessen wir alles gleich wieder, es sind einfach zu viele Informationen für einen Samstag. Zum Abschluss staubsaugen wir das Wohnzimmer, damit wir den geheimnisvollen Zentralstaubsauger auch richtig verstehen lernen. Das Gerät scheint ganz praktisch zu sein – so lange nichts in den meterlangen Röhren steckenbleibt, die unter der Deckenverkleidung durchs Haus ziehen. Im Geiste sehe ich bereits Laura, wie sie das lustige Loch in der Wand mit Legosteinen füttert – aber das sind nun wirklich nichtige Probleme. Verglichen mit den verschimmelten und kalten Gemäuern, die man uns anderswo anzudrehen versuchte, ist dieses Reihenhaus wirklich eine Perle. Nach einer guten Stunde verabschieden wir uns – und fühlen uns da eigentlich schon zu Hause in Vällingby.

»Fast schade, dass wir erst nach dem Sommer umziehen«, sagt Stefanie, als wir im Auto sitzen.

»Finde ich auch«, antworte ich, »unsere Wohnung kommt mir jetzt noch kleiner vor als vorher.«

Vom Auto aus rufe ich Andrea an, um ihr von unserem tollen Kauf zu berichten. Sie freut sich, meint aber, es sei natürlich schade, dass wir nun so weit draußen wohnen.

»Aber ihr werdet ja in eurem neuen, stressigen Vorstadtleben eh nicht viel Zeit haben für uns. Ihr müsst bestimmt dauernd Rasen mähen, Unkraut jäten, das Auto waschen und so«, sagt Andrea spöttisch.

Dann gibt sie den Hörer an Lars weiter, der mir ebenfalls kurz gratuliert.

»Du bist sicher froh, dass du jetzt nicht mehr jedes Wochenende auf Hausbesichtigungen verbringen musst.«

»O ja, sehr froh sogar. Ich hoffe schwer, in den nächsten paar Jahren keinem Makler mehr zu begegnen.«

»Vielleicht könnten wir dann ja bald endlich mit unserem Angelunterricht beginnen«, sagt Lars eifrig. »Ich habe schon ein Angelgeschäft ausgesucht, in dem wir deine Ausrüstung kaufen werden. Wie wäre es, wenn wir gleich nächstes Wochenende loslegen?«

Aus dem Schaufenster des Ladens in einer kleinen Seitenstraße auf Södermalm glotzt ein riesiger Hecht die Passanten an. Der Fisch ist über einen Meter lang, mit seinem weit aufgesperrten Maul ist er gerade im Begriff, nach einem bunten Plastikköder zu schnappen, der vor seiner Schnauze baumelt. Ab und zu treten Kunden in den Laden, dann ertönt von drinnen statt einer Klingel das Tuten eines Dampfers. Die Kundschaft kommt aus allen Gesellschaftsschichten.

Angeln ist Volkssport in Schweden. Es gibt hier wohl kaum jemanden, der nicht zumindest schon einmal als Kind in den Sommerferien mit Stock, Schnur und einem einfachen Haken einige Barsche zur Strecke gebracht hätte. Anders als in Deutschland braucht man keinen Angelschein, eine Fischereiprüfung kennt man in Schweden nicht. In kleineren Seen oder Flüssen muss man zwar eine Gebühr für das Fischen zahlen, aber das geht meist einfach an der nächsten Tankstelle. In den größten Seen des Landes und auch in der Ostsee hat dagegen jeder ein gesetzlich verbrieftes Recht auf kostenloses Angelvergnügen – die Natur ist eben für alle da. Man muss sich nur eine Ausrüstung zulegen, dann kann es sofort losgehen – auch mitten in Stockholm, das ja bekanntlich zwischen Ostsee und Mälarsee liegt und darum von allerhand Kanälen, Buchten und Wasserläufen durchzogen wird. Ein beliebter Anglertreffpunkt ist zum Beispiel die Brücke in der Innenstadt, welche Reichstag und Regierungssitz miteinander verbindet. Fast jeden Tag stehen dort Männer mit Rute in der einen und Zigarette in der anderen Hand und machen Jagd auf Lachse, Meerforellen und Zander – sie sind eine richtige Touristenattraktion. Der gemütliche Angler vor der Stockholmer Skyline ist ein beliebtes Fotomotiv. Er strahlt so etwas

Idyllisches aus und scheint zu sagen: Wir Stockholmer, wir wohnen zwar in einer modernen Metropole, aber wir leben trotzdem noch wie in einem Fischerdorf um die Jahrhundertwende.

Nun soll also auch ich in die Geheimnisse des Hauptstadtfischens eingeweiht werden. Lars kommt pünktlich zur verabredeten Stunde zum Angelgeschäft, über seiner Schulter baumelt eine lange, schmale Tasche, die bei jedem Schritt laut scheppert.

»Köder«, sagt Lars. »Davon kann man nie genug haben, wirst du auch noch merken.«

Mit lautem Tuten öffnen wir die Ladentür und betreten das mir bis dahin unbekannte Reich der Sportfischerei. Was mich auf den ersten Blick überwältigt, ist die Größe. Unter einem Angelgeschäft hatte ich mir bislang einen kleinen, etwas heruntergekommenen Eckladen vorgestellt, in dem ältere Männer mit Bart und Schirmmütze an einem abgewetzten Tresen stehen und über Karpfen fachsimpeln. Aber ich hatte mich gründlich geirrt. Der Fachhandel auf Södermalm nimmt fast das gesamte Untergeschoss eines größeren Mietshauses ein. Er ist auch nicht heruntergekommen, hier blenden den Besucher Hochglanzwerbefotos, die Auslage erstreckt sich über viele Dutzend Regalmeter und ist mit Halogenscheinwerfern effektvoll ausgeleuchtet. Man könnte den Laden fast schick nennen, wären die Hauptmotive auf den Werbefotos und den bunten Verpackungen nicht dicke, glitschige Fische.

Bevor wir mit dem Einkauf beginnen, führt mich Lars kurz in die Systematik des Ladens ein, damit ich mich zwischen den vielen Regalen nicht verliere. In der linken Hälfte des Geschäfts ist die Heimat der Fliegenfischer, also jener Angler, die mit elegantem Schwung kleine Kunstfliegen aufs Wasser schleudern, um ihre Beute zu überlisten. Diese Angler basteln ihre Köder oft selber und verfügen darum über ein erstaunliches Expertenwissen, was Insekten angeht. Sie kennen sich genau mit der Anatomie von Mückenlarven, Wasserläufern oder anderem Getier aus, damit sie deren Eigenschaften besonders naturgetreu nachahmen können. Der Fliegenfischer ist der Aristokrat unter den Anglern. Auch der König angelt auf diese Weise – und hebt sich damit von der gewöhnlichen Mehrheit der Sportfischer ab. Zugegeben, Standesunterschiede sind in Schweden für das ungeübte Auge wirklich schwer zu erkennen, aber es gibt sie. Natürlich muss sich der Fliegenfischer seinem Rang gemäß anziehen. In der Bekleidungsabteilung hängen Gummihosen mit eingebauten Stiefeln – so genannte Wathosen – neben forstgrünen Outdoor-Jacken, die mit Taschen wechselnder Form und Größe übersät sind. Es gibt auch ein breites Sortiment an Sonnenbrillen, sie gehören offenbar zur Grundausstattung. Lars erklärt mir warum: Beim Auswerfen des Köders muss der Fliegenfischer ein paar peitschenartige Bewegungen mit seiner Rute machen, um die fast gewichtslose Fliege weit genug zu schleudern. Dieses Auswerfen ist eine hohe Kunst, die man lange üben muss. Und es besteht die Gefahr, dass weniger geschickte Angler sich dabei den Haken ins Auge peitschen – darum die Brille.

Beim Anblick der teuren Markenkleidung und der schier unendlichen Auswahl an Zubehör wird mir vor allem eines klar: Es geht beim Angeln nicht darum, sich naturnah und günstig zu ernähren. Denn für das Geld, das schon eine einfache Rute mit Rolle, Schnur und Ködersortiment kostet, könnte man sich leicht einen ganzen Gefrierschrank mit Lachs füllen. Nein, es muss beim Angeln um etwas anderes gehen.

Lars meint, es sei vor allem das Naturerlebnis, das ihn mit der Rute in der Hand an die Gewässer seiner Heimat lockt. Die Bilder auf den Werbeplakaten und Produktverpackungen lassen mich aber ahnen, dass noch mehr dahintersteckt. Die Fotos zeigen meist monströse Viecher, die ihre mit spitzen Zähnen besetzten Mäuler aufreißen und alle Flossen von sich strecken, während ein selig lächelnder Mann seine Beute in die Kamera hält. Es gibt sogar besondere Videos mit Titeln wie »Der Hecht und ich«, »Auf der Jagd nach dem Großbarsch«, »Das geheime Leben der Meerforelle«, die über Bildschirme an der Decke des Ladens flimmern. »Anglerpornos« nennt Lars diese Streifen. Auch dort sind meist lächelnde Männer zu sehen, die gewaltige Fische im Arm halten. Am Ende, denke ich mir, geht es beim Angeln wohl einfach darum, wer den größten hat.

Weil Lars meint, Fliegenfischen sei für den Anfang zu kompliziert, begeben wir uns in die rechte Hälfte des Ladens. Lars erläutert, dass ich eine »leichte bis mittlere Spinnfischer-Ausrüstung« brauche, um erfolgreich Jagd auf Hechte und Barsche machen zu können. Wir beginnen mit den Ruten. Sie ragen dicht gedrängt in der Mitte des Ladens aus einem Spezialständer hervor, sie sehen aus wie ein Schilfgürtel. Mit Kennerblick streift Lars durch das Sortiment und greift einige Exemplare heraus. Zum Test peitscht er sie ein paar Mal durch die Luft. Er reicht mir schließlich eine schwarze Rute mit elegantem Korkgriff und funkelnden Ösen aus blankem Metall.

»Die ist gut«, sagt er nur. Warum, frage ich nicht, und auch der Preis ist mir jetzt erst einmal egal. Mir gefällt vor allem der schöne Griff, und ich sehe mich ihn schon fest umklammern, um einen gewaltigen Fisch an Land zu ziehen. Nun suche ich noch eine Rolle, auch da schlägt mir Lars ein Modell vor, das ich ohne weitere Fragen nehme.

»Jetzt brauchst du eine Tasche, wo du alles reinpacken kannst, so wie ich eine habe. Und dann solltest du dir ein schönes Ködersortiment zusammenstellen.«

Eine olivgrüne Tasche ist schnell gefunden, auch dafür gibt es eine eigene Ecke im Laden.

Im hinteren Teil des Geschäfts ist eine komplette Wand mit Ködern behängt. Man braucht Köder für flaches Wasser, die an der Oberfläche schwimmen, für tiefes Wasser, die beim Einholen schnell abtauchen. Und natürlich braucht man große Köder für große Fische, kleine für kleine Fische. Leichte Köder, schwere Köder, grellbunte Köder für dunkle Abendstunden, dezentere Farben für den hellen Tag. Außerdem benötigt der versierte Angler Spezialklammern, so genannte Wirbel, mit denen sich der Köder an der Schnur befestigen lässt. Dazu verschiedene Haken, Schwimmer und Bleigewichte, falls man mit einem Wurm fischen möchte.

Normalerweise neige ich nicht zum Kaufrausch, eigentlich gehe ich sogar nur ungern shoppen. Aber vor dem endlos scheinenden Regal mit dem bunten Tand fallen plötzlich alle Hemmungen. Über mir huscht auf einem Bildschirm ein schlanker, silbriger Körper mit geschmeidigen Bewegungen durch smaragdgrünes Wasser. Die Meerforelle, die hier so freizügig ihr geheimes Leben offenbart, scheint mir durch die Mattscheibe zuzusäuseln: »Fang mich doch!« In einer regelrechten Konsumorgie greife ich immer wieder neue, schillernde Wunderköder aus dem Regal. Irgendwann sagt Lars: »Ich denke, das reicht jetzt.«

Nur mit seiner Hilfe gelingt es mir, die Ware mit ihren superscharfen Haken (lasergeschliffen) unbeschadet zur Kasse zu bringen. Vor mir schiebt gerade ein Mittvierziger in Anzug und Krawatte einen faustgroßen Plastikfisch über den Tresen, der laut Verpackungstext unter Wasser besondere Locktöne erzeugt, um Hechte auf sich aufmerksam zu machen. Der Mann erzählt dem Verkäufer, dass er am Wochenende auf die Privatyacht seines Chefs eingeladen ist.

»Im letzten Jahr hat er den Kollegen befördert, der den größten Fisch gefangen hat«, sagt er hoffnungsfroh.

Der Angelfachmann hinter dem Tresen nickt verständig, ganz so als würde er täglich mit solchen Karriereproblemen konfrontiert. Dann greift er nach einem Super-Spezialspray, dessen Duft laut Werbetext Fische noch aus großer Entfernung unwiderstehlich anzieht.

»Also das hier habe ich letzte Woche auf einen meiner Köder gesprüht und damit gleich mehrere Großhechte gefangen.« Der Verkäufer neigt sich leicht über den Tresen und sagt mit gedämpfter Stimme: »Den einen konnten wir zu zweit kaum an Bord hieven. Ist ein echter Geheimtipp. Ihre Kollegen haben so was bestimmt nicht.«

Der Mann ist ein echter Profi. Der Kunde zappelt bald hilflos in den Maschen seiner Verkaufskünste. Am Ende nimmt der Anzugträger nicht nur ein Spray mit, sondern gleich das ganze Set mit verschiedenen Duftnoten (man weiß ja nie, auf was der Hecht gerade Appetit hat). Ob sein Chef wirklich jemanden befördern wird, der tönende Plastikfische mit Deo einsprüht?

Als ich an der Reihe bin, mustert der Angelexperte erst einmal kritisch meine Ware.

»Jahaa. Ein Anfänger, nicht wahr«, sagt er mit einem freundlichen Lächeln. Ich nicke verunsichert.

»Das sieht ja schon ganz gut aus«, beruhigt mich der Verkäufer mit gütiger Stimme. »Aber Sie brauchen sicher noch eine Schnur für Ihre Rolle. Soll ich Ihnen die gleich aufspulen?«

Ich wähle mit Lars zusammen eine passende Schnur, und der Verkäufer beauftragt einen jüngeren Assistenten damit, in einem Hinterzimmer meine Rolle damit zu bestücken. Währenddessen nutzt er die Gelegenheit, mich noch auf »ein paar Kleinigkeiten« hinzuweisen, die im Angelset eines ambitionierten Anfängers auf gar keinen Fall fehlen dürfen. Ich widerstehe nur mit Mühe der Versuchung, eine Angelknotenmaschine zu kaufen. Das ist ein kleines Plastikgerät, in das man Köder und Schnur einlegt und das dann auf Knopfdruck das eine mit dem anderen verbindet. »Ein echter Angler braucht so was nicht«, eilt mir Lars zu Hilfe, als der Ladenbesitzer mich schon fast überredet hat. Standhaft lehne ich auch den Kauf einer Teleskoprute ab. Obwohl der Verkäufer beteuert, die zusammenschiebbare Angelrute sei ein unverzichtbares Accessoire für jeden, der gerne etwas abseits der markierten Wege angelt. »Dort sind ja oft die größten Fische zu holen«, raunt er mir zu. Schließlich lasse ich mir doch noch ein sündhaft teures Multifunktionswerkzeug aufschwatzen. Es ist Messer, Zange, Maßband, Flaschenöffner und noch vieles mehr in einem. Lars meint, Werkzeuge seien immer zu gebrauchen, da habe der Mann schon recht.

»Bis bald«, sagt der Verkäufer beim Abschied zufrieden.

Als Lars und ich endlich das Ufer erreichen, hängt bereits die Abendsonne über dem Mälarsee. Wir sind in einem der Parks des Stadtteils Södermalm, es ist Sonntag und einer der ersten warmen Tage des Jahres. Die Leute spielen auf den Wiesen Frisbee und Fußball, gehen spazieren und essen Eis. Der Park liegt direkt am Wasser, dort ist auch ein kleiner Hafen für Segelboote und Motoryachten. Es gibt überall in Stockholm solche Anlegeplätze, manchmal mit nur ein paar wenigen Booten. Weshalb man die von Touristen gerne gestellte Frage, wo eigentlich der Hafen von Stockholm ist, gar nicht so einfach beantworten kann. Genau genommen ist überall ein bisschen Hafen. Und das macht ja den Reiz der Stadt aus. Boote und Schiffe liegen ebenso entlang der pompösen Uferpromenade Östermalms wie am Fuße der Anhöhen von Södermalm. Auch vor den schmucken Fassaden der Altstadt und sogar vor dem Königsschloss dümpeln sie im Wasser.

Lars lässt seinen Kennerblick über die Kähne streifen, die sich an der kleinen Anlegestelle im Park sanft in den Wellen wiegen. Hier also sind sie, die Fische. Jetzt muss ich nur noch lernen, wie man sie an den Haken bekommt. Dazu erläutert mir Lars zunächst, was die Fische eigentlich so den ganzen Tag treiben, wie sie leben und vor allem wie sie fressen. Wir sind an diesem Samstagabend vor allem auf Barsch und Hecht aus. Das sind gefräßige Raubfische, beide sind sowohl im Mälarsee als auch im Schärengarten stark verbreitet, so dass man nicht allzu viel Anglerglück braucht, um sie zur Strecke zu bringen. Barsche treiben sich gern in kleineren Schwärmen herum, an schattigen Plätzen, etwa unter den Stegen der Anlegestelle vor uns. Hechte sind Einzelgänger. Sie »stehen« allein im dichten Schilf oder zwischen Wasserpflanzen – oft im Flachen – und warten darauf, dass ein kleinerer Beutefisch vorbeischwimmt, den sie mit ihrem großen Maul schnappen können.

»Sieht gut aus«, sagt Lars, nachdem er den kleinen Hafen eine Weile vom Ufer aus betrachtet hat. »Ist aber schwierig, hier zu werfen. Zu Anfang üben wir besser mal dahinten, wo nicht so viele Bäume stehen.«

Der Wurf ist das, was einen guten Angler von einer Niete unterscheidet. Wer den Köder zielgenau übers Wasser zu schleudern vermag, der kann den Hecht noch aus den entlegensten Schilfgürteln hervorlocken.

Ich hatte ehrlich gesagt nicht damit gerechnet, dass es so schwierig sein würde. Wenn man am Ufer eines Sees steht und sich vor einem eine spiegelblanke Wasserfläche ausbreitet, kann man sich eben nicht vorstellen, dass es kompliziert sein könnte, dort etwas hineinzuwerfen.

Mein erster Wurf klappt zunächst ganz gut. Der nagelneue, silberne Blinker aus dem Angelgeschäft fliegt in einem schönen Bogen über den Mälarsee und landet etwa 20 Meter entfernt mit einem »Plumps« im Wasser. Lars nennt mich ein »Naturtalent«, was mich stolz macht. Wenig später meint er, es sei nur Pech, dass sich mein Köder so unglücklich am Grund verhakt hat, dass er wohl nie wieder im Sonnenlicht funkeln wird. Einige Minuten lang versucht Lars mit allerhand seltsamen Bewegungen, meinen Blinker zu befreien. Ein paar Passanten beobachten ihn kichernd.

»Und, beißen sie?«, fragt einer mit einem hämischen Grinsen.

»Wir wärmen uns gerade erst auf«, entgegnet Lars. Zu mir meint er: »Das gehört dazu. An die blöden Kommentare musst du dich gewöhnen.«

Mit einem Ruck reißt die Schnur. Der mehrere Euro teure Blinker wird nun für immer am Grund des Sees bleiben. Mir ist klar, warum Lars in dem Angelgeschäft darauf bestanden hat, dass ich gleich einen ganzen

Schwarm von Fischattrappen kaufe. Mit dem nächsten Köder gelingen mir zwei leidliche Würfe, bevor ich den Ast einer stattlichen Eiche fange, deren Zweige sich über das Ufer neigen. Wie ein Rumpelstilzchen hüpfe ich auf und ab, mit der Rute herumwedelnd, um den 25 Gramm schweren und nicht ganz billigen Spinner (mit fluoreszierendem Lack und Dreifachhaken) aus der Baumkrone zu lösen.

»Gibt es hier fliegende Fische?«, sagt laut ein vorbeischlendernder Jugendlicher. Die zwei Mädchen an seiner Seite kichern.

Im Lauf einer knappen Stunde wird mein Stolz noch viele Male auf ähnliche Weise gekränkt. Der Ködervorrat im neu erworbenen Angelkasten schmilzt dramatisch dahin. Allerdings werden die Intervalle zwischen den Verlusten länger, und es gelingt mir immer öfter, das Gerät nach dem Wurf unbeschadet zurück an Land zu holen. Das war zwar nicht das Ziel der Übung – aber immerhin. Nach einigen Stunden habe ich das Werfen gelernt. An Fische denke ich komischerweise gar nicht mehr. Es dämmert nun schon.

»Bevor wir gehen, versuchen wir jetzt noch ein paar Würfe da drüben am Hafen«, sagt Lars, und er deutet auf die Stelle, die zu Anfang so vielversprechend ausgesehen hatte.

Der Hafen, das sind in diesem Fall nur zwei Stege, an denen Segelschiffchen und kleinere Motorboote vertäut sind. Zwischen den Stegen und dem Ufer gibt es einen etwa fünf Meter breiten Streifen mit offenem, flachem Wasser. Man kann ohne Probleme auf den Grund sehen, der dicht mit Pflanzen bewachsen ist. Der Platz ist wirklich idyllisch. Einige Insekten schwirren über dem See, ab und zu bilden sich Ringe auf der Wasseroberfläche, wenn ein Fisch nach einem abgestürzten Insekt schnappt. Es ist immer noch warm, und im Park ist viel Betrieb. Von einer Wiese, nicht weit vom Hafen entfernt, weht das Lachen und der Lärm einer Gruppe junger Männer herüber, die es sich mit Bierdosen und einem kleinen Grill auf dem Gras gemütlich gemacht haben. Der Duft von verbranntem Fleisch kitzelt meine Nase, während Lars mir letzte Anweisungen vor dem Wurf gibt. Vorsicht vor den Booten und Bojen auf der rechten Seite, warnt er. Vorsicht auch vor den Bäumen am linken Uferrand. Am besten schnurstracks geradeaus werfen. Und dann zügig die Schnur einholen, damit sich der Köder nicht in den Wasserpflanzen am Grund verhakt.

»Du darfst anfangen«, sagt Lars großzügig und klopft mir auf die Schulter. »Und keine fliegenden Fische diesmal.«

Von der letzten spöttischen Bemerkung zu Höchstleistungen angestachelt, hole ich konzentriert aus und werfe. Meine Rute streift über mir die Äste mehrerer Bäume, ein paar Blätter fliegen übers Wasser. Der Köder macht einen viel zu hohen Bogen und landet nur wenige Meter vor mir im See. Zum Glück bleibt er wenigstens nicht in den Wasserpflanzen hängen. Hektisch drehe ich die Kurbel an meiner Rolle und beobachte erleichtert, wie der Spinner zwischen dem grünen Gewirr am Grund hindurchflitzt. Plötzlich ist mein Köder weg. Der Biss trifft mich völlig unvorbereitet. Der Korkgriff der Rute droht mir zu entgleiten, ich bekomme ihn gerade noch zu fassen, bevor der Fisch richtig zu kämpfen anfängt. Hechte sind sehr kräftige, muskulöse Tiere, die in kurzer Zeit enorm viel Kraft aufbringen können. Während ich die Rute mit beiden Händen umklammere, biegt sie sich so weit, dass sie wie ein umgedrehtes »U« aussieht.

»Sehr gut! Jetzt musst du nur abwarten, bis er müde wird«, sagt Lars, der kein bisschen aufgeregt zu sein scheint. »Es dauert bestimmt nicht lange – ist eher ein kleiner Fisch.«

Fischgrößen sind natürlich relativ. Es ist ja bekannt, dass in der Erinnerung eines Anglers selbst mickrige Heringe zu veritablen Prachtexemplaren werden. Und auf einen Anfänger wie mich, der bisher nur als Kind ein paar hässliche Kleinfische unbestimmter Gattung aus dem Wasser gezogen hat, wirkt der Hecht, der da am Ende meiner Schnur zappelt, wie ein urtümliches Monster. Sehr ausdauernd ist er allerdings wirklich nicht. Wie Lars es vorausgesehen hat, schwindet der Widerstand meiner Beute bereits nach wenigen Minuten. Der grüngrau gemusterte Körper treibt träge an der Wasseroberfläche, nur ab und zu unternimmt er noch einen Fluchtversuch und flitzt mit einigen kräftigen Flossenschlägen in die Tiefe.

»Und jetzt?«, frage ich hilflos.

»Jetzt musst du ihn anlanden. Den ersten Hecht muss man immer selbst aus dem Wasser holen – alter schwedischer Brauch«, antwortet Lars und zwinkert mir aufmunternd zu. »Aber pass auf seine scharfen Zähne auf, da kann man sich richtig verletzen.« Aha – von wegen schwedischer Brauch. Lars will sich bloß nicht in die Finger beißen lassen.

Dann erläutert mir mein Lehrmeister den »Hechtgriff«. Erst ziehe ich den Fisch ganz nah ans Ufer. Dann greife ich ihm mit einer schnellen Handbewegung ins Genick und drücke fest zu. Hechte sondern einen unangenehm riechenden Schleim ab, deshalb sind sie glitschig, aber für Ekelgefühle bin ich jetzt viel zu aufgeregt. Das Exemplar, das ich freudestrahlend aus dem

Wasser hebe, hat ein breites, gefräßiges Maul und ist mehr als einen halben Meter lang. Na gut, vielleicht sind es auch nur vierzig Zentimeter. Auf jeden Fall sitzt im Oberkiefer des Fisches der Dreifachhaken meines Spinners. Lars reicht mir eine Zange, die ein wenig an ein Chirurgenwerkzeug erinnert. So kann Dr. Herrmann den Köder entfernen, ohne sich die Finger an den Zähnen zu verletzen.

»Schönes Tier«, sagt Lars zufrieden. »Ich schätze, der ist fünf, sechs Jahre alt. Da schmecken sie am besten! Die größeren haben so einen komischen Beigeschmack.«

»Du meinst, den kann man wirklich essen?«, sage ich etwas verunsichert.

»Aber ja! Stefanie wird begeistert sein, wenn du so was Leckeres frisch aus der Natur mit nach Hause bringst.«

Lars reicht mir einen kleinen Messingknüppel mit Holzgriff. In seinem Mundwinkel leuchtet etwas Grünes hervor. Merkwürdig, aber für Fragen bleibt jetzt keine Zeit.

»Zwischen die Augen. Dann ist er sofort tot«, lautet die Anweisung des Angelmeisters.

Ich zögere kurz. Dann drücke ich den Fisch vor mich auf den Boden und versetze ihm drei kräftige Schläge auf den Kopf. Es klingt, als würde man auf eine Pappschachtel klopfen. Die Augen des Fisches erstarren, sein Körper erschlafft. Da liegt er nun im Gras, mein erster Hecht.

In der Lokalredaktion, in der ich früher einmal gearbeitet habe, gab es eine Kollegin, die Themenvorschläge von jungen Mitarbeitern gerne mit der Bemerkung ablehnte: »Die Gschicht' ist ungefähr so interessant wia a toter Fisch.« Es ist wirklich schade, dass sie nicht miterleben kann, was sich nun an dem kleinen Hafen abspielt. Denn Lars und ich sind bei unserem blutigen Treiben nicht unbeobachtet geblieben. Eine Familie mit zwei kleinen Jungs ist auf dem Uferweg stehengeblieben und hat die letzten Momente im Leben des Hechtes aus wenigen Metern Entfernung mit angesehen. Und die Jugendlichen, die etwas weiter weg auf einer Wiese ihr Bier getrunken haben, sind herübergekommen. Mir wird es jetzt etwas mulmig. Ich stelle mir vor, was die Leute in München wohl sagen würden, wenn man an einem schönen Frühlingsabend im Englischen Garten Tiere mit einem Messingknüppelchen erschlägt. Es gäbe da bestimmt einige, die das nicht lustig fänden und lautstark protestieren würden gegen so eine grausame Behandlung von Wassergeschöpfen. Innerlich bereite ich mich also auf schwere Vorwürfe und Anfeindungen wegen Tierquälerei vor, während die Familie und die Jugendlichen immer näher rücken. Aber meine Befürchtungen sind völlig unbegründet. Denn in diesen Dingen gibt es tatsächlich einen deutlichen Unterschied zu uns in Deutschland. Der Umgang der Schweden mit ihrer Natur ist ziemlich robust, das gilt auch für das Töten von Tieren.

»Wir dürfen doch mal gucken?«, fragt der Vater der beiden kleinen Jungen freundlich. Seine Söhne, die etwa im Kindergartenalter sind, haben sich schon neben den toten Fisch gehockt und streichen forschend mit den Fingern über dessen schleimige Haut.

»Ist der tot?«, fragt einer der beiden.

»Ja«, sage ich ein wenig schuldbewusst.

»Mein Vater fängt auch Fische – aber die sind viel größer als deiner«, merkt der andere Junge kritisch an.

»Na ja, das war mein erster Fisch, weißt du. Ich finde,

für den ersten Fisch ist er groß genug«, verteidige ich mich.

Der Junge nickt verständnisvoll. »Ich hab neulich auch meinen ersten Fisch gefangen. Der war auch nicht so groß. Den hat mein Papa totgehauen – hast du deinen Fisch selber totgehauen?«

»Ja, ganz alleine.«

Der Junge blickt mich von unten mit einer Mischung aus Neid und Hochachtung an. Auch die Jugendlichen mit den Bierdosen sind begeistert. Sie finden den Fisch »krass« und »heftig«. Einer aus der Gruppe erzählt, dass er selber gerne angelt. Die Idee, es hier im Park zu probieren, sei »total genial«, meint er. Mit Lars verwickelt er sich bald in eine Fachdiskussion über die Vor- und Nachteile von geflochtenen Angelschnüren. Schon wieder sehe ich, wie Lars beim Sprechen auf etwas Grünem herumkaut.

Als ich schließlich mit meiner Ausrüstung und einer Plastiktüte voll Hecht zur U-Bahn gehe, fühle ich mich wegen der vielen freundlichen Worte wie ein angesehener Großwildjäger nach einer Safari. Es ist seltsam: Die Schweden sind ja sonst eher sparsam mit Lob, und es ist ziemlich schwierig, ihre Anerkennung zu erhaschen. Dass ich gerade wegen eines toten Fisches so viel Zuspruch von meinen neuen Mitbürgern bekomme, hätte ich nicht gedacht. Trotzdem tut mir der Hecht ein wenig leid, der mit seinem Leben für den schönen Abend bezahlen musste. Lars begleitet mich noch zur U-Bahn, wo wir uns verabschieden.

»Was ist das eigentlich, das du da ständig im Mund hast?«

»Tannengrün.« Lars greift in seine Tasche und reicht mir ein paar hellgrüne Zweige. »Auch was?«

»Wo hast du die denn her?«

»Von einem Baum im Park.«

Frisches Tannengrün, erläutert mir mein Lehrmeister kauend, sei früher für arme Schweden auf dem Lande der erste Vitaminstoß nach einem langen, dunklen Winter ohne frisches Gemüse und Obst gewesen. Das habe er von seiner Oma überliefert bekommen, und damit sei es für ihn so etwas wie eine Frühlingstradition. Die hellgrünen Nadeln seien außerdem »extrem reich an Vitamin C« und »eigentlich ganz lecker, eine echte Delikatesse«. Die nordische Küche ist eben aus der Not geboren. Ich probiere trotzdem einen Zweig – als frischgebackener Schwede fühle ich mich dazu irgendwie verpflichtet. Es schmeckt erwartungsgemäß grauenhaft, als würde man an einem Weihnachtsbaum kauen – und genau das tun wir ja eigentlich. Mir kommen ernste Zweifel am Geschmack meines Angellehrers.

»Meinst du wirklich, der Fisch wird Stefanie schmecken«, frage ich Lars, während die U-Bahn in den Bahnhof rollt.

»Mach dir keine Sorgen«, meint er. »Hecht war früher eine große Delikatesse.«

Bevor ich fragen kann, warum er früher eine Delikatesse war und nicht heute, schließt sich die Tür und die U-Bahn fährt ab.

13

»Igitt! Da ist ja noch der Kopf dran.« Stefanie ist von meinem Hecht ganz und gar nicht so begeistert, wie es Lars prophezeit hatte. Wahrscheinlich entsprang seine Vorhersage auch mehr einem Wunschdenken. Schließlich ist ja auch seine Andrea keine Freundin von toten Fischen, wie sie neulich bei unserem Ausflug nach Drottningholm sehr deutlich gemacht hat. Ebenso wie Andrea ist wohl auch Stefanie noch zu fest in der deutschen Mentalität verwurzelt, um die Faszination von Selbsterlegtem mit uns Anglern teilen zu können. Meine Beute liegt aufgebahrt auf einem Holzbrettchen auf der Küchenanrichte unserer Mietwohnung und starrt stumm auf die gekachelte Wand.

»Die Eingeweide sind ja auch noch drin. So kann man den aber nicht essen«, stellt Stefanie entrüstet fest.

»So sehen Fische eben aus, wenn sie ganz frisch sind und nicht aus dem Supermarkt kommen. Du bist halt ein Stadtkind«, sage ich betont nachsichtig.

»Ich bin zivilisiert! Und das hier ist barbarisch. Wer soll den denn jetzt zubereiten? Ich jedenfalls nicht.«

»Kein Problem«, beschwichtige ich sie. »Ein echter Angler kann so etwas selbst.«

»Du bist aber kein echter Angler. Du bist einfach nur jemand, der zufällig bei seinem ersten Versuch Glück hatte. Und der arme Fisch musste deshalb sterben. Ich hoffe wirklich, er schmeckt wenigstens.«

Mit diesen drohend ausgesprochenen Worten verlässt Stefanie die Küche in Richtung Wohnzimmer. Der Hecht blickt traurig aus seinen toten Augen. Fast scheint es so, als wisse er, dass Stefanie wieder einmal recht hat. Ein richtiger Angler bin ich sicher noch nicht, und ich habe keinen Schimmer, wie man das großmäulige Monster auf der Anrichte in ein Abendessen verwandelt. Bisher kannte auch ich Fisch nur küchenfertig ausgeweidet oder gar filetiert. Lars hatte mich noch vorgewarnt, dass Filetieren eine Kunst für Fortgeschrittene sei und ich deshalb lieber die Finger davon lassen sollte. Also ist mein Plan, den Hecht am Stück im Ofen zu garen. Weil ich auch davon nichts verstehe, tue ich das, was Männer immer tun, wenn sie in der Küche vor einem kniffligen Problem stehen: Ich rufe meine Mama an. Schließlich ist sie Schwedin, und Lars zufolge gilt der Hecht in ihrer alten Heimat ja als Delikatesse. Sie sollte also wissen, wie man aus meinem toten Fisch etwas Essbares zaubert.

»Was, einen Hecht, sagst du? Konntest du nicht etwas anderes fangen, einen Lachs oder einen Dorsch zum Beispiel?« Meine Mutter scheint von der diffizilen Kunst Süßwasserfischens nicht allzu viel zu verstehen.

»Als Kinder mussten wir manchmal Hecht essen«, sagt sie. »Das war fürchterlich. Diese vielen Gräten! Und der seltsame Geschmack! Da bin ich aber froh, dass ich nicht bei euch zu Mittag essen muss.«

Meine Hoffnung auf einen ruhmreichen Abschluss des ersten Angelabenteuers schwindet rapide.

»Mama, du verstehst nicht. Ich muss wissen, wie man den Fisch zubereitet. Der Geschmack wird schon nicht so schlimm sein, und die Gräten kann man ja herauspulen.«

»Keine Ahnung. Ich habe noch nie Hecht gemacht. Als ich Kind war, gab es den immer im Sommer bei meiner

Großmutter. Dazu aß man Kartoffeln und so eine fettige Soße, ich glaube, das war Buttersoße – du hast doch Kartoffeln und Butter?«

»Ja sicher, aber …«

»Gut. Denn wenn euch das mit den Gräten zu blöd wird, dann könnt ihr immer noch die Kartoffeln mit der Buttersoße essen. Ich fand immer, das war das Beste am Hecht.«

Nach dem Telefonat fühle ich mich sehr allein in meiner Küche. Nur der tote Fisch blickt mich unverwandt an, ein stummer Vorwurf in seinen Augen. »Vår kokbok« ist jetzt mein letzter Rettungsanker. Das schwedische Nationalkochbuch enthält tatsächlich eine Menge Tipps für die Zubereitung von Fischen und sogar auch ein Rezept für Hecht. Den Anweisungen des Buches folgend, öffne ich den Bauch des Fisches mit einem langen Küchenmesser und ziehe die Eingeweide samt Schwimmblase heraus, wobei ein schmatzendes Geräusch entsteht. Stefanie, die sich nur kurz einen Kaffee holen wollte, bleibt angewidert in der Tür stehen.

»Ich hoffe, du machst das nachher alles wieder sauber. Denn ich werde sicher keine Schuppen aus der Spüle putzen.«

»Hechte sind nicht schuppig«, entgegne ich sachlich. »Ihre Haut ist schleimig. Fühl doch mal.«

Stefanie verzieht das Gesicht. Sie verzichtet für den Moment auf ihren Kaffee. Mit viel Wasser wasche ich den Fisch innen und außen. Anschließend bekommt sein Bauch eine Füllung aus Zwiebeln und Küchenkräutern. Er wird rundherum gewürzt und zusammen mit einigen Zitronenscheiben in Alufolie gewickelt. Das Paket schiebe ich einfach in den Ofen, wo es dem Kochbuch zufolge nun für etwa eine Stunde garen muss. Währenddessen versuche ich im Internet ein Rezept für die Buttersoße zu googeln. Dabei finde ich zu meiner Überraschung eine ganze Menge Seiten, die dem Hecht huldigen. Neben unzähligen Fotos von teilweise über einen Meter langen Fischen haben einige Hobbyangler Anekdoten und Geschichten rund um das Tier zusammengetragen, das sogar im Wappen einiger schwedischer Gemeinden einen Ehrenplatz einnimmt. Lars hatte offenbar doch recht: Der Hecht ist ein wichtiger Teil des schwedischen Alltags, oder er war es zumindest früher. Astrid Lindgren hat den Fisch sogar mehrfach benutzt, um das Wesen der Literatur zu beschreiben. Ein gutes Buch, sagte sie einmal, sei wie ein Hecht: ein spitzer, scharfer Anfang, ein nahrhafter Mittelteil und ein schmissiger Schluss. Und auf die Frage, wo sie die ganzen Ideen für ihre Bücher herhabe, antwortete die berühmte Kinderbuchautorin, die Einfälle eines Schriftstellers seien wie Hechte in einem Fischkasten. Sie flitzen herum und können je nach Bedarf vom Autor hervorgeholt werden. Über Buttersoße hat aber auch Astrid Lindgren leider nichts geschrieben. Darum schmelze ich einfach ein großes Stück Butter in einem Topf und salze das Ganze ein wenig. Dann koche ich Kartoffeln, ganz so wie es meine Mama empfohlen hat.

Dem Hecht jedenfalls scheint mein Rezept gefallen zu haben. Halb aus der Alufolie gepellt liegt er schließlich auf unserem Esstisch. Die Ofenhitze hat die Haut auf seiner spitzen Schnauze schrumpeln lassen und dabei die Zahnreihe seines Oberkiefers freigelegt – als würde er uns anlächeln. Stefanie meint dagegen, man sollte Fischen grundsätzlich den Kopf abnehmen, bevor man sie serviert, das sei doch das Mindeste. Aber sie zeigt sich kompromissbereit, wohl auch deshalb, weil sie Mitleid mit mir bekommen hat. Tapfer pult sie die zahlreichen Gräten aus ihrem Stück und nimmt sich am Ende sogar noch Nachschlag. Auf meine Bemerkung hin, so ein feines Essen könnten wir ja nun öfter haben, wo ich endlich Besitzer einer Angelausrüstung bin, mag sie jedoch nicht wirklich eingehen. Stattdessen wechselt sie rasch das Thema.

»Ich hab schon wieder ein Parkticket bekommen«, sagt Stefanie und legt einen Brief der Stadtverwaltung auf den Tisch. »Das ist schon das zweite in diesem Monat. Langsam wird es teuer.«

Die Geldbußen, mit denen in Schweden selbst kleine Verkehrssünden geahndet werden, sind in der Tat horrend. Na ja, irgendwie muss das Volksheim ja finanziert werden. Für uns sind die Strafgebühren mittlerweile schon fast zu einer Extra-Steuer geworden, denn die Mahnschreiben flattern mit nervender Regelmäßigkeit in unseren Briefkasten. Der Grund ist einfach: Wir haben zwei Autos, aber nur einen Parkplatz. Das Problem wird mit unserem Umzug noch schlimmer werden, denn zu dem neuen Haus in Vällingby gehört zwar eine Garage, aber sonst sind die Stellplätze in der Reihenhaussiedlung äußerst knapp. Auf Östermalm ist die Situation noch etwas entspannter. Hier findet sich meist problemlos ein Platz für das Auto. Allerdings haben wir auch nach Monaten noch immer nicht begriffen, wie, wo und zu welchem Preis man legal stehen darf. Zahlen muss man eigentlich immer – kaum eine Gasse der Hauptstadt ohne einen jener eckigen Automaten, die gegen Kreditkarte ein Ticket ausspucken. Aber dazu hat sich die Stadtverwaltung noch eine Menge Sonderregeln ausgedacht. So gibt es zum Beispiel immer einen Tag in der Woche, an dem absolutes Halteverbot herrscht, damit die Straßenreinigung mit ihren Bürsten bis an die Bordsteinkante vordringen kann. Natürlich ist nicht überall gleichzeitig Halteverbot – in jeder Straße ist dafür ein anderer Wochentag vorgesehen, damit nicht alle Stellplätze auf einmal wegfallen. Außerdem ist Stockholm in einen Flickenteppich aus Parkzonen unterteilt, in dem Anwohner zu reduzierten Preisen ihre Autos abstellen dürfen. Und dann gibt es da natürlich noch das übliche Gewirr aus Einfahrten, Zeitparkzonen und speziell reservierten Plätzen. Das Ergebnis ist ein dichter Schilderwald, in dem wir uns immer wieder verlaufen.

Das Ganze hat Methode. Erklärtes Ziel der städtischen Politik ist es nämlich, Autofahrer so weit wie möglich zu vergrämen. Schließlich steht der träge pulsierende Verkehrsstrom in der Hauptstadt jeden Tag zur Rushhour kurz vor einem Infarkt. Und neue Straßen bauen ist teuer in einer Metropole, die im Wesentlichen auf Inseln errichtet ist, die sich nur mit Brücken oder tiefen Tunnelsystemen miteinander verbinden lassen. Des Anglers Freud ist eben des Verkehrsplaners Leid. Die Kommunalpolitiker haben unter diesen Zwängen einen großen Erfindungsreichtum entwickelt, um die Fahrfreude ihrer Bürger zu bremsen. Die komplizierte Parkpolitik ist nur ein Beispiel. Auch der Irrgarten aus Einbahnstraßen, der unkundige Fahrer zur Verzweiflung treiben kann, ist Ergebnis dieser Strategie. Der neueste Einfall der Verkehrsplaner ist die City-Maut, die an allen Ortseingängen Stockholms von Hightech-Systemen vollautomatisch abkassiert wird. Kameras lesen die Nummernschilder der Autos. Die computergesteuerten Augen des Fiskus sind direkt mit einem Zentralcomputer des Finanzamts verbunden, wo die Maut dann umgehend auf das Steuerkonto des Fahrzeughalters gebucht wird. Der muss den Wegzoll dann binnen weniger Tage entrichten. Kassiert wird die Maut von zwei Kioskketten, die in der ganzen Stadt Filialen unterhalten und Exklusivverträge mit der Stadtverwaltung haben. Die Kioske sind ebenfalls mit dem Zentralcomputer verbunden. Man muss dort nur sein Autokennzeichen nennen und der Kassierer sagt einem, wie viel Maut man dem Staat schuldet. Wer die Summe nicht von sich aus begleicht, bekommt einen Mahnbrief nach Hause geschickt, was etwa fünf Euro extra kostet.

Wegen all dieser Widrigkeiten haben Stefanie und ich schon öfter darüber gesprochen, dass zwei Fahrzeuge zu viel für uns sind. Wir wollen unsere beiden Kleinwagen gerne gegen ein größeres Auto eintauschen, damit genug Platz für Lauras Kinderwagen ist. Weil das Haus nun doch etwas günstiger zu haben war, sind wir ganz gut bei Kasse. Der Augenblick für ein neues Gefährt scheint also gekommen.

Für jemanden, der wie ich als vollwertiger Schwede akzeptiert werden möchte, stehen bei dieser Entscheidung natürlich nur zwei Automarken zur Auswahl: Saab oder Volvo. Schwedischer geht es schließlich nicht – und dass die beiden Traditionsunternehmen bald von einer Wirtschaftskrise an den Rand des Ruins getrieben werden, kann ich noch nicht ahnen.

Letztlich ist die Wahl zwischen Volvo und Saab eine Glaubensfrage, eine Frage, deren Beantwortung tiefe Rückschlüsse auf Philosophie und Lebensstil zulässt. Sie fällt in die gleiche Kategorie wie die Fragen: Volkswagen oder Opel? Weißbier oder Pils? Bayern München oder 1860? Es ist eine Frage, für die man sich Zeit nehmen sollte. Wir reservieren darum das ganze nächste Wochenende für Testfahrten.

Bei unserer Vorrecherche fällt uns zunächst auf, dass die beiden Marken so unterschiedlich gar nicht sind. Beide haben große Kombis in ihrer Modellpalette, die problemlos Platz für Lauras Kinderwagen plus Gepäck bieten. Beide werden in Westschweden in der Gegend um Göteborg hergestellt. Und die Autos beider Marken sind überaus durstig. Beide haben außerdem Modelle im Angebot, die mit Ethanol fahren können und deshalb nach schwedischem Gesetz als »Miljöbil«, als Umweltauto gelten. Wir wollen unbedingt ein Miljöbil haben, denn mit so einem Gefährt genießt man viele steuerliche Vorteile. Zum Beispiel ist man von der City-Maut befreit.

Auf die massenhafte Verbreitung von Ethanol-Autos ist man in Schweden sehr stolz. Die Regierung hat vor einigen Jahren nicht nur finanzielle Anreize geschaffen, um solche Fahrzeuge zu fördern. Sie hat außerdem die Ölkonzerne dazu gezwungen, ein flächendeckendes Netz für die Ethanol-Versorgung zu errichten. An jeder größeren Tankstelle findet sich heute mindestens eine Zapfsäule mit E85 – so heißt der Biotreibstoff, der eigentlich nichts anderes ist als Alkohol mit ein bisschen beigemischtem Benzin. E85 ist der einzige Schnaps, den es außerhalb des Systembolag zu kaufen gibt. Blöd nur, dass man ihn nicht trinken kann. Wer in Stockholm in einem Stau steht, der wird feststellen, dass die Autoabgase stark nach Schnapsleichen riechen. Das Ganze ist – wie so oft in Schweden – Teil eines groß angelegten Plans. Ministerpräsident Göran Persson hatte in markigen Reden verkündet, er wolle das »grüne Volksheim« errichten, sozusagen eine Ökoversion des Klassikers. Persson wollte das Land aus seiner »Erdölabhängigkeit« befreien und bei der Energieversorgung weitgehend unabhängig machen. Es gab hochtrabende Visionen von neuen Zukunftstechnologien, mit denen sich aus Zellstoff – also aus den in Schweden reichlich vorhandenen Bäumen – Biosprit gewinnen ließe. Allerdings sind diese Technologien bisher nicht ganz ausgereift und sehr teuer, weshalb nur wenig E85 in Schweden selbst hergestellt wird. Stattdessen wird der Treibstoff vor allem aus Brasilien eingekauft, wo er aus Zuckerrohr relativ preiswert produziert wird. Dass die Arbeiter auf den Zuckerrohrplantagen zum Teil unter menschenunwürdigen Bedingungen schuften, passt freilich nicht so gut zum Gedanken des Volksheims. Umweltschützer fürchten außerdem, dass für neue Plantagen Regenwald gerodet werden könnte, sollten die Industrieländer erst einmal auf den Geschmack kommen. Folglich sieht man auch in Schweden die Biosprit-Initiative mittlerweile etwas skeptischer.

Vielleicht hätte man vor dem großen Klimaschutzplan besser noch ein wenig nachdenken sollen. Aber in Schwedens Politik ist es da häufig wie auf dem Immobilienmarkt: Entscheidungen werden gerne in rasendem Tempo gefällt. Anders als in Deutschland gibt es keine Bundesländer, keinen Bundesrat und kein Bundesverfassungsgericht, die eine Regierung in ihrem Schaffensdrang bremsen. Wer in Schweden über eine Mehrheit im Reichstag verfügt, der kann nahezu ungehindert schalten und walten. Auch der König quatscht einem nicht hinein, seine Aufgaben beschränken sich vor allem aufs Händeschütteln. In Deutschland blicken Politiker mit Neid auf diese Verhältnisse und schwärmen von der Tatkraft und der »Reformfähigkeit« der nordischen Länder. Der schwedische Ethanol-Rausch ist jedoch ein schönes Beispiel dafür, dass schnelle Entscheidungen nicht unbedingt die klügsten sind. Wer immer vorangeht, der kommt zwar oft als Erster an. Aber er verirrt sich auch leichter.

Bei unserem Autokauf spielen große energiepolitische Fragen jedoch eher eine Nebenrolle. Wir wollen vor allem unsere laufenden Kosten senken. Da bleibt uns nicht viel mehr übrig, als uns an die schwedischen Gepflogenheiten anzupassen. Darum entscheiden auch wir uns für ein Ethanol-Fahrzeug. Bei Bedarf, etwa bei einem Ausflug nach Deutschland, kann man solche Autos ohnehin mit ganz normalem Benzin betanken. Offen ist jedoch immer noch die Frage: Volvo oder Saab? So ähnlich sich die beiden auch sein mögen – ihr Ruf ist grundverschieden. Saab, ein Auto, das einst in einer Flugzeugfabrik von Luftfahrtingenieuren entwickelt wurde, gilt als die sportliche Individualisten-Karosse. Wer einen Saab kauft, der begeistert sich für Technik, ist oft Akademiker, aber zu intellektuell und aufgeklärt, um sich mit einer gewöhnlichen Automarke fortzubewegen. Saab steht für Innovation. Im Unternehmenssitz Trollhättan wurde einst der Turbolader entwickelt, und schon die frühen Modelle hatten gebogene Windschutzscheiben und das Zündschloss in der Mittelkonsole neben dem Schaltknüppel. In einem alten Saab kommt ein richtiges Cockpit-Gefühl auf. Mein Vater hatte früher so einen, das Modell 99. Ich erinnere mich noch gut, wie er immer über die Werkstattrechnungen fluchte. Selbst simple Ersatzteile wie etwa ein Lüftungsregler enthielten nämlich unglaublich komplizierte Mechanismen, die meist sehr teuer waren. Und ich weiß noch, dass unser Saab oft in der Werkstatt war. Das ist wohl der Preis, den man für Individualismus und modernste Technik zahlen muss.

Der Volvo ist dagegen der Inbegriff der Familienkutsche. Er wird in wesentlich größeren Stückzahlen als der Saab verkauft. Ein Volvo gilt als verlässlich, geräumig und ein wenig träge. Im Wirtschaftsaufschwung nach dem Zweiten Weltkrieg war er für viele Schweden das erste Auto, das sie sich in ihrem Leben leisten konnten. Er ist der nordische Volkswagen. Bodenständig und ehrlich – von manchem wird er spöttisch »Sossemobil« genannt, offenbar weil vor allem Sozialdemokraten und ihre Wählerschaft gerne in diesem schweren Gerät durch das Land rollen.

Heute ist der Volvo ein wenig schnittiger als früher und der Saab ein wenig familienfreundlicher. Die Unterschiede sind also nicht mehr so riesig. Ohnehin gehören beide inzwischen zu amerikanischen Konzernen – Saab zu GM und Volvo zu Ford –, was nach Meinungen von Autoliebhabern ihren typisch schwedischen Charakter verwässert. Die Verachtung den Amerikanern gegenüber ist ehrlich gesagt ein wenig ungerecht, denn ohne das Geld aus Detroit wäre zumindest Saab inzwischen längst pleite und man könnte den typisch schwedischen Charakter der Autos aus Trollhättan nur mehr im Museum bewundern.

Uns fällt jedenfalls bei der Testfahrt auf, dass der Saab immer noch über deutlich mehr Knöpfe und Schalter verfügt als der Volvo. Außerdem hat der Saab den stärkeren Motor, und er ist teurer. Weil Knöpfe und Pferdestärken uns nicht besonders locken, entscheiden wir uns sehr bald für die günstigere Variante: einen Volvo V50. Es ist das zurzeit beliebteste Auto in Schweden. Typischer hätte unsere Wahl also gar nicht ausfallen können. Ich bin sehr zufrieden. In Gedanken träume ich schon davon, wie ich eines schönen Tages mit dem neuen Wagen beim Skatteverk vorfahre, um mir einen Auszug aus dem Meldeverzeichnis zu holen, auf dem »Staatsbürgerschaft: Schwedisch« steht. Mit Angel, Reihenhaus und Volvo fühle ich mich der Aufnahme in das schwedische Volksheim mehr als würdig. Auch beim Autokauf selbst verhalte ich mich ganz schwedisch und habe zur Übergabe extra eine Zeitung mitgebracht, weil ich mit einer längeren Wartezeit rechne.

Wir haben unseren neuen Wagen in der Kleinanzeige einer Vertragswerkstatt gefunden. Der Mann, der uns nach kurzer Verhandlung einen gebrauchten V50 mit Ethanolmotor überlassen will und dafür unsere beiden alten Autos in Zahlung nimmt, heißt Ulf. Er arbeitet bei einem der großen Autohäuser, von denen es am Stockholmer Stadtrand jede Menge gibt. Ulf macht auf uns den Eindruck eines typischen Gebrauchtwagenhändlers – nicht sehr vertrauenerweckend also. Wir betrachten uns den Volvo darum sehr genau. Drehen eine Runde über die Autobahn und finden natürlich einige Mängel: Die Lampe im rechten vorderen Scheinwerfer ist kaputt, außerdem ist die Karosse von einer grauen Staubschicht bedeckt, weil der Wagen offenbar längere Zeit in einer schmutzigen Halle auf einen Käufer gewartet hat. Wir bitten Ulf also darum, die Lampe zu wechseln und das Auto zu waschen, bevor wir es einige Tage später abholen wollen. Ulf sagt: »Det ordnar sig.« Da ist mir klar, dass ich bei der Übergabe Zeit mitbringen muss.

Als dann der Tag gekommen ist und wir das Autohaus betreten, sitzt Ulf an seinem Schreibtisch und schlurft Kaffee. Neben ihm liegen die Sportnachrichten ausgebreitet, auf seinem Bildschirm thront ein Wikingerhelm aus blau-gelbem Plüsch mit kuscheligen kleinen Hörnchen – so einer wie Johnny ihn neulich beim Valborgfest getragen hatte.

»Na, wollen Sie heute noch ein Kloster brandschatzen?«, sage ich lächelnd zur Begrüßung.

»Äh, wie bitte?« Ulf ist verwirrt.

»Wegen des Wikingerhelms. Wikinger plündern doch für gewöhnlich Klöster?«

Ulf lacht. »Nein, nein. Heute ist doch das Qualifikationsspiel für die Fußball-EM. Ich treffe mich nachher noch mit ein paar Kumpels. Und da muss man ja richtig angezogen sein. Wie kann ich helfen?«

»Du könntest unser Auto holen und unsere alten Autos in Zahlung nehmen. Du erinnerst dich: der Volvo V50?«

»Ach ja, der V50. Natürlich.«

»Der schmutzige Volvo V50 mit der kaputten Lampe – das hat sich geregelt, oder?«

Ulfs Blick zittert ein wenig, aber er fängt sich ganz schnell wieder.

»Selbstverständlich, ich habe in der Werkstatt Bescheid gesagt. Alles müsste fertig sein.«

Mit sehr schnellen Schritten verlässt er den Raum. Ich falte meine Zeitung auseinander und reiche Stefanie den Wirtschaftsteil. Einen Leitartikel und zwei Kurzkommentare später kommt Ulf wieder zur Tür hereingesprungen. An seinen hellblauen Hemdsärmeln hat er einen dunklen Rand, ganz so als hätte er mit Wasser hantiert.

»Also jetzt haben die das mit der Lampe glatt vergessen«, sagt er entschuldigend. »Aber das macht doch nichts, oder? Ihr könntet ja nächste Woche vorbeikommen, dann wechseln wir die Birne kurz aus. Denn gerade ist der Mechaniker beschäftigt, ihr müsstet sonst noch ein wenig warten. Und ich weiß doch: Ihr Deutschen habt es immer eilig.«

»Wir nicht«, sage ich ruhig. »Wir warten gern. Das ist kein Problem.«

Etwas enttäuscht von dieser Antwort trollt sich Ulf wieder. Zum Glück sind schwedische Zeitungen an Wochenenden immer ein wenig dicker. Dann drucken die Redaktionen stets die langen Reportagen und Hintergrundberichte, die unter der Woche keinen Platz mehr finden, seit die Zeitungen alle auf ein handlicheres, aber dafür auch knapperes Format umgestiegen sind. Ein solches haben in Deutschland fast nur Boulevardblätter wie die *BZ* oder die *Hamburger Morgenpost*. Die Schrumpfkur wurde vor einigen Jahren damit begründet, dass man das Blatt dann besser in der U-Bahn lesen könne (was auch stimmt). Aber es ist kein Geheimnis, dass mit der Umstellung auch Geld eingespart wurde. Ich habe mich nach einer guten halben Stunde im hinteren Teil meiner Zeitung an einem Artikel mit der wenig versprechenden Überschrift »Jetzt kommt endlich die Sommerwärme« festgelesen, da betritt Ulf mit seinem strahlendsten Autoverkäufer-Lächeln das Büro. Er sieht ein wenig abgekämpft aus, und an seinem Hemd ist nun auch noch ein Ölfleck, ganz so als hätte er die Birne selbst ausgewechselt. Er hat vermutlich kein gutes Verhältnis zu den Jungs in der Werkstatt.

»Jetzt ist es so weit!«, sagt er. Nach einer kurzen Inspektion unserer alten Autos und ein paar Unterschriften gehört der Volvo endlich uns. Zufrieden nehme ich die Schlüssel in Empfang.

»Noch Fragen?« Ulf guckt bereits sehnsüchtig auf seinen Wikingerhelm.

»Ja, eine noch«, sage ich grinsend. »Warum haben Wikinger eigentlich Hörner auf dem Kopf?«

Die Frage geisterte mir schon die ganze Zeit im Kopf herum, während ich vor Ulfs Schreibtisch mit der lächerlichen Kopfbedeckung saß. Aber der Autoverkäufer kann mir da auch nicht weiterhelfen.

»Keine Ahnung. Vielleicht fanden sie das schick? Oder sie wollten ihre Feinde abschrecken? Vielleicht bringen uns die Hörner ja heute Abend beim Fußballspiel Glück.«

Ich wünsche ihm, dass es so sein möge. Aber die Sache mit den gehörnten Vorfahren lässt mich so schnell nicht los. Während Stefanie unser neues Auto über die Autobahn lenkt, denke ich darüber nach, wie man der Geschichte des seltsamen Helmschmucks auf den Grund gehen könnte.

»Hej, ich habe eine Idee«, sage ich zu Stefanie und schnippe mit dem Finger. Sie lacht.

»Jetzt klingst du genau wie Wicki. Du weißt: der mit den starken Männern aus der Zeichentrickserie. Du willst mir jetzt bestimmt irgendwas über diese dämlichen Hörner erzählen.«

»Nicht direkt. Ich hab gedacht, wir sollten morgen einen Ausflug mit dem neuen Auto machen. Um zu sehen, wie er so läuft, unser Volvo. Und da könnten wir doch nach Birka fahren, zum Wikinger-Museum.«

Diese Idee gefällt Stefanie. Das Fahren mit dem großen Auto macht ihr nämlich großen Spaß. Also planen wir für den nächsten Tag einen Trip nach Birka, auch bekannt als die Hauptstadt der Wikinger. Dort, so hoffe ich, kann ich etwas über die Hörner lernen und überhaupt ein wenig mehr von den schwertschwingenden Seeräubern erfahren, die ja irgendwie auch meine Vorfahren sind. Zur Fußball-EM, wenn Tausende Fans aus Schweden mit blau-gelben Plüschkappen zu den Spielen in die Schweiz und nach Österreich einfallen, könnte man die Geschichte vielleicht sogar zu einem witzigen Artikel zusammenschreiben, denke ich mir.

»Jetzt habt ihr ja auch so eine Schweden-Schaukel«, ruft Andrea, als sie unser neues Auto sieht. »Die passt sicher hervorragend zum Reihenhaus. Ich wette, eure Nachbarn haben auch alle Volvos, die sie am Wochenende waschen.«

»Genau«, sage ich. »Jetzt fehlt uns eigentlich nur noch der Hund.«

»Es wird nie einen Hund geben! Vergiss es«, sagt Stefanie knapp. »Mir reicht es schon mit den toten Fischen in der Küche, mehr Tiere ertrag ich nicht.«

Und zu Andrea gewandt: »Ein bisschen vermisse ich meinen alten Golf ja schon.«

Lars und Andrea begleiten uns auf der kleinen Spritztour zu den Wikingern. Wir haben sie an der U-Bahn aufgegabelt und fahren nun hinaus auf die Mälarinseln, wo sich auf Björkö die Ruinen der einst so stolzen Stadt Birka befinden. Die Sonne scheint, die Bäume haben in den vergangenen Wochen ein grünes Kleid angelegt, und die Luft in Stockholm ist plötzlich viel besser geworden, weil nun selbst die letzten Nachzügler ihre nagelbespickten Winterreifen endlich gegen gewöhnliche Sommerreifen ausgewechselt habe.

»Ich mag deutsche Autos eigentlich auch lieber«, sagt Andrea zu Stefanie. »Die sind irgendwie spritziger und nicht so klobig.«

»Dafür sind schwedische Autos sicher«, mischt Lars

sich etwas verärgert ein. »Es sind die sichersten der Welt, weil in Schweden die Vorschriften am strengsten sind. Denkt nur mal an den Elchtest.«

Die Schweden sind zwar ebenso autovernarrt wie die Deutschen, aber sie legen beim Kauf ihres Gefährts ganz andere Maßstäbe an. Für sie geht tatsächlich Sicherheit vor. Während der Deutsche beim Autokauf an die linke Autobahnspur denkt, so denkt der Schwede an eine einsame, schlecht beleuchtete Landstraße und an einen Elch. Der Elchtest ist ja auch in Deutschland sprichwörtlich für das strenge Sicherheitsdenken der Skandinavier, seit einmal ein Mercedes-Kleinwagen bei besagtem Test durch- beziehungsweise umgefallen ist. Beim Elchtest muss das Auto einem Hindernis mit einem schnellen Manöver ausweichen. Dies ist die einzige Möglichkeit, wie man die Begegnung mit einem Elch auf einer einsamen, schlecht beleuchteten Landstraße unbeschadet übersteht: Man muss um den Elch herumfahren. Denn Elche sind schwer, und sie haben sehr lange Beine. Anders als etwa Rehe kommen sie darum bei einer Kollision nicht unter die Räder – sie fallen aufs Autodach. Und ihr massiger Körper kann die Fahrgastzelle auch größerer Fahrzeuge problemlos zerquetschen. Der Mercedes-Kleinwagen, der 1997 den Elchtest international bekanntmachte, war bei dem Ausweichmanöver auf einer schwedischen Teststrecke derart ins Ungleichgewicht geraten, dass er kippte. Ich brauche wohl nicht zu betonen, dass das mit einem Volvo nie passiert wäre.

»Ich finde diese ewige Sicherheitsleier langweilig«, sagt Andrea. »Ein Auto sollte doch Spaß machen.«

»Aber es macht doch keinen Spaß, wenn dir ein Elch aufs Dach fällt oder dein Auto sich überschlägt«, sagt Lars verständnislos.

»Ach, ihr Schweden«, lacht Andrea und gibt Lars einen Kuss. »Ihr seid komisch. Aber irgendwie niedlich. Komm, spiel Gunnar und Stefanie doch mal dieses Lied mit den Elchen vor.«

Das lässt Lars sich nicht zweimal sagen und kramt aus dem Rucksack zwischen seinen Beinen eine CD hervor, die er mir nach vorne reicht. Die Scheibe enthält »Barnlåtar« – Kinderlieder –, so zumindest verspricht es der Titel. In der Mitte des grellbunten Covers, das im Stil eines Bilderbuchs gestaltet ist, prangt das Foto eines Musikerpärchens. Die beiden sehen so aus, als hätte man sie einst in Woodstock vergessen und erst nach Jahren wieder dort eingesammelt.

»Das ist eine ganz tolle CD«, sagt Lars. »Als ich im Kindergarten war, da haben wir die jeden Tag gehört. Die meisten Schweden in meinem Alter kennen die Lieder in- und auswendig. Das sind absolute Hits! Als ich die Scheibe im Laden entdeckt habe, musste ich sie unbedingt mitnehmen.«

»Die Lieder sind wirklich witzig. Vor allem der Song mit den Elchen! Der sagt so viel aus über die Schweden«, freut sich Andrea. »Es ist Song Nummer neun.«

Ich schiebe gespannt die CD ins Autoradio, die Lars zufolge also jeder echte Schwede kennen sollte, und springe bis zur Nummer neun vor. Das macht Laune, denn dabei kann ich endlich die Autoradioknöpfe am Lenkrad meines neuen Wagens ausprobieren. Aus den Lautsprechern dröhnt mit einem Mal ein dumpfer Rhythmus, laute Trommeln hämmern einen Takt. Dann setzt ein Sprechgesang ein. Der Text ist selbst für ein Kinderlied recht einfach: Schwedens Elche versammeln sich zu ihrem jährlichen »Möte«, ihrer Jahreshauptversammlung, im Wald. Es handelt sich um eine Krisensitzung, bei der sie sich über die schlechte Behandlung durch die Menschen beklagen. Die Elche auf der CD haben tiefe Stimmen, und gemeinsam singen sie einen brummenden Protestsong. Der Refrain geht so: »Die Elche demonstrieren, die Elche haben genug, die Elche fordern …«

Ja, was also fordern schwedische Protestelche auf einer Althippie-CD aus den 1970er Jahren? Freiheit? Gleichheit? Gerechtigkeit? Nein, die erbosten Waldbewohner fordern »Trygghet« – Sicherheit.

Beim Refrain lacht Andrea so laut los, dass ich den Rest des Textes leider nur in Bruchstücken verstehen kann.

»Seht ihr: In Schweden träumen sogar die Elche von Sicherheit«, prustet sie.

Lars lächelt gequält. »Okay, das ist wirklich lustig. Haha. Aber du interpretierst da zu viel hinein. Dieses Lied handelt eigentlich von der Elchjagd: Die Elche fordern, dass die Jagd abgeschafft wird, weil sie sich eben nicht sicher fühlen können, wenn man auf sie schießt. James, der Sänger, ist nicht nur ein bekannter Kinderlieder-Komponist. Er ist auch Tierschutzaktivist und Jagdgegner.«

»Hat er denn mit seinen Songs irgendetwas verändert, wo sie doch jedes Kind kennt? Ich meine: Werden heute weniger Elche geschossen?«, frage ich neugierig.

»Natürlich nicht«, sagt Lars. Die Elchjagd sei absolut notwendig, erläutert er. Sonst würden sich die Großhirsche mangels natürlicher Feinde nämlich ungezügelt vermehren – und dann zum Beispiel ständig auf irgendwelchen Straßen herumlungern. »Das wäre doch viel zu gefährlich, nicht wahr?«

Auf der Fahrt nach Birka hören wir noch den Rest der CD. Die Stücke sind für Kinderlieder ziemlich abwechslungsreich, mit rockigen Akkorden und flotten E-Gitarren-Solos. Es klingt, als hätte man Rolf Zuchowski mit Aufputschmitteln gefüttert und unter Strom gesetzt. Lars kann tatsächlich fast alle Strophen mitsingen. Laura gluckst neben ihm begeistert in ihrem Kindersitz. Wenn sie die schwedische Mentalität weiter so in sich aufsaugt, werden wir ihr zu ihrem ersten Dreirad wohl einen Helm dazu schenken müssen.

Nach etwa einer halben Stunde endet die Straße dann abrupt am Wasser. Wir müssen vor dem letzten Stück unserer Autofahrt mit einer gelben Fähre von der Insel Ekerö nach Adelsö übersetzen. Gelbe Fähren sind in Schweden Teil des normalen Straßennetzes und immer kostenlos. In dem dünn besiedelten Land mit seinen vielen Inseln und Flüssen ist ein regelmäßiger Schiffsverkehr für das Straßenbauamt manchmal die praktische Alternative zu einer Brücke. Die Überfahrt von der einen Insel zur nächsten dauert hier nur fünf Minuten. Stefanie knipst von Bord aus ein paar Fotos vom sonnigen Mälarufer mit dem breiten Schilfgürtel, durch den hin und wieder ein wackeliger Holzsteg seine Planken ins Wasser vorreckt. Hinter dem Schilf ducken sich einige Ferienhäuser.

»Im Sommer muss es hier doch ganz schön sein«, sagt sie, als wir wieder an Land rollen.

Nach wenigen Kilometern parken wir unser Auto neben einer kleinen Kirche. Die letzten paar hundert Meter nach Björkö, der Wikingerinsel, müssen wir ohne Volvo mit einem Ausflugsboot zurücklegen. Die ersten Relikte aus der Vorzeit können wir aber schon beim Warten gleich neben der Anlegestelle besichtigen. Auf einer Kuhweide erheben sich dort grasbewachsene Höcker, die einer Informationstafel zufolge Gräber alter Herrscher sind. Auf einer Anhöhe erkennt man die verwitterten Grundmauern einer etwa tausend Jahre alten Burg. Von hier aus regierten die Fürsten einst über die Stadt auf der Nebeninsel, die Festung war wohl so etwas wie ein Skatteverk, ein Finanzamt der Vorzeit. Von ihrer Burg aus hatten die Herrscher Birka jedenfalls gut im Blick – schon damals scheint die Obrigkeit stets ein wachsames Auge auf die Bürger geworfen zu haben. Ob es bei den Wikingern auch schon Personennummern gab? Womöglich hatten die Häuptlinge alle Untertanen mit Runen beziffert.

»Meint ihr, dass Wicki auch mal hier war?«, sage ich, als wir kurze Zeit später das kleine Ausflugsboot verlassen und endlich das Ufer von Björkö betreten.

»Wer ist denn Wicki?«, fragt Lars.

Offenbar hat mein schwedischer Lehrmeister noch nie etwas von seinem berühmten Vorfahren mit den guten Ideen gehört. Verwundert muss ich feststellen, dass die in Deutschland so beliebte Kinderserie in Schweden völlig unbekannt ist. Obwohl sie eigentlich auf schwedischen Jugendbüchern aus den 1960er Jahren basiert – aber die hat Lars nie gelesen, wahrscheinlich hat er in der Zeit lieber den protestierenden Elchen gelauscht. Dass es Wicki nie ins schwedische Fernsehen geschafft hat, ist übrigens nicht weiter verwunderlich. Der kleine TV-Wikinger stammt wie die meisten anderen Trickfilme meiner Jugend aus einem japanischen Filmstudio.

In der Nähe der Anlegestelle erwartet ein junger Mann mit rotblondem Vollbart die Besucher. Lässig stützt er sich auf ein stämmiges Schwert, sein purpurroter Umhang flattert im Frühlingswind. An den Füßen trägt er geschnürte Stiefel aus schwarzem Leder.

»Willkommen auf Birka!«, ruft er mit kräftiger Stimme. »Ich bin Ragnar, Sohn von Thoralf. Schließt euch mir an! Dann zeige ich euch die Wunder meiner Heimatstadt.«

Die schwedische Denkmalschutzbehörde, die Birka verwaltet, hat in den vergangenen Jahren den Wert zahlender Gäste erkannt und sich auf deren Wünsche eingestellt. Deshalb hat die Behörde neben dem Schutzauch im Showbusiness Fuß gefasst. Schwertschwingende Schauspieler wie Ragnar machen nun den Besuch grasbewachsener Grabhügel zu einem Event. Was mich allerdings tief enttäuscht, ist die nachlässige Verkleidung des Touristen-Wikingers – Ragnar hat weder einen Helm, noch hat er Hörner. Eine ordentliche Rüstung trägt er auch nicht, bloß ein weites Leinenhemd, das aussieht wie ein Gespensterkostüm für Schulkinder. In Disneyland wäre so eine Schlamperei nie passiert! Immerhin hat Ragnar ein Schwert, was ihn interessanter macht als seine anderen Kollegen, die ebenfalls am Ufer ihre Dienste anbieten. Die haben wenn überhaupt nur mickrige Messer im Gürtel stecken und sehen damit zum Gähnen friedlich und bieder aus. Wären die Wikinger tatsächlich in dieser Staffage auf ihre Raubzüge gezogen, sie wären wohl höchstens als putzige Gauklertruppe, keinesfalls aber als barbarische Horde in die Geschichtsbücher eingegangen. Doch vielleicht, denke ich, ist diese Verkleidung ja so etwas wie der Freizeitdress eines Wikingers. Auf Birka waren die wilden Männer schließlich zu Hause, und man kann nicht erwarten, dass die Krieger dort ebenso gepanzert herumliefen wie auf ihren blutigen Dienstreisen. Die Helme gaben sie beim

Heimaturlaub womöglich in die Reinigung, um die Hörner einmal ordentlich polieren zu lassen.

Wir folgen also Ragnar, dem Hornlosen, auf einem schmalen Pfad, der über die Insel zu den Ruinen von Birka führt. Wobei Ruinen der falsche Ausdruck ist, denn Birka war natürlich in guter schwedischer Tradition aus Holz erbaut. Die stolze Hauptstadt der Wikinger ist darum fast vollständig Würmern und Fäulnis zum Opfer gefallen. Nur tief im Boden und am Grund des Mälarsees konnten die Archäologen noch Pfahlreste, mittelalterliche Müllhalden und rostige Werkzeuge finden, aus denen sie schließen konnten, wie die Straßen, Häuser und Hafenanlagen von Birka einst ausgesehen haben. Vom neunten bis zum Ende des elften Jahrhunderts sei die Stadt ein blühendes Handelszentrum gewesen, erläutert Ragnar.

Während wir über die grünen Hügel von Björkö wandern, erzählt der Hornlose weiter vom Leben in der Wikinger-Metropole. Wir sehen einige Ausgrabungsplätze und eine wunderschöne Bucht, in der früher einmal die Drachenboote ankerten. Der Rundgang endet in einem Museum, wo die Archäologen ein Modell der Wikinger-Hauptstadt nachgebaut haben. Die Häuser waren demnach übrigens nicht falurot, sondern hatten eine naturbelassene Holzfassade. Wahrscheinlich sind sie darum so restlos verwest. Auf einer Wandkarte sind Handelsrouten verzeichnet, die sich vom Mälarsee aus bis in den Mittelmeerraum und ans Schwarze Meer erstreckten.

»Sie sehen«, sagt Ragnar, »die Menschen jener Zeit lebten schon in einer globalisierten Welt mit grenzüberschreitendem Handel. Wir wissen heute, dass damals bereits viele Handwerker und Kaufleute aus fernen Ländern hierherkamen, um sich am Ufer des Mälarsees niederzulassen. Man kann fast schon von einer multikulturellen Gesellschaft sprechen.«

Das wird mir nun wirklich zu viel. Als Nächstes wird uns dieser hornlose Ragnar noch erzählen, dass die Wikinger gewerkschaftlich organisiert waren, einen Menschenrechtsbeauftragten hatten, alkoholfreien Met bevorzugten und in ihren Drachenschiffen nur mit Sicherheitsgurt und Schwimmweste ruderten.

»Wie war das denn nun mit den Raubzügen?«, frage ich laut. »Die Langboote aus Birka waren bei Auslandsreisen sicher nicht nur zum Handel gut. Die Wikinger haben doch bestimmt auch gebrandschatzt, geplündert, die Zivilbevölkerung terrorisiert? Könntest du darüber nicht auch ein bisschen was erzählen? Das fände ich interessant.«

Zwei ältere schwedische Damen aus unserer Besuchergruppe mustern mich kopfschüttelnd.

»Die Deutschen schon wieder«, höre ich die eine der anderen zuflüstern. »Die sollten lieber mal in ihrer eigenen Geschichte nach dunklen Flecken suchen.«

»Genau«, meint die andere. »So schlimm wie die waren unsere Vorfahren längst nicht.«

Ragnar scheint dagegen dankbar für meinen Einwurf zu sein. Er lächelt nachsichtig, wie ein Lehrer, der seinen Schülern endlich die Lektion erteilen kann, auf die er sich schon lange vorbereitet hat.

»Ja, es stimmt, früher hat man die Wikinger vor allem für Seeräuber und Banditen gehalten. Aber dank neuester Forschungsergebnisse wissen wir heute, dass dieses Bild so nicht stimmt. Hier auf Birka jedenfalls gab es kaum Waffen. Nur ein paar ältere Krieger bewachten Stadtwall und Hafenanlagen. Und Raubzüge wurden hier auch nicht organisiert.«

»Ich habe gehört, dass es vor allem Wikinger aus Norwegen waren, die geplündert und gebrandschatzt haben. Die haben wahrscheinlich unseren Ruf im Ausland verdorben«, sagt eine der älteren Damen eifrig.

»Typisch Norweger«, sagt ihre Freundin.

Die Geschichte mit den Norwegern will Ragnar so nicht bestätigen. Aber er muss zumindest einräumen, dass es unter den Wikingern ein paar schwarze Schafe gab, die das mit dem globalen Handel nicht so recht verstanden hatten und darum im Ausland einfach mitnahmen, was ihnen gefiel. Nach weiteren Nachfragen gibt Ragnar auch zu, dass nicht alle Ausländer das multikulturelle Birka freiwillig mit ihrer Anwesenheit bereicherten. Manche kamen als Sklaven in die Wikingerhauptstadt.

»Aber trotzdem«, sagt er. »Die Berichte von den plündernden Barbaren sind überzogen. Sie stammen ja vor allem aus den Chroniken europäischer Mönche.«

»Der katholischen Kirche kann man eben nicht trauen«, zischt die ältere Dame ihrer Begleitung zu.

»Typisch Papst«, zischt es zurück. »Der ist ja auch Deutscher.«

»Die Mönche haben in ihren Geschichten wohl ein bisschen übertrieben«, fährt Ragnar fort. »Die Horden aus dem Norden passten einfach sehr gut ins damalige Weltbild. Sie galten als Vorboten des Weltuntergangs – und im Mittelalter hat man ja ständig auf den Untergang der Welt gewartet.«

Bevor Ragnar sich der nächsten Besuchergruppe zuwendet, stoppe ich ihn am Museumseingang, um endlich jene Frage nach dem Helmschmuck zu stellen, die mich überhaupt erst hierhergeführt hat. Was Ragnar über die Kopfbedeckung der ehemaligen Bewohner von Birka zu sagen weiß, ist aber leider genauso enttäuschend wie der Rest seiner Erzählungen.

»Wikinger hatten überhaupt keine Hörner auf ihren Helmen.« Unter Ragnars rotblondem Bart formt sich wieder das nachsichtige Lächeln. »Genaugenommen hatten sie nicht einmal Helme – die meisten trugen Lederkappen, etwa solche wie man Anfang des 20. Jahrhunderts beim Motorradfahren aufhatte.«

Das überzeugt mich nicht so recht. Auf meine Frage, woher die Hornhelme denn dann kommen, die heute in jedem schwedischen Souvenirladen zu haben sind, zuckt Ragnar nur mit den Schultern und kratzt sich an seinem unbedeckten Kopf. Die Hörner seien den Wikingern wohl irgendwann später gewachsen, meint er. Aber da kennt sich unser hornloser Fremdenführer nicht mehr so genau aus. Er hat sich in seinem Studium nämlich auf Frühgeschichte spezialisiert, wie er mir erzählt. Zum Abschied empfiehlt er mir einen Besuch des Historischen Museums in Stockholm.

Als das Ausflugsboot wieder vom Steg in Björkö ablegt, um uns mit gemütlichem Stampfen nach Adelsö herüberzubringen, hat die Hauptstadt der Wikinger für mich viel von ihrem Zauber verloren. Ich blicke auf die bewaldeten Inseln, zwischen denen die Arme des Mälarsees silbern in der Frühlingssonne funkeln. Mir scheint, die Wikinger waren ziemliche Langweiler. Überhaupt nicht so wild und gefährlich, wie immer behauptet wird, sondern Weicheier mit Lederkäppchen. Als Autor habe ich großes Verständnis für die mittelalterlichen Mönche, die ihre Geschichten über diese biederen Nordmänner ein wenig ausschmückten, um die Spannung zu erhöhen. Was hätten sie auch sonst tun sollen? Man stelle sich vor, die Klosterschreiber hätten in ihren Chroniken den Alltag der Wikinger so beschrieben, wie er nach den neuesten Forschungsergebnissen offenbar gewesen ist. Wie hätte das wohl geklungen? So vielleicht: »Liebe Chronik, im Jahr des Herrn 925 kam Ragnar, der freundliche Nordmann mit dem roten Vollbart, wieder bei uns im Kloster vorbei. Er hat ein Fässchen Salzheringe gegen Leinenhemden getauscht. Wir haben ein wenig übers Angeln geplaudert und zusammen ein paar Met gehoben. Der Wikinger erwies sich als recht trinkfest: Als unser Abt ihn später am Abend taufen wollte, hat Ragnar standhaft abgelehnt. Der Nordmann versprach immerhin, sich das mit dem Christentum noch einmal zu überlegen. Er wolle aber erst mit seiner Frau sprechen, sagte er, denn wichtige Entscheidungen treffe er nur mit ihr gemeinsam. Ich finde, Ragnar ist ein netter Kerl, obwohl er Heide ist. Zum Abschied habe ich ihm eine Unze Schuhcreme für seine Ledermütze geschenkt.«

Will man so etwas lesen, geschweige denn durch mühsames Abschreiben über Jahrhunderte hinweg weitererzählen? Eben – es ist also wirklich kein Wunder, dass die Mönche die Wirklichkeit in ihren Büchern aufgepeppt haben. Nur die Sache mit dem Helmschmuck erklärt das immer noch nicht, denn selbst in den Chroniken der Klöster ist von Hörnern keine Rede, wie mir Ragnar versichert hat. Ich beschließe, dem Mysterium auf den Grund zu gehen.

Leider wird die nächste Woche unerwartet stressig, so dass die Sache, zusammen mit vielen anderen angefangenen Recherchen, erst einmal liegenbleibt. Schweden ist jetzt nur noch 14 Tage vom Mittsommerfest und damit von der Ferienzeit entfernt, die das Land alljährlich für mehrere Wochen in Sommerstarre versetzt. Zwischen Ende Juni und Anfang August kommt das öffentliche Leben in den Großstädten Skandinaviens praktisch zum Erliegen. Die Metropolen werden dann nur noch von wenigen Zurückgebliebenen mühsam in Betrieb gehalten – für die Touristen, die in dieser Jahreszeit in Scharen einfallen und die Straßen übernehmen. Richtig voll werden die Städte dadurch aber nicht. Es gibt in Stockholm viele Cafés und Restaurants, die während des Sommers einfach ihre Türen zusperren und das Personal in Urlaub schicken, weil es niemanden mehr zu bedienen gibt. In meinem ersten Korrespondentensommer, bevor Stefanie nach Schweden umzog, havarierte Ende Juli einmal ein Kernreaktor in Forsmark nördlich von Stockholm. Im Sommerloch wurde die Geschichte in den deutschen Medien rasch zum Aufmacher. Das Telefon in dem Ferienhaus meiner Eltern, wo ich Urlaub machen wollte, schrillte ununterbrochen. Die unterschiedlichen Redaktionen meiner Zeitung verlangten Fakten und Hintergründe, und vor allem wollten sie wissen, wie Schwedens Öffentlichkeit auf den Atomunfall nahe der Hauptstadt reagierte. Mein Problem war: Die schwedische Öffentlichkeit reagierte so gut wie gar nicht. Denn sie war ebenso wie ich in den Ferien. Und die lässt man sich in Schweden nicht von einem altersschwachen Atommeiler vermiesen. Darum gab es kaum Stellungnahmen von schwedischen Politikern oder Umweltschützern zu dem Unfall, der den Reaktor immerhin für längere Zeit lahmlegte. Die Sommerfrische ist den Schweden nämlich mindestens so heilig wie die Öffnungszeiten der Kita.

Weil das so ist, versuchen sie in den Wochen vor Mittsommer möglichst all das zu erledigen, was seit Beginn des Jahres liegengeblieben ist. Auch ich mache das so.

Denn aus dem vergangenen Jahr weiß ich: Interviewpartner, die man vor der großen Pause nicht erwischt, erreicht man frühestens im September wieder. Für mich kommt erschwerend hinzu, dass gerade im Sommer der Bedarf an Artikeln über Orte wie Lappland oder Norwegen besonders groß ist – im Sommerloch ist Platz für Exotisches. Wie ein Hamster vor dem Winterschlaf sammele ich darum fleißig Informationen für einen ganzen Strauß von bunten Geschichten, die ich dann nach Mittsommer vollenden und nach und nach in die Zeitung bringen möchte. Wir planen wieder einige Wochen im Ferienhaus meiner Eltern in Vitemölla zu verbringen. Dort will ich dann in Ruhe schreiben und auch die ein oder andere Recherchereise über den Öresund ins benachbarte Dänemark unternehmen.

Doch bevor es so weit ist, sind noch einige Hürden zu nehmen. Neben dem beruflichen Stress müssen echte Schweden im arbeitsreichen Vorsommer nämlich unbedingt auch eine wichtige familiäre Aufgabe meistern: die Organisation des Mittsommerfestes. Die Sonnenwende Ende Juni ist im Norden bekanntlich fast so wichtig wie Weihnachten. Mittsommer ist einer der Tage, an denen die ganze Familie zusammenkommt. Man singt, trinkt und tanzt um einen geschmückten Festbaum herum. Die Kinostreifen von Ingmar Bergman und die Werbefilmchen von Ikea haben den Ruhm dieses Gelages inzwischen in die ganze Welt getragen, weshalb auch die meisten Nicht-Schweden eine klare Vorstellung davon haben, wie es dabei zugeht. Mit einem Wort: feuchtfröhlich.

Traditionell findet die große Feier in der Sommarstuga (dem Ferienhaus) statt, notfalls auch in einer angemieteten, wenn man nicht über eine eigene verfügt. In der Stadt zu feiern gilt als Notlösung. Aber trotzdem gibt es in Stockholm natürlich eine Menge Veranstaltungen, denn wie gesagt müssen einige Städter hier die Stellung halten. Und die Touristen wollen schließlich auch die Sonnenwende feiern.

Stefanie, Laura und ich werden in diesem Jahr an Mittsommer keine Sommarstuga besuchen können. Denn das Ferienhaus meiner Eltern wird erst in der Woche nach dem großen Fest frei. Zu unserer großen Freude bleiben auch Lars und Andrea in der Stadt, denn Andrea hat sich mit ihren vorsommerlichen Aufgaben etwas übernommen. Als sie Anfang Juni in ihrem Eifer, alles noch vor den Ferien zu erledigen, schnurstracks auf einen Nervenzusammenbruch zusteuerte, zog sie die Notbremse und verlegte den Urlaub einfach um eine Woche nach hinten, um Zeit zu gewinnen. Lars verzichtet zwar nur ungern auf das alljährliche Familientreffen bei seinen Eltern in dem kleinen Dorf, aus dem er stammt. Andrea versprach ihm aber, er dürfe zum Ausgleich für das verpasste Fest zwei Tage mit der Angel an einem Gewässer seiner Wahl zubringen.

Wir wollen natürlich gemeinsam feiern und müssen nur noch einen geeigneten Platz für unser Hauptstadt-Mittsommer finden. Lars erweist sich wieder einmal als kundiger Führer in allen schwedischen Traditionsfragen.

»Wir besuchen Skansen. Die haben das schönste Mittsommerfest in Stockholm, sagen meine Kollegen. Und für Kinder wird auch was geboten, da hat Laura ihren Spaß.«

Skansen ist das älteste Freilichtmuseum der Welt. Es liegt auf einem Hügel am Ostende der Insel Djurgården, nicht weit von dem Vasa-Schiff entfernt. Ein Mann namens Artur Hazelius hat es im 19. Jahrhundert gegründet. Hazelius hatte auf Reisen durch seine Heimat den Eindruck gewonnen, dass im Zuge der Industrialisierung die bäuerliche Kultur rasch verschwand, die für Schweden jahrhundertelang so typisch war. Also beschloss er, sein Leben der Rettung des Brauchtums zu widmen. Fortan kaufte er alles, was irgendwie traditionell war oder so aussah. Er begann mit dem alten Wollrock einer Bäuerin, aber schon bald erwarb Hazelius ganze Gutshäuser, Kirchen und Scheunen aus allen Landstrichen vom Öresund bis zum Polarkreis. Seine Sammlung war so umfassend, dass er auf Djurgården mitten in Stockholm ein Mini-Schweden nachbauen konnte. Im Juni wimmelt das Freilichtmuseum natürlich nur so von Touristen, von selbst wäre ich darum kaum auf die Idee gekommen, gerade dort Mittsommer zu verbringen. Aber Lars beteuert, dass auch die Einheimischen gerne auf Skansen feiern und dass ein Mittsommerfest dort wirklich typisch Stockholmerisch ist.

Die Sonnenwende fällt astronomisch gesehen auf den 21. Juni. Aber in Schweden wird der Tag aus praktischen Gründen immer auf den nächstgelegenen Samstag verlegt. Auf diese Weise beginnen die Sommerferien stets mit einem verlängerten Wochenende. Denn der Freitag vor dem Mittsommersamstag ist »Midsommarafton« – Mittsommerabend. Und das ist der Tag, an dem das eigentliche Fest stattfindet (das sich dann freilich bis in den Samstagmorgen hinzieht). Der Mittsommertag selbst ist dem Katerfrühstück und der Erholung gewidmet. Wir verabreden uns also für Midsommarafton, der diesmal auf den 22. Juni fällt, gegen Mittag im Freilichtmuseum. Bleibt also noch eine gute Woche für die Vorbereitungen.

15

Die letzte Arbeitswoche vor den großen Ferien beginnt mit einem unerwarteten Telefonat.

»Hallo Gunnar, lange nicht gehört!«

Ich erkenne den Anrufer nicht auf Anhieb, aber als er sich als »der Werner« vorstellt, erinnere ich mich sofort wieder an den wahnsinnigen Wanderer aus Kiruna. Werner hat seinen winterlichen Marsch über den Kungsleden also überlebt. Wenn auch nur mit knapper Not, wie er nun ausführlichst berichtet. Denn kurz nachdem er zu seinem verrückten Alleingang aufgebrochen war, hatte ein dichter Schneesturm Werners Weg durch die Wildnis verlangsamt und schließlich ganz zum Erliegen gebracht. Der Werner hatte sich bald im weißen Gestöber verlaufen, war schließlich einen Hang hinabgeschlittert und in einer Schneewehe steckengeblieben. Der Sturm dauerte fast 24 Stunden, die der Werner nur überstand, weil er am Frühstücksbuffet des kleinen Hotels in Kiruna eine reichliche Portion Kaffee in seine Thermoskanne gefüllt hatte. Die grässliche, aber warme Plörre bewahrte ihn vor dem Kältetod. Als der Schneesturm sich endlich legte, war der Werner dennoch so geschwächt und steifgefroren, dass es ihm wohl kaum gelungen wäre, sich aus eigener Kraft aus der misslichen Lage zu befreien. Aber zum Glück hatte Hotelier Bengt sein Versprechen gehalten und tatsächlich einen Kumpel bei der Bergwacht auf den Spinner aus Deutschland hingewiesen. Bengts Freund war wegen des waghalsigen Touristen sehr beunruhigt. Nach dem Schneesturm stieg er darum sofort mit seinem Bergwacht-Hubschrauber zu einem Rundflug auf, um nach dem Rechten zu sehen. Lange musste er nicht suchen, denn Werner war nicht besonders weit gekommen. In der Nähe eines Skilifts bei Abisko, dem Startpunkt des Kungsleden, sahen die Retter von ihrem Helikopter aus Werners roten Anorak aus einer Senke hervorleuchten. Sie schickten eine Pistenraupe vorbei.

Werners Liebe zu Skandinavien hat der Beinahe-Kältetod jedoch nur noch weiter angeheizt. Am Telefon schildert mir der Werner seine frostigen Erfahrungen »am Berg« mit feuriger Begeisterung. Ich vermute, er hat die Episode in den Monaten nach dem Ereignis im Geiste immer weiter ausgeschmückt, etwa so wie die Mönche das mit den Wikingern gemacht haben. Der Berg wurde immer höher, die Senke immer tiefer. Denn der Werner hatte viel Muße zum Nachdenken. In der Schneewehe ist ihm ein Zeh am rechten Fuß erfroren, er verbrachte darum erst eine Woche im Krankenhaus und dann einige Zeit in einer Reha-Klinik in Deutschland. Und der Werner war dort nicht faul. Er verarbeitete seine Erfahrungen in einem Buch mit dem Titel »Mein Weg durch Lappland – Aus dem Leben eines Skandinavien-Reisenden«. Der schmale Band, dessen Cover Werner mit kleinen Eiszapfen in seinem Bart zeigt, verkaufte sich mäßig. Aber er brachte seinem Autor immerhin ein paar Einladungen ins Fernsehen ein, wo er auf den Sofas von Frühstücksprogrammen über seine Nahtoderfahrung plauderte. Einer der Sender fand so großen Gefallen an den naturromantischen Erzählungen aus dem hohen Norden, dass man dem Skandinavien-Reisenden einen Job vermittelte.

Der Werner arbeitet nun als »Scout« für eine Produktionsfirma, die im Sommer alljährlich mit großer Entourage nach Schweden einfällt, um dort kitschige Romanzen zu verfilmen, die dann im kalten Winter deutschen Hausfrauen den Sonntagabend versüßen. Diese Schmachtfetzen erreichen ein Millionenpublikum, weshalb auch ich oft mit den Klischees konfrontiert werde, die in den 90 Minuten langen Filmen endlos breitgetreten werden. Die Streifen sind ein echtes Phänomen: Sie spielen meist in der Gegend um Stockholm, die Figuren der Herz-Schmerz-Storys aber werden von den üblichen deutschen TV-Mimen gespielt. Die begrüßen sich in den Filmen stets mit »Hej« und reden sich mit skandinavischen Vornamen an. In dem Land, das für das deutsche Fernsehpublikum Schweden ist, scheint fast immer die Sonne, die Bäume sind tiefgrün, das Wasser des Mälarsees blau, die Häuser rot und die Männer blond, großgewachsen und natürlich ganz, ganz zärtlich. Die Frauen sind meist am Anfang des Films berufstätig (typisch schwedisch eben), lassen sich aber im Laufe des Sonntagabends in die starken Arme des blonden Mannes sinken und finden bis zum schmalztriefenden Ende dann zu einem häuslichen Dasein an der Seite von Jan oder Erik (der meistens Zahnarzt oder Gutsbesitzer ist). Dass der patriarchale Schluss der Geschichten ebenso untypisch für Schweden ist wie das Wetter, stört niemanden.

Werners Aufgabe als »Scout« der Produktionsfirma ist es nun, die passenden »Locations« für den Dreh der nächsten Fernsehromanzen zu finden. »Ein klasse Job«, freut er sich. Erlaubt ihm die neue Aufgabe doch, große Teile des Sommers in seinem Ferienhaus in Småland zu verbringen, zwischendrin weiter durch Skandinavien zu reisen und dafür sogar noch bezahlt zu werden.

»Vielleicht kannst du mir helfen?«, sagt er am Telefon. »Du als Korrespondent hast doch sicher eine Menge Geheimtipps. Du weißt schon: so angesagte Locations, die noch nicht in jedem Reiseführer drinstehen.«

Ich verspreche, in mich zu gehen und zu überlegen, ob ich irgendwelche Geheimtipps habe, die ich gerne der deutschen Fernsehunterhaltung opfern möchte. Aber Werner lässt nicht locker.

»Komm schon. Da fallen dir doch sicher auf Anhieb ein paar Plätze ein, die sich gut als Kulisse eignen.«

Klar gäbe es da ein paar Orte in Schweden, die ich gerne mag. Bloß fürchte ich, dass ich diese Flecken bald nicht mehr leiden kann, wenn das deutsche Fernsehen erst einmal eine »Kulisse« daraus gemacht hat. Also sage ich diplomatisch: »Ja schon. Die Altstadt mag ich gern. Und das Königsschloss Drottningholm. Aber das sind ja keine Geheimtipps.«

»Macht ja nix. Sprich ruhig weiter, nach und nach kommen wir schon auf was Ausgefalleneres.«

Ich seufze. Er lässt wirklich nicht locker.

»Weißt du, Werner, gerade kommt hier eine wichtige Mail von meinem Chef rein, der ...«

»Jetzt weiß ich es: Mittsommer. Das ist doch immer so ein Highlight, und meistens an einer Top-Location. Also: Wo feierst du Mittsommer?«

Wie gut, dass Lars für unsere Feier den Ort in Stockholm ausgesucht hat, der am allerwenigsten als Geheimtipp gelten kann. Erleichtert antworte ich: »Eine kluge Frage! Mittsommer machen wir zwar nichts Besonderes, wir gehen bloß ins Freilichtmuseum Skansen. Aber vielleicht wäre das ja mal eine schöne Kulisse fürs TV.«

Ich hatte so gehofft, dass Werner mich jetzt für einen Idioten hält, weil Skansen nun wirklich das abgedroschenste Motiv ist, das man fürs Fernsehen in Stockholm finden kann. Jeden Sommer werden vom schwedischen Rundfunk gleich mehrere Live-Sendungen mit Skansen als Kulisse ausgestrahlt. Und im deutschen Fernsehen ist das Freilichtmuseum auch oft zu sehen.

»Na ja, ein Geheimtipp ist das wirklich nicht«, sagt Werner und schiebt zu meinem Entsetzen den Satz nach: »Aber das macht nix, ich komme trotzdem gerne.«

In mir steigt das dumpfe Gefühl auf, dass Werner das ganze Gespräch nur darum vom Zaun gebrochen hat, weil er niemanden hat, mit dem er Mittsommer feiern kann.

»Das freut mich aber«, flunkere ich. »Nur leider können wir dich an Mittsommer nicht unterbringen. Das Gästebett ist schon so gut wie verpackt – wir ziehen gleich nach den Ferien um, weißt du.«

Das mit dem Bett stimmt sogar. Wir haben schon angefangen, erste Möbelstücke zu zerlegen, denn wenn wir aus den Sommerferien zurückkommen, werden wir nur wenige Tage Zeit haben, um alles für den Umzug in den Marsvinsväg zu packen.

»Macht gar nichts«, sagt Werner. »Ich habe einen Bekannten in Stockholm, der hat gesagt, ich kann jederzeit in seine Wohnung, während er im Sommerurlaub ist. Wann und wo treffen wir uns denn am Mittsommertag?«

Ich gebe auf. Man kann ihn einfach nicht loswerden, den Werner. Also verabrede ich mich mit ihm für das Mittsommerfest im Skansen.

Obwohl er sich gerade ziemlich dreist selbst eingeladen hat, besitzt Werner wenigstens noch ein bisschen Anstand, das muss man ihm lassen. Denn im Gegenzug dafür, dass ich ihn zu unserer Party mitnehme, lädt er uns für den Sommer in sein Ferienhaus nach Småland ein.

»Das ist gleich in der Nähe von Bullerbü – dem Original meine ich, das Astrid Lindgren als Vorlage für ihre Bücher gedient hat.«

Die Aussicht, das so vielzitierte Idyll einmal in echt zu sehen, macht mich sehr neugierig. Da nehme ich sogar in Kauf, dass mein Gastgeber eine Nervensäge und nun auch noch beim Fernsehen ist. Wir vereinbaren also, uns später im Sommer noch einmal in Småland zu treffen. Schließlich fragt Werner noch, was ich gerade so für Geschichten recherchiere – wahrscheinlich hofft er auf weitere Geheimtipps. Ich erzähle ihm von den Wikingerhelmen und der mysteriösen Herkunft der Hörner. Und siehe da: Der Skandinavien-Reisende weiß Rat. Auf einer seiner Touren hat er nämlich einmal eine Archäologin kennengelernt, die im Historischen Museum arbeitet.

»Die weiß alles über Wikinger«, sagt er. »Und ich habe ihre Telefonnummer.«

Lillemor Birgersson scheint wirklich die Richtige für meine Recherche zu sein – zumindest hat sie eine helmartige Frisur. Ihr glattes braunes Haar ist von einzelnen grauen Strähnen durchzogen, auf der Nase trägt sie eine runde Brille. Insgesamt erinnert die Archäologin an eine weise alte Schildkröte, auch weil sie sich hinter ihrem Schreibtisch sehr langsam und umsichtig bewegt. Der jahrelange Umgang mit zerbrechlichen Relikten und halbverfallenen Knochen hat sie Vorsicht gelehrt. Nur Lillemors Stimme passt nicht recht zu diesem Äußeren, sie klingt jugendlich, fröhlich, mit einem ironischen Unterton.

»Sie wollten mich also sprechen wegen der Hörner«, sagt sie und grinst unter ihrer Helmfrisur hervor.

»Wegen der fehlenden Hörner, ja. Mir wurde gesagt, Wikinger seien eigentlich hornlos. Stimmt das denn?«

»Absolut!«, antwortet Lillemor. »Ich versichere Ihnen, ich habe in meinem Leben mehr tote Wikinger gesehen als irgendjemand sonst. Und keiner von ihnen trug Hörner.«

Die Forscherin lächelt und lässt ihre Worte ein wenig wirken, bevor sie fortfährt. »Jetzt möchten Sie natürlich wissen, warum schwedische Fußballfans sich heutzutage diese lächerlichen Plüschhelme mit Hörnern aufsetzen und warum man solche Helme in jedem Touristenshop kaufen kann? Nun, am besten kommen Sie einfach mal mit. Ich zeige Ihnen was.«

Birgersson erhebt sich träge von ihrem Schreibtischstuhl und führt mich gemächlich in die Heiligtümer des Museums. Wir betreten den dunklen Ausstellungsraum, in dem das Historische Museum seine Wikinger-Sammlung zeigt. Meine weise Schildkröten-Führerin schleicht vorbei an mächtigen Runensteinen mit tiefroten Inschriften, umrundet den Nachbau eines vorzeitlichen Grabes und passiert eine Leinwand, auf der ein Film läuft, der eine typische Wikingerbeerdigung zeigt. Zu meiner großen Freude tragen die wilden Männer in diesem Film lange, blitzende Klingen, Kampfäxte und - einige haben sogar ein Kettenhemd an. Sie sehen viel kriegerischer aus als der hornlose Ragnar von Birka. In mehreren Vitrinen sind Speerspitzen, Schwerter und andere Waffen ausgestellt. »Sie waren wohl doch nicht so friedlich«, denke ich erleichtert. Dann war also nicht alles falsch, was ich bisher über Wikinger geglaubt habe.

Lillemor stoppt in einer hinteren Ecke des dunklen

Raumes. Auf mehreren Schautafeln werden dort die Wandlungen beschrieben, die Wikinger in der Geschichtsschreibung mitmachen mussten. Lange Zeit galten die nordischen Vorfahren ja als Barbaren und ungebildete Heiden, und die Skandinavier waren eigentlich froh darüber, jene Zeiten hinter sich gelassen zu haben, in denen sie in fensterlosen Lehmhütten hausten und ihre Langboote über die Ostsee rudern mussten. Das änderte sich dann allerdings im 19. Jahrhundert. Erst in dieser Zeit entstand überhaupt der Begriff Wikinger, erläutert Lillemor. Im frühen Mittelalter gab es nämlich genau genommen gar kein Volk, das sich selbst als Wikinger bezeichnete. Schweden, Norwegen oder Dänemark gab es damals auch noch nicht. Die Wikinger, erläutert meine Museumsführerin, sind eigentlich eine Erfindung des neuzeitlichen Nationalismus.

»Und im 19. Jahrhundert bekamen die Nordmänner dann auch ihre Hörner verpasst«, sagt Lillemor und schüttelt kichernd den Kopf. »Warum es gerade Hörner sein mussten, also das weiß wirklich keiner so genau.«

Die Wikinger seien da jedenfalls in guter Gesellschaft, meint die Archäologin. Auch den Germanen in Deutschland und den Galliern in Frankreich hat man im 19. Jahrhundert allerlei Tand an den Helm gedichtet, um sie möglichst heldenhaft erscheinen zu lassen. Und auch dort ist diese Dekoration zum Teil bis heute an den Vorfahren haften geblieben. »Denken Sie nur an den Flügelhelm des Asterix!«

Das klingt ja alles sehr interessant, so ganz überzeugt es mich aber immer noch nicht.

»Könnte es nicht doch sein, dass der ein oder andere Wikinger sich selbst Hörner auf den Helm montiert hatte? Ich meine: Es sieht doch schick aus. Vielleicht haben die Archäologen bislang einfach nur Pech gehabt und die Helme mit den Hörnern nicht gefunden. Können Sie denn zu 100 Prozent ausschließen, dass es Wikinger mit Hörnern gegeben hat?«

»Eine typische Journalisten-Frage«, schnaubt Lillemor verächtlich. »Man kann so etwas natürlich nie zu 100 Prozent ausschließen. Gegenfrage: Haben Sie schon mal versucht, mit Hörnern am Helm einen Schwertkampf zu gewinnen? Nun, vermutlich nicht. Aber wenn Sie es einmal probieren, dann werden Sie feststellen, dass diese Hörner gänzlich unpraktisch sind. Der Gegner haut Ihnen in null Komma nichts den Helm vom Kopf und spaltet Ihnen den Schädel. Auch beim Segeln sind die Hörner unpraktisch: Die verheddern sich leicht in der Takelage.«

Ich gebe mich geschlagen. Die Wikinger hatten wohl wirklich keine Hörner auf dem Kopf. Aber wenigstens hat Lillemor Birgersson eingeräumt, dass Schwertkämpfe und gespaltene Schädel zum Alltag der Nordmänner gehörten. Das ist ja auch schon etwas.

Waren unsere Vorfahren also doch verwegene Seeräuber? Birgersson nickt.

»Die Wikinger waren sicher beides: Händler und Krieger«, sagt sie. »In verschiedenen Zeiten hat man in Schweden aber unterschiedliche Seiten des Wikinger-Lebens betont. Sehen Sie hier, das wollte ich Ihnen zeigen.«

Lillemor geht zu einer Vitrine, in der ein Plakat mit einem Wikingerschiff zu sehen ist, auf dem ein Mann mit Stahlhelm steht. In der Hand trägt er ein Schild mit einem Hakenkreuz. Das ist das Wappen der Panzerdivision »Wiking« der Waffen-SS, in der im Zweiten Weltkrieg unter anderem Freiwillige aus Norwegen, Dänemark und auch einige Schweden für die Nazis gekämpft haben.

»Die kriegerische Seite der Wikinger ist für sehr finstere Zwecke missbraucht worden«, sagt Lillemor. »Deswegen erinnern wir uns heute lieber an andere Dinge.« Die Wahrheit, sagt die Archäologin, sei natürlich, dass die Wikinger mit den heutigen Schweden etwa so viel zu tun haben wie Karl der Große mit Angela Merkel. Sie empfiehlt mir darum, in meinen Artikeln über das moderne Schweden künftig auf alle Wikinger-Vergleiche zu verzichten. Versprechen kann ich das freilich nicht – das Klischee vom Barbaren aus dem Norden ist einfach zu schön. Außerdem bin ich als Journalist ja so etwas wie ein direkter Nachkomme der Mönche, die im Mittelalter das Zeitgeschehen in Chroniken aufschrieben. Und so eine Tradition verpflichtet natürlich. Aber ich gelobe Lillemor zumindest, Wikingern in meinen Texten nie wieder Hörner aufzusetzen. Schließlich schreibe ich für eine seriöse Zeitung.

Gleich in der Nähe des Historischen Museums liegen die Östermalmhallen. Dieser überdachte Markt ist ein Schlemmerparadies allererster Güte und einer der wenigen Plätze in Stockholm, wo es Brezeln und einen Metzger gibt, der diesen Namen auch verdient. Dorthin lenke ich meine Schritte nach dem anstrengenden Gespräch mit der Archäologin. Denn es wird nun höchste Zeit, sich auf das große Mittsommerfest vorzubereiten. Lars hat uns aufgetragen, »ein paar Kleinigkeiten« für das gemeinsame Picknick zu besorgen. Frische Erdbeeren sind für einen Midsommarafton ebenso ein Muss wie eingelegter Hering, Bier, Fleischbällchen und Salate. Ich verkoste gerade beim Fischhändler die verschiedenen

Geschmacksrichtungen des eingelegten Herings, als mein Telefon läutet.

»Es ist schlimm!«, ruft Andrea ziemlich aufgeregt. »Meine Eltern kommen zu Besuch. Und zwar alle beide, verstehst du. Mein Vater kommt auch. Und das auch noch über Mittsommer! Was sollen wir denn jetzt machen? Und wie soll ich das Lars beibringen?«

Die Situation ist tatsächlich schwierig und erfordert viel Fingerspitzengefühl. Andreas Verhältnis zu ihrem Vater ist gespannt. Dabei war es eigentlich immer ganz gut, sogar sehr gut. Aber das änderte sich schlagartig, als Andrea mit Lars nach Stockholm zog. Denn Andreas Vater missbilligt Schweden und alles, was damit zusammenhängt. Otto Müller, so heißt er. Ich hatte das Vergnügen, ihn einmal in München auf einer von Andreas Geburtstagsfeiern zu treffen, die in einem italienischen Lokal stattfand. Herr Müller erzählte ohne Unterbrechung von den Familienurlauben an der Adria, in Griechland, an der Costa Brava! Er schwärmte von der salzigen Luft am Mittelmeer, von lauschigen Sommerabenden und feurigen Sonnenuntergängen. Ungefragt belehrte er den gesamten Tisch darüber, dass der Südländer als solcher sein Dasein ja viel genussvoller gestalte als wir Teutonen; dass er nicht lebe, um zu arbeiten, sondern arbeite, um zu leben; dass mediterrane Menschen eine vorbildliche Ruhe und Gelassenheit ausstrahlen; kurz: dass die Italiener »La Dolce Vita« einfach im Blut haben. Es passte zwar nicht so recht zu dieser Eloge, dass Herr Müller unterdessen eine Currywurst und ein Weißbier bestellte. Und Toni, der italienische Kellner, wirkte auch gar nicht so ruhig und gelassen, sondern überaus gestresst, als Herr Müller ihn 30 Minuten nach seiner Bestellung lauthals der Bummelei bezichtigte und ihn aufforderte, gefälligst sofort die Currywurst herauszurücken. Aber was soll's: Herr Müller ist schließlich auch nur ein Mensch. Bloß weil er »La Dolce Vita« bewundert, muss er die von ihm so gepriesene Kunst ja noch lange nicht beherrschen. Es kann schließlich auch nicht jeder Mozart-Fan eine Oper komponieren.

Richtig unangenehm wurde es mit Herrn Müller aber, als ich, der ich das Pech hatte, neben ihm sitzen zu dürfen, in einer seiner kurzen Atempausen von meinen Urlauben in Vitemölla und Stockholm erzählte. Dafür erntete ich erst einmal ein mitleidiges Lächeln. Dann gab Herr Müller lautstark ein paar pauschale Urteile über skandinavisches Klima (immer zu kalt) und die Bevölkerung (unkultiviert und roh) zum Besten. Und machte anzügliche Witze über Schwedinnen, die ja mit jedem, Sie wissen schon. Nach meiner verärgerten Bemerkung, meine Mutter sei auch Schwedin, wechselte er rasch das Thema. Damit wurde jedoch alles nur noch schlimmer, denn Herr Müller begann über sein Lieblingsthema zu sprechen, die große Weltpolitik, die Zeitgeschichte und den Verfall der Sitten. »Die Schweden sind ein prinzipienloses Volk, sie haben keinen Standpunkt«, sagte er ernst und belehrte mich darüber, dass man es in Stockholm den ganzen Kalten Krieg über versäumt habe, der NATO beizutreten.

»Standpunkt« und »Prinzipien«, das musste ich an diesem Geburtstagsfest leidvoll erfahren, sind die Lieblingsworte des Herrn Müller, der auf seinem leicht gebeugten Rücken stets die schwere Last von einigen Jahrzehnten Zeitgeschichte mit sich herumzutragen scheint. Wahrscheinlich lächelt er deshalb so selten und wirkt immer ein wenig griesgrämig. Möglicherweise trägt

Herr Müller sein Sauertopfgesicht aber auch nur dann, wenn ich anwesend bin, schließlich habe ich mich ihm ja als Halbschwede zu erkennen gegeben.

Es muss ein schwerer Schlag für Otto Müller gewesen sein, dass seine Tochter sich nur wenige Monate später ausgerechnet in einen Schweden verliebte und dann auch noch mit Lars zusammen nach Stockholm in den kulturlosen Norden zog. Unnötig zu erwähnen, dass das Verhältnis zwischen Lars und seinem künftigen Schwiegervater eher frostig ist. Otto Müller hat in den vergangenen Jahren jedenfalls erstaunliche Kreativität bewiesen, wenn es darum ging, einen Besuch bei seiner Tochter und ihrem Freund zu vermeiden. Andreas Mutter versucht schon seit Jahren vergeblich, ihren Mann zu einer Reise nach Stockholm zu überreden. Aber es klappte nie: Mal kam ihm ein wichtiger Termin dazwischen, mal das Rheuma. Einmal war das Ticket schon gebucht, das Taxi zum Flughafen stand schon fast vor der Haustür. Da stolperte Herr Müller so unglücklich auf der Kellertreppe, dass sein Fuß zu einem dicken Klumpen anschwoll und er zum Orthopäden musste statt zur Startbahn. Andrea und ihre Mutter rätseln bis heute darüber, ob der Sturz tatsächlich ein Unfall war.

»Beruhige dich, vielleicht kommt er ja gar nicht. Er hat den Besuch doch schon öfter in letzter Minute platzen lassen«, sage ich darum zu Andrea. Aber sie lässt sich nicht beruhigen und meint, diesmal sei es anders.

»Er hat selbst angerufen und gesagt, er wolle sich hier jetzt doch mal umsehen. Sonst hat er nie selber einen Besuch angekündigt«, sagt Andrea mit zittriger Stimme.

»Na ja, vielleicht ändert er auf seine alten Tage eben seine Meinung über Schweden«, sage ich. »Gib ihm eine Chance und bring ihn einfach mit zu unserem Mittsommer auf Skansen. Schließlich: Wo sonst zeigt sich Schweden so von seiner Schokoladenseite?«

»Das ist es ja gerade«, stöhnt Andrea. »Mittsommer, das ist so … so fröhlich. Das passt gar nicht zu meinem Vater. Er wird es ganz bestimmt hassen.«

»Ach, so schlimm wird es schon nicht werden.«

Diesen Satz hatte ich sehr leicht dahingesprochen.

16

Am Morgen des Midsommarafton sieht Stockholm tatsächlich ein wenig so aus, wie es das deutsche Fernsehpublikum aus den Sonntagabendfilmchen kennt. Der Himmel wölbt sich über der Hauptstadt in jenem gleißenden, fast weißen Hellblau, das typisch ist für den nordischen Sommer. In diesem Licht entfaltet Stockholm seinen vollen Charme. Die Fassaden der Altstadt leuchten, als seien sie eben erst frisch gestrichen worden. Das Weiß der Schärendampfer erscheint noch ein bisschen weißer, das Gelb und Blau auf den Schweden-Flaggen noch ein bisschen gelber und blauer. Auf dem Kanal zwischen Djurgården und Östermalm herrscht Hochbetrieb. Als wir die Brücke beim Nordischen Museum überqueren, sehen wir mehrere Motoryachten in Richtung Schären schippern, an Deck blinken bereits die ersten Bierflaschen, und Sommerfrischler in Badehosen und Bikinis räkeln sich zwischen wohlgefüllten Picknickkörben. Auch wir schleppen einen großen Korb mit uns in Richtung Skansen. Laura schläft sanft in ihrem Kinderwagen unter einem großen Sonnenschirm. Wir treffen Werner an einem Nebeneingang des Freilichtmuseums. Mir fällt auf, dass er seinen Bart abrasiert und sich die Haare geschnitten hat. Die Arbeit beim Fernsehen hat ihn offenbar etwas modebewusster und stromlinienförmiger werden lassen. Von dem Nebeneingang aus fährt eine Zahnradbahn auf den Hügel hinauf, wo die Häuser aus den verschiedenen schwedischen Landschaften stehen und wo in einem kleinen Zoo auch nordische Tiere wie Braunbär, Rentier und Elch ihr Zuhause haben.

Midsommarafton ist der Tag, an dem Skansen seinen alljährlichen Besucherrekord verzeichnet. Zwischen den alten Gebäuden, die den Menschen Schwedens ländliche Idylle vermitteln sollen, quälen sich endlose Kolonnen von Kinderwagen und Festgesellschaften in feschen Sommerkleidern hindurch. Es hat seit einigen Tagen nicht mehr geregnet, und die vielen Tausend Füße der Besucher haben auf den kiesbedeckten Wegen ordentlich Staub aufgewirbelt, der wie eine Glocke über dem Museumshügel hängt. Die Veranstaltung erinnert jedenfalls eher an das Oktoberfest als an jene romantische Familienfeier mit gemeinsamem Tanz um einen geschmückten Birkenstamm, die Stefanie und ich aus der Ikea-Werbung kennen. Andere Vergleiche habe ich leider nicht. Als Kind war ich mit meiner Familie nie an Mittsommer in Schweden, weil in Bayern die Sommerferien immer erst im August beginnen – also quasi kurz vor dem schwedischen Herbst.

Nach längerem Suchen und einigen komplizierten Ausweichmanövern mit Lauras Kinderwagen finden wir schließlich den Platz in der Mitte des Museums, auf dem die Mittsommerstange von einigen Burschen aufgerichtet werden soll. Werner läuft ständig mit einer kleinen Videokamera vor der Nase herum, um optische Eindrücke für seinen neuen Arbeitgeber zu sammeln. Er ist entzückt von den vielen Trachten und den Mädchen mit Blumenkränzen im Haar.

»Wow, coole Location«, ruft er begeistert hinter seinem Objektiv hervor. »Das muss ich beim nächsten Meeting gleich für ein Shooting vorschlagen.«

Seit Werner beim Fernsehen ist, sieht er nicht nur anders aus. Er redet auch, als hätte er ein Webster's Dictionary gefrühstückt und schlecht verdaut.

Zu Lars und Andrea hatten wir bislang nur per Handy Kontakt. Sie haben versprochen, uns am Mittsommerbaum zu treffen. Andrea ist ihrer Stimme nach zu urteilen ziemlich entnervt, vermutlich hatte sie schon Streit mit ihrem Vater.

Die Mittsommerstange von Skansen ist etwa so groß wie der Maibaum einer mittleren bayerischen Gemeinde. Nicht wirklich lang also, aber auch nicht kurz – »precis lagom« würden die Einheimischen wohl sagen. Der Baum ist komplett mit Laub umwickelt, am oberen Ende befindet sich eine Querstange, an der zwei dicke, grüne Kränze hängen. Beim Aufstellen des Stammes haben die Verantwortlichen von Skansen alle Bedenken fahrenlassen, die sonst so typisch für Schweden sind: Ein gutes Dutzend junger Männer mit hochroten Köpfen bringt den Mittelpunkt der Feier per Muskelkraft in Stellung. Mit Hilfe von mehreren langen Stangen aus Holz drücken sie den Mittsommerbaum unter lautem Stöhnen Stück für Stück in seine senkrechte Position. Der geschmückte Stamm schwankt dabei mehrmals bedenklich zur Seite, in Richtung Publikum. Bayerische Maibäume hat man früher mit genau der gleichen Methode auf ihren Platz gesetzt. Aber mittlerweile ist man selbst in sehr traditionsbewussten bajuwarischen Dörfern dazu übergegangen, die Sache mit einem Kran zu erledigen. Denn beim Aufstellen per Hand ist es schon öfter mal vorgekommen, dass das »Stangerl« den Burschen entglitt und in die Zuschauermenge stürzte. Beim Anblick des schwankenden Baumes auf Skansen wird es mir darum ein wenig mulmig. Aber ich scheine mit diesem Gefühl ganz alleine dazustehen. An Mittsommer geht in Schweden offenbar Brauchtum vor Sicherheit. Nach wenigen Minuten erreicht die Mittsommerstange schließlich unter lautem Jubel der Zuschauer ihre senkrechte Position, und ich kann erleichtert aufatmen. Im selben Moment erklingt aus den Lautsprechern auf dem Festplatz das wehmütige Fiedeln einer Nyckelharpa.

Der leiernde Klang dieses schwedischsten aller Instrumente wird uns nun den ganzen Tag lang begleiten. Eine Nyckelharpa ist ein Streichinstrument, eine Art Geige mit Tasten, damit man die Töne leichter halten kann. Im Mittelalter waren solche »Schlüsselfideln« in ganz Europa verbreitet. Heute sind sie weitgehend verschwunden, möglicherweise darum, weil ihr leicht jaulender Klang an eine Katze mit Bauchschmerzen erinnert. Aber in Schweden ist die Popularität der Nyckelharpa ungebrochen.

Überhaupt zogen die Trends der verfeinerten europäischen Musikkultur lange nahezu spurlos am Norden vorüber. Nach dem bekanntesten Komponisten ihres Landes befragt, antworten viele Schweden mit dem Namen Carl Michael Bellman. Aber der Troubadour Bellman, vor allem für seine Trinklieder berühmt, war eigentlich mehr Dichter als Komponist. Die Melodien für seine Verse lieh er sich meist von anderen. Unter Klassikfans ist allenfalls noch Joseph Martin Kraus ein Begriff – dieser Komponist wirkte im späten 18. Jahrhundert in Stockholm, und er wird manchmal als der »schwedische Mozart« bezeichnet. Genau genommen war Kraus aber ein eingewanderter Deutscher. Und mit Mozart verbindet ihn nur, dass er etwa zur gleichen Zeit gelebt und komponiert hat. Kurz gesagt: Höhepunkte begegnen einem in der schwedischen Musikgeschichte etwa so häufig wie Buckelwale in der Ostsee. Eine Ausnahme ist natürlich ABBA.

Was aber jetzt nicht heißen soll, dass die Schweden unmusikalisch sind. Denn das sind sie wirklich nicht, im Gegenteil: Lieder und Tänze spielen bei Familienfeiern und Festtagen eine viel wichtigere Rolle als in Deutschland. Die Chöre des Landes sind in vielen Gegenden die tragenden Säulen des gesellschaftlichen Lebens. Selbst im entlegensten Kaff gibt es noch einen Chor – deutsche Kinofans wissen das aus dem Film »Wie im Himmel«, der sich um das nicht immer harmonische Leben in einem nordschwedischen Provinzchor dreht. Die volksnahe Musiktradition des Landes wurde in den vergangenen Jahren auch mit öffentlichen Musikschulen, kostenlosen Proberäumen für Nachwuchsbands und gezielter Förderung an Gymnasien gepflegt. Und mittlerweile hat sich Schweden zur musikalischen Großmacht gemausert. Es ist einer der größten Popmusikproduzenten der Welt. Kaum einer weiß es, aber ein beträchtlicher Teil von dem, was in deutschen Radiocharts täglich rauf und runter gedudelt wird, stammt aus Studios in Malmö oder Stockholm. Von den jaulenden Klängen der Nyckelharpa ist es also gar nicht so weit bis zum Disco-Sound von ABBA & Co. Und es ist für viele schwedische Musiker auch heute noch selbstverständlich, beim Mittsommerabend traditionelle Weisen zu leiern, auch wenn sie sonst lieber in finsteren Spelunken Death Metal spielen oder in Kellerstudios am Rechner den neuesten Elektro-Sound basteln.

Das ist eben das Schöne an Mittsommer: Ob jung oder alt, alle machen mit und alle feiern zusammen. So ist es auch im Skansen. Als die Stange steht und die Nyckelharpa erklingt, tritt eine Volkstanzgruppe vor und dreht sich zu den Klängen der Fidel. Das Publikum klatscht in die Hände, klopft mit den Füßen den Takt oder schwingt selbst das Tanzbein. Niemand in der Menge, der nicht irgendwie teilnimmt an dem ausgelassenen Treiben.

Doch, einen gibt es natürlich schon. Otto Müller steht zwischen den schwofenden Schweden wie ein Fels in der sprichwörtlichen Brandung. Er sieht tatsächlich aus wie ein Stein, denn er trägt einen grauen Mantel und auf dem Kopf einen ebenso grauen Hut. Durch eine große, viereckige Hornbrille verfolgt Herr Müller mit finsterem Blick, wie das Fest um ihn herum an Fahrt gewinnt. Seine Mundwinkel weisen dabei senkrecht abwärts.

»Guten Tag, Herr Müller«, grüße ich, nachdem wir uns mit unserem Kinderwagen durch die Menge geschoben haben und nun endlich neben Lars, Andrea und ihren Eltern stehen.

»Was soll daran gut sein«, blafft Herr Müller zurück, der sich offenbar noch an mich erinnert, was ich als Kompliment auffasse. Saukalt sei es, schimpft Andreas Vater. 20 Grad im Schatten! Bei ihm zu Hause würde man bei solchen Temperaturen kaum von Sommer sprechen. Den Einwand, in der Sonne sei es doch recht warm, quittiert er nur mit einem Grunzen. Er zieht den Gürtel seines Mantels enger und fährt mit weiteren Klagen fort. Die Stadt sei furchtbar, in der Straße, in der seine Tochter wohne, gebe es nicht einmal einen Bäcker. Schon zum Frühstück habe man ihm Knäckebrot serviert und noch dazu saure Milch für seinen Kaffee.

»Ach Papa, das habe ich dir doch jetzt schon hundert Mal erklärt!«, sagt Andrea gereizt. »Das war Filmjölk. So ähnlich wie Kefir: Die muss sauer sein, und sie gehört aufs Müsli.«

Ich muss schmunzeln. Fast jeder, der zum ersten Mal nach Schweden kommt, macht diesen Fehler. Auch Stefanie hat schon Sauermilch in ihren Kaffee geschüttet. Sie konnte allerdings darüber lachen.

»Ist es sehr schlimm?«, frage ich Andrea leise, nachdem wir ein wenig zur Seite gegangen sind.

»Frag nicht«, seufzt sie. »Es ist noch schlimmer, als ich gedacht habe. Schau ihn dir doch mal an: Er steht da wie ein Steintroll, der darauf wartet, ein Kind zu verspeisen.«

Tatsächlich scheint Otto Müller eine Aura der Furcht zu umgeben. Die Feiernden machen offenbar instinktiv einen kleinen Bogen um ihn. Müllers Frau steht etwas weiter hinten zusammen mit Lars. Verstohlen wippen die beiden, die sich offenbar recht gut verstehen, gemeinsam im Takt der Musik. Stefanie hat sich mit Laura zu ihnen gesellt, was Andreas Mutter Helga sehr freut, denn sie liebt kleine Kinder. Die Feststimmung um uns herum beginnt gerade ein wenig abzuflauen, als plötzlich aus dem Lautsprecher eine Stimme ertönt: »Und jetzt alle! Jetzt kommen die kleinen Frösche!«

Der ganze Festplatz beginnt wie wild zu hüpfen, die Jüngeren kreischen und werfen die Arme in die Luft. Das Frosch-Lied ist der Klassiker unter allen Mittsommer-Songs. Es darf bei keinem Midsommarafton fehlen, und alle müssen dabei mitmachen, auch wenn es sehr kindisch ist. Die genauen Wurzeln des Stücks sind unklar, einige meinen, es komme aus Frankreich (was angesichts der Frosch-Thematik ja nicht so abwegig ist). Der Liedtext ist so einfach wie eingängig. Er lautet frei übersetzt:

Kleine Frösche, kleine Frösche, sind lustig anzusehen.
Kleine Frösche, kleine Frösche, sind lustig anzusehen.

Keine Ohren, keine Ohren, keine Schwänze haben sie.
Keine Ohren, keine Ohren, keine Schwänze haben sie.

Der Refrain ist simpel, man quakt:
Kou-ack-ack kou-ack-ack-ack
Kou-ack-ack-ack-ack-ack

Zu diesen Zeilen hüpfen die Schweden alljährlich im Kreis um den Mittsommerbaum und gehen dabei tief in die Hocke, so wie das Frösche eben tun. Bei der Stelle mit den Ohren halten sie sich die Hände seitlich an den Kopf, anschließend wedeln sie – an der Stelle mit den Schwänzen – mit den Händen hinten an ihrem Steißbein und deuten einen Bürzel an. Auch dabei wird weitergehüpft, und das Ganze sieht dann genau so seltsam aus, wie es in dieser Beschreibung klingt.

In einer schwedischen Boulevardzeitung habe ich einmal eine Geschichte gelesen über eine Französin, die dank eines schwedischen Vaters neben der französischen auch die schwedische Staatsbürgerschaft besaß – sich also in einer ähnlichen Lage befand wie ich. Als sie volljährig war, wollte die junge Frau in der schwedischen Botschaft in Paris ihren Pass verlängern. Da sie nie in Schweden gelebt hatte, verlangten die Botschaftsbeamten einen Beweis dafür, dass die Französin eine emotionale Bindung zur nordischen Heimat ihres Vaters hatte. Sie musste einen Sprachtest absolvieren – und zum Abschluss ihr Schwedentum dadurch beweisen, dass sie zusammen mit dem Vizekonsul das Lied von den kleinen Fröschen sang. So typisch ist also dieser Song. Die Frage der Boulevardzeitung, ob dieser Schwachsinn üblich sei, bejahte der Konsul. Es sei ein »netter Test«, noch nie habe sich jemand beschwert. Da mich ja möglicherweise das Skatteverk demnächst einmal einer ähnlichen Prüfung unterziehen könnte, versuche ich, den Schweden um mich herum alles ganz genau nachzumachen.

Aber als ich gerade, die Hände an den Kopf gepresst, in die Hocke gehen will, fällt mein Blick auf Otto Müller. Seine Pupillen haben sich hinter den dicken Brillengläsern stark geweitet. Der Anblick der hüpfenden Masse vor ihm scheint ihn gleichermaßen zu faszinieren, abzustoßen und zu ängstigen. Der Ausdruck in seinem Gesicht flackert jedenfalls zwischen diesen drei Zuständen. Der arme Mann! Die kleinen Frösche sind wohl einfach zu viel für seinen ersten Tag in Schweden. Um zu verhindern, dass Herr Müller einen Schock erleidet und auf der Stelle in ein Skandinavien-Koma fällt, verzichte ich also auf mein Froschtraining. Stattdessen stelle ich mich neben Andreas Vater und versuche, ihn etwas von dem abzulenken, was um ihn herum geschieht.

»Also ich finde, auch wenn es ein bisschen kalt ist, Sie haben wirklich großes Glück mit dem Wetter. Stockholm zeigt sich heute von seiner Schokoladenseite.«

Müller sieht mir ins Gesicht, aber scheint nicht richtig zu verstehen. Immer wieder schweift sein Blick zu dem dicken Mann ab, der gleich neben uns wild auf und ab hüpft und aus vollem Hals »Små grodorna! Små grodorna!« – »Kleine Frösche!« – ruft.

»Haben Sie denn schon was von der Stadt gesehen«, versuche ich die Konversation weiterzuführen. Der dicke Mann geht so tief in die Hocke, dass er fast umfällt. »Die Stockholmer Altstadt ist wirklich phantastisch. Sie interessieren sich doch für Geschichte?«

Ich weiß, dass es gefährlich ist, in Müllers Gegenwart die Themen Geschichte und Politik anzusprechen, denn man provoziert ihn damit leicht zu endlosen Monologen, die sich um den moralischen Niedergang der Welt im Allgemeinen und des Abendlands im Besonderen drehen. Aber in meiner Not fällt mir leider nichts Besseres ein, um Müller von den hüpfenden Wikingern abzulenken, deren Treiben ihn offenbar zutiefst verstört.

»Die Altstadt gefällt Ihnen ganz sicher«, sage ich. Der dicke Mann formt mit seinen mächtigen Händen einen Bürzel. »Hier in Stockholm ist noch alles erhalten, wissen Sie. In Schweden ging ja nichts kaputt im Krieg, weil Schweden doch an den Kriegen gar nicht teilgenommen hat.«

Die Erde vibriert leicht, als der dicke Mann vor uns mit ein paar gewaltigen Sätzen forthüpft.

»Kou-ack-ack-ack! Kou-ack-ack-ack!«

Müller fokussiert den Tänzer mit einem Blick, als wolle er ihn in seiner lächerlichen Pose versteinern. Dann dreht er seine bebrillte Nase in meine Richtung und sagt mit ernster Stimme: »Ja, das spürt man ganz deutlich, dass dieses Land keinen Krieg erlebt hat.« Andrea hatte wohl recht – ihr Vater ist kein so fröhlicher Typ.

Es ist Zeit für das Picknick. Nach einigem Suchen finden wir schließlich ein Plätzchen, das sonnig genug ist für Otto Müller, der ständig friert; das schattig genug ist für Lars, der seine Sonnencreme vergessen hat; das windstill genug ist für Laura, die bei Zug schnell einen Schnupfen bekommt, und das außerdem eine schöne Aussicht bietet, damit Werner was zu filmen hat. Eine wirklich illustre Truppe sind wir da! Wir breiten unsere Decken und Sitzkissen am Fuße eines kleinen Felshügels aus, gleich in der Nähe der samischen Kote – das ist eine Art lappländisches Indianerzelt, in dem früher die rentierzüchtenden Nomaden gehaust haben. Sogar Müller findet das Zelt putzig, es erinnert ihn an die Karl-May-Festspiele in Bad Segeberg. Seine Stimmung hebt sich weiter, als der Sekt geöffnet wird. »Bubbelwein« gehört zu einem schwedischen Mittsommer ebenso wie der Aquavit, der allerdings erst später serviert wird. Zum Sekt reicht Andrea selbstgebackenen Erdbeerkuchen. Werner macht eine Nahaufnahme von den Früchten. »Die roten Beeren vor dem blauen Himmel, phantastisch«, sagt er. Er ist so vertieft in seine Filmerei, dass er gar nicht bemerkt, wie sehr er mir damit auf die Nerven geht. Allerdings merkt er auch nicht, dass ich ihm seinen Erdbeerkuchen wegesse – also lasse ich ihn weiter drehen. Nach dem Kuchen geht es erst richtig los. Ich habe aus den Markthallen edlen Käse, Baguette und sogar ein paar Brezeln mitgebracht. Und natürlich eingelegten Hering in fünf verschiedenen Geschmacksrichtungen. Lars und Andrea haben Fleischbällchen gemacht und einen Kartoffelsalat. Werner hat aus seinem småländischen Dorf eine Wurst beigesteuert, die angeblich eine Delikatesse ist. Was daran delikat sein soll, finden wir allerdings nicht heraus, obwohl wir uns ehrlich bemühen.

Nachdem jeder einen Pappteller mit Leckereien vor sich hat, ist einen Moment lang nur das Knuspern der Knäckebrote zu vernehmen. Wir haben alle großen Hunger nach dem aufreibenden Froschtanz. Sogar Werner hat seinen Camcorder beiseitegelegt und sich auf eine karierte Decke neben Andreas Vater gesetzt. Mit halbem Ohr höre ich, wie er eine Konversation beginnen will.

»Hallo, ich bin der Werner. Wir sagen du, oder? Hier in Schweden sagt man ja immer du zueinander.«

Zu meiner Überraschung lächelt Herr Müller in diesem Moment zum ersten Mal an diesem Mittsommertag. Vielleicht hat ihn der Sekt milde gestimmt. Oder die kleinen Frösche haben ihn so geschockt, dass seine Mimik ihre strenge Fassung verloren hat. Jedenfalls nimmt Andreas Vater ohne zu zögern Werners Hand und sagt: »Otto.«

Nach einer Weile des Knusperns kramt Lars aus seinem Rucksack eine Batterie Aquavitfläschchen hervor, die er an unsere kleine Festgesellschaft verteilt. Auch an Mittsommer ist »Snaps« Pflicht, und natürlich gehört es sich, dass man dazu ein Trinklied anstimmt. Oder auch mehrere, je nachdem wie viele Fläschchen man leert. Wir beginnen mit dem bekannten »Helan går«, das sogar Andreas Mutter mitsingen kann, vermutlich hat sie es vorher mit Lars schon einmal geübt. Herr Müller trinkt schweigend, aber nicht ohne Hingabe – offenbar schmeckt ihm der Aquavit so gut, dass ihn die Singerei nicht weiter stört. Bei der nächsten Runde stimmt Stefanie ein Trinklied an, das sie in ihrem Schwedischkurs gelernt hat. Der Text ist, wie bei den meisten dieser Lieder, ziemlich schräg. Übersetzt bedeutet das, was Stefanie nun mit deutschem Akzent lautstark über die Stockholmer Dächer ruft, in etwa: »Stell dir vor, ich hätte den kleinen Schnaps an einer Schnur im Hals. Ich würde ihn immer wieder rauf und runter ziehen, dann würde er sich nach viel mehr Schnäpsen anfühlen.«

Solche Phantasien können sich wahrscheinlich nur in Ländern mit sehr hohen Alkoholsteuern entspinnen. Lars jedenfalls ist begeistert. Wir müssen das Lied drei Mal singen.

Andreas Vater benimmt sich während des ganzen Picknicks wirklich vorbildlich. Das macht mich ein wenig misstrauisch. Nach einigen Schnäpsen haben sich seine Mundwinkel in die Horizontale gelegt. Es wäre vielleicht übertrieben zu sagen, dass er lächelt, aber sein Gesichtsausdruck kommt einem Lächeln zumindest recht nahe. Herr Müller hat die ganze Zeit mit Werner geplaudert und bei den Trinkliedern am Schluss sogar ein wenig mit dem linken Fuß gewippt. Wohl aus Versehen – als er das an Frohsinn grenzende Treiben seiner Extremität bemerkte, hörte er jedenfalls sofort wieder damit auf.

Der Werner und Otto Müller scheinen sich prächtig zu verstehen. Während ich Laura mit etwas Karottenbrei füttere, lausche ich gespannt den Satzfetzen, die von dem Gespräch zwischen dem Bullerbü-Fetischisten und dem Schweden-Hasser zu mir herüberwehen. Der Werner lässt sich vom Gemecker seines Gesprächspartners offenbar überhaupt nicht aus der Ruhe bringen. Nein, er pflichtet Müllers Tiraden sogar immer wieder bei. Als Müller sich etwa über die Musik lustig macht, lacht der Werner auch und sagt, bei richtigen Volksfesten gebe es natürlich andere Musik, nämlich ohne Lautsprecher und Verstärker. Und Müllers Klage über das Gedränge im Freilichtmuseum pariert der Werner mit der Feststellung, im richtigen Schweden gebe es ja gar nicht so viele Menschen, da sei es immer einsam, und das sei herrlich. Das könne er sich auch vorstellen, dass Schweden ohne die Schweden ganz nett sein könnte, meint Herr Müller schließlich, zumindest wenn man sich warm genug anziehe. Ich bin sprachlos, denn etwas Netteres habe ich diesen Mann noch nie über das Heimatland meiner Mutter sagen hören. Auf faszinierende Weise reden Werner und Otto Müller aneinander vorbei und liegen doch auf der gleichen Wellenlänge. Beide können mit dem modernen Land, in dem ich seit nun schon mehr als einem Jahr lebe, nur wenig anfangen.

Mit der harmonischen Stimmung ist es allerdings schlagartig vorbei, als Andreas Vater versucht, auch Stefanie in das Gespräch einzubeziehen. Dabei wollte er vermutlich bloß ein Kompliment formulieren.

»Ich finde es besonders mutig«, sagt Otto Müller zu Stefanie, »dass gerade Sie als junge Mutter es wagen, mit Ihrer Kleinen hierher zu ziehen. Für Kinder ist es ja nicht gerade das beste Umfeld.«

Stefanie ist erst einmal so überrascht, dass sie gar nichts sagt. Aber dann fängt sie sich rasch und belehrt Müller eines Besseren. Sie erzählt von den Wickeltischen, die es in fast jeder Toilette gibt, und dass man mit Kinderwagen in Stockholm umsonst Busse benutzen darf, dass es sogar eigene Kinovorstellungen für Eltern mit Babys gibt und überhaupt jede Menge toller Einrichtungen, die einem das Leben mit dem Nachwuchs erleichtern. Schließlich verweist sie darauf, dass auch Bullerbü in Schweden liegt, und dort seien Kinder bekanntlich so glücklich wie nirgendwo sonst.

Das »Bullerbüdingsbums« kennt Herr Müller nicht. Aber es sei seine feste Überzeugung, dass Staatssozialismus niemals gut für Kinder sein könne. Auf meine etwas verärgert vorgebrachte Frage, was er denn nun damit wieder meine, blickt mich Müller triumphierend an.

»Ich habe doch erst neulich in einer Zeitung, in Ihrer Zeitung, um genau zu sein, also dort habe ich gelesen, dass Kinder in Schweden schon mit einem Jahr in staatliche Verwahranstalten kommen. Das kommt mir, der ich etwas älter bin als Sie, sehr bekannt vor: Früher in der DDR, da gab es auch so was. Und wo das hingeführt hat, das wissen wir ja.«

Müller hat wahrscheinlich einen meiner vielen Artikel über die vorbildlichen schwedischen Kindertagesstätten gelesen – und gründlich missverstanden. Stefanie will gerade zu einem längeren Gegenargument ansetzten, da legt Müller ihr freundschaftlich seine Hand auf die Schulter.

»Bitte nehmen Sie es nicht persönlich«, sagt er mit väterlicher Miene. »Ich weiß natürlich, dass Sie nicht zu diesen Rabenmüttern zählen, die ihre Kinder in eine Verwahrstelle abschieben. Das sieht man bei Ihnen ja auf den ersten Blick, dass Sie Ihre Tochter wirklich liebhaben.« Bei diesem Satz huscht ein ehrliches Lächeln über Herrn Müllers Gesicht. Er winkt der kleinen Laura zu und sagt: »Duziduzidu.« Laura kichert.

Andrea, die natürlich weiß, dass wir unsere Tochter erst vor wenigen Tagen für einen Dagisplatz angemeldet haben, springt plötzlich auf und ruft: »Jetzt ist es aber wirklich Zeit für Kaffee.« Sie schlägt vor, einen kurzen Spaziergang zum Marktplatz des Freilichtmuseums zu machen, wo es leckere Waffeln gibt. Als wir unseren Kinderwagen durch die feiernde Menschenmenge schieben, steht sie plötzlich mit trauriger Miene neben uns und entschuldigt sich für ihren Vater.

»Ist schon gut«, murmelt Stefanie.

Ich bin froh, dass die Sache glimpflich ausgegangen ist, denn vorhin neben dem Sami-Zelt habe ich in Stefanies Augen schon die blanke Wut aufblitzen sehen. Ich hatte kurz befürchtet, sie würde Herrn Müller mit dem Plastikbesteck skalpieren und seine Kopfhaut neben der Kote zum Trocknen aufhängen. Aber nun ist Stefanies Wut großer Nachdenklichkeit gewichen.

»Was ist, wenn er recht hat? Wenn er auch nur ein bisschen recht hat? Ein Jahr ist doch wirklich ziemlich jung für den Kindergarten. Schau nur, wie klein Laura noch ist.«

Ich will Stefanie sofort erklären, dass sie sich keine Sorgen zu machen braucht und sich von einem alten, dummen Mann im Steinkostüm kein schlechtes Gewissen einreden lassen soll. Ich will ihr sagen, dass schwedische Krippen die besten der Welt sind, Vorbild auch für die deutschen Kitas und überhaupt in jeder Beziehung super. Schließlich habe ich das bei meinen zahlreichen Recherchen zu diesem Thema gelernt. Aber beim Anblick meiner Tochter, die in ihrem Kinderwagen schlummert, verschlägt es mir einfach die Sprache. Denn auch mir ist ein bisschen mulmig. Es ist eben eine Sache, über moderne Familienpolitik zu schreiben. Eine andere ist es, sein eigenes Kind in eine staatliche Einrichtung zu geben, wenn es noch nicht mal sprechen kann. Wir können Laura ja nicht fragen, ob es ihr in der Dagis gefällt. Wir müssen einfach selber wissen, was das Beste für sie ist.

»Jetzt fahren wir erst mal in den Urlaub. Und da wächst Laura bestimmt noch ein bisschen«, sage ich zu Stefanie. »Das regelt sich schon«, füge ich abschließend hinzu. Aber es klingt nicht sehr überzeugend.

17

»Warum liegt meine Angel denn neben dem Auto? Ich hatte sie doch schon eingeladen.«

»Ich brauch den Platz aber für den Babystuhl. Die Angel muss hierbleiben. Leider, leider.«

»Meine Angel kommt mit nach Vitemölla! Laura wird sicher ein paar Wochen ohne ihren Stuhl auskommen. Sie kann beim Essen doch auf dem Schoß sitzen.«

»Typisch! Ich soll mich vollkleckern lassen, bloß damit du angeln kannst.«

»Ich habe ja nicht gesagt, dass sie auf deinem Schoß sitzen soll. Sie könnte ja auch auf meinem Schoß sitzen, oder auf dem meiner Mutter oder ...«

»Papperlapapp. Am Ende sitzt sie doch wieder die ganze Zeit bei mir, so ist es doch immer! Außerdem: Wenn du die Angel mitnimmst, dann müssen wir wieder schleimige Fische mit unzähligen Gräten essen. Das brauch ich in meinem Urlaub nun wirklich nicht. Die Angel bleibt da!«

»Die Angel kommt mit!«

»Es ist aber leider kein Platz mehr dafür. Hilf mir jetzt den Babystuhl einzuladen.«

»Der Stuhl ist viel zu sperrig, der passt da ohnehin nicht rein.«

»Dann muss eben noch was anderes hierbleiben. Deine Laptoptasche zum Beispiel, die nimmt ja auch viel Platz ...«

»Ich bin Korrespondent! Ohne meinen Laptop gehe ich nirgendwohin.«

Wir hätten wohl doch einen Dachgepäckträger kaufen sollen. Obwohl unser Volvo ja wirklich einen großen Kofferraum hat, ist er nun bis auf den letzten Millimeter mit Gepäck gefüllt. Selbst Rückbank und Fußraum sind mit Taschen, Koffern, Sandspielzeug vollgestopft. Schließlich gelingt es uns doch noch, Laptop und Babystuhl im Wagen unterzubringen, nachdem Stefanie Lauras Sitzmöbel mit einigen Handgriffen in seine Einzelteile zerlegt hat – Ikea sei Dank! Böse Zungen behaupten ja, beim Zusammenbauen der Schwedenmöbel seien schon unzählige Ehen zu Bruch gegangen. Ich finde diese Sichtweise ungerecht: Bestimmt sind mindestens ebenso viele Ehen durch die Tatsache gerettet worden, dass man Billy & Co so schnell auseinandernehmen und in einem Kofferraum verstauen kann. Denn es gibt wohl kaum etwas Belastenderes für eine Beziehung, als gemeinsam ein Auto zu beladen.

Es ist acht Uhr morgens, als wir endlich aufbrechen. Stefanie fährt – ich schmolle auf dem Beifahrersitz, denn meine Angel hatte zum Schluss dann doch keinen Platz mehr und ich musste sie schweren Herzens in der Garage zurücklassen. Stockholm ist gerade aus dem Schlaf erwacht. Hell ist es ohnehin schon seit Stunden. Die Sonne verschwindet zwar irgendwann gegen 22 Uhr hinter dem Horizont, aber ein rötliches Dämmerlicht leuchtet auch um Mitternacht noch am Nordhimmel. Stefanie hat deswegen schon Schlafstörungen, denn die Jalousien unserer Wohnung sind leider nicht ganz dicht. Richtig ärgern können wir uns über diese Unannehmlichkeit allerdings nicht. Nach einem Winter in Finsternis ist man schließlich froh über jeden Sonnenstrahl, den man erhaschen kann.

Wir fahren von Östermalm aus über die E4 Richtung Süden und überqueren dabei mehrere Brücken, die hoch über den Mälarsee führen und von denen man einen Blick auf die Altstadt und das Rathaus mit seiner goldenen Turmspitze hat. Im Wasser zwischen den Stadtvierteln herrscht reger Verkehr – Segelboote und Motoryachten schippern mit voller Fahrt den Inselwelten in Ostsee oder Mälaren entgegen. Die E4, Stockholms Hauptverkehrsader, ist dagegen fast völlig frei. Die meisten Autos haben die Stadt ja schon vor Mittsommer verlassen.

Die Woche vor den großen Ferien ist übrigens die einzige im ganzen Jahr, in der die Blechlawinen auf schwedischen Straßen sich annähernd mit jenen auf deutschen Autobahnen messen können. Die Schweden mögen Weltmeister im Erschaffen von Warteschlangen sein – auf den Straßen können sie anderen Ländern in dieser Disziplin nicht das Wasser reichen. Kilometerlange Staus, wie man sie aus Deutschland kennt, gibt es in dem dünn besiedelten Land so gut wie gar nicht. Und wer erwartet, dass das Radio ihn viertelstündlich über die neuesten Verkehrsnachrichten informiert, der wird enttäuscht sein. Solche sind in Schweden unbekannt, es gäbe schlicht und einfach zu wenig zu berichten. Eine schwedische Autobahn ist im Normalfall eine gerade, asphaltierte Fläche, auf der sich nur hier und da Fahrzeuge mit der Höchstgeschwindigkeit von 110 oder neuerdings zum Teil sogar mit atemberaubenden 120 Stundenkilometern fortbewegen. Links und rechts der Fahrbahn halten Zäune die Elche fern, ab und an stehen seltsame Pfosten am Straßenrand, die so aussehen, als seien sie gerade aus einem Raumschiff gefallen. Das sind ultramoderne Radarfallen, deren wachsame Augen direkt mit einem Polizeicomputer verbunden sind.

Auf diesen gut gesicherten Wegen zu reisen ist angenehm und im Vergleich zur Hektik auf mitteleuropäischen Straßen sogar entspannend. Bei meinem alten Auto hatte ich allerdings das Problem, dass ich nach etwa 100 Kilometern einen Krampf im rechten Fuß bekam, weil der einfach nicht gewohnt war, das Gaspedal stets in der exakt gleichen Position zu halten. Aber unser Volvo ist natürlich besser an schwedische Verhältnisse angepasst. Wir haben jetzt einen Tempomat. Auf unserer Fahrt in die Sommerferien können wir die Geschwindigkeitsautomatik nun zum ersten Mal richtig testen. Es ist phantastisch! Der Wagen gleitet mit einprogrammierten 110 Stundenkilometern sanft Richtung Süden, und als Fahrer kann man sich getrost zurücklehnen, Hörbüchern lauschen oder gar telefonieren (trotz ihres Sicherheitsfimmels haben die Schweden Handys am Steuer noch nicht verboten). Man muss eigentlich nur darauf achten, das Lenkrad einigermaßen gerade zu halten und rechtzeitig in eine Tankstelle einzubiegen, bevor das Benzin alle ist. Das heißt: So entspannt könnte die Reise verlaufen, wäre ich ein einsamer Wolf geblieben. Aber als junge Eltern müssen wir natürlich das sanfte Dahingleiten immer wieder unterbrechen, um Laura zu stillen, ihre Windeln zu wechseln, ihren Schnuller im Fußraum zwischen dem Gepäck zu suchen oder sie einfach ein bisschen zu trösten, um unseren Ohren ein wenig Erholung zu gönnen.

Auf diese Weise hangeln wir uns von Zwischenstopp zu Zwischenstopp. Der Volvo durchquert Östra Götaland, den Landstrich südlich von Stockholm, in dem es viele Bauernhöfe und große, gelbe Getreidefelder gibt. Gegen Mittag legen wir eine längere Mittagspause am Ufer des Vättern ein. Schwedens zweitgrößter See glitzert unterhalb der Raststätte in der Sonne, während wir eine Portion Pommes und Kaffee verzehren. Etwa 50 Kilometer verläuft die E4 am Seeufer entlang, und dieses Stück ist der absolute Höhepunkt der Reise nach Vitemölla, denn der Vättern, an dessen Ufern alte Burgruinen stehen, ist einfach wunderschön. Danach durchquert die Autobahn Jönköping, eine mittelgroße Stadt am südlichen Ende des Sees, bevor sie sich in die småländischen Wälder schlägt. In einem Dorf namens Markaryd müssen wir gegen 15 Uhr die E4 verlassen und auf eine kleine Landstraße Richtung Süden wechseln. Nach Jönköping gibt es links und rechts der Fahrbahn eigentlich nur noch das tiefe Grün der Nadelwälder zu sehen und sonst nichts. Das ist Småland und der mit Abstand langweiligste Teil der Strecke. Ich habe mich schon immer darüber gewundert, warum gerade dieser Landstrich bei deutschen Touristen so beliebt ist. Bei der Fahrt durch die grüne Baumwüste, die nur ab und zu einmal von einer Kahlschlagsfläche oder ein paar Felsen unterbrochen wird, komme ich mir immer wie eine Ameise vor, die über einen riesigen, moosbewachsenen Stein krabbelt.

Nach knapp zwei Stunden und mehreren Still- und Wickelstopps am Rande der Landstraße lassen wir diese Ödnis endlich hinter uns, umrunden die Stadt Hässleholm und sind damit endlich in Schonen angelangt, dem südlichsten Landstrich Schwedens. Hier beginnt Nils Holgersson in der berühmten Geschichte von Selma Lagerlöf seine Reise mit den Wildgänsen nach Lappland. Und hier nahmen auch meine Schweden-Erfahrungen einst ihren Anfang. Denn an der Ostküste Schonens, in der Region Österlen, steht das Ferienhaus, in dem ich als Kind jeden Sommer meine Ferien verbrachte. Später habe ich dann zwei Semester in der alten Universitätsstadt Lund an der Westküste Schonens studiert. Der Süden Schwedens ist mir somit deutlich besser vertraut als der Rest des Landes. Als wir bei einem McDonald's nahe Hässleholm noch einen letzten Stopp einlegen, fühle ich mich deshalb wie daheim.

»Ist es noch sehr weit?«, fragt Stefanie, hörbar erschöpft, als wir wieder auf die Schnellstraße fahren.

»Nein, nicht mehr weit«, sage ich. »Und wenn wir da sind, gibt es erst mal was zu essen. Meine Mutter hat gesagt, sie wird Fisch kochen.«

»Na, hoffentlich ohne Gräten.«

Meine Eltern warten schon auf uns, als wir nach knapp 700 Kilometern und fast zehn Stunden endlich in Vitemölla ankommen. In der späten Nachmittagssonne, die sich in der Ostsee spiegelt, zeigt sich das Dorf von seiner schönsten Seite. Meine Mutter hat Dorsch gekauft, von einem Fischer aus dem kleinen Hafen, um den herum Vitemölla erbaut ist. Jener Hafen, an dem ich meine ersten, missglückten Angelversuche unternommen habe. Anekdoten rund um diese Niederlagen meiner Kindheit werden von meiner Mutter selbstverständlich zusammen mit dem Dorsch serviert. (»Weißt du noch? Von so einem Fisch hast du immer geträumt, als du klein warst.«) Sehr zur Freude von Stefanie, die während des Essens mehrmals anmerkt, dass so ein Dorsch ja viel weniger Gräten habe als der Hecht, den sie neulich wegen meines Kindheitstraumas habe essen müssen.

»Siehst du, wie gut es ist, dass wir deine Angel zu

Hause gelassen haben? Dann kommst du gar nicht erst in Versuchung, dich hier erneut zu blamieren«, sagt Stefanie schließlich.

»Mit der neuen Angel hätte ich bestimmt mehr Glück gehabt.«

»Wohl kaum. Als ich heute den Dorsch gekauft habe, hat der Mann am Hafen erzählt, dass es immer schwieriger wird, etwas zu fangen«, sagt meine Mutter.

Sie hat wohl recht. Die Fischer, die früher jeden Morgen im Hafen von Vitemölla einliefen und große Kisten mit Flundern, Heringen, Dorsch und vor allem der regionalen Spezialität Aal an Land wuchteten, sind mittlerweile selten geworden. In den vergangenen Jahren verschwanden immer mehr ihrer kleinen Boote aus dem Hafenbecken. Im modernen Europa ist nämlich nur noch Platz für die großen Trawler – und für die ist der Hafen von Vitemölla zu seicht. Außerdem befindet sich die Ostseefischerei generell im Niedergang, denn auch hier hat rücksichtsloser Raubbau an der Natur zu schlimmen Folgen geführt. Die Dorsche zum Beispiel sind schon seit Jahren knapp. Meine Mutter hatte Glück, dass sie überhaupt noch einen am Hafen ergattern konnte. Noch dramatischer ist es beim Aal. Der ist so selten geworden, dass die Behörden den Fang in manchen Jahren ganz verboten haben. Die großen Aalreusen, die früher am Strand von Vitemölla auf Pfählen hingen und trockneten und die ich als Kind stundenlang bewundern konnte, sind darum nur noch selten zu sehen. Dafür gibt es jetzt in den Dörfern mehr Fischgeschäfte als früher, und die verkaufen auch teure Delikatessen aus fernen Ländern, wie etwa Doraden und Thunfisch aus dem Mittelmeer, Europa sei Dank.

An zahlender Kundschaft fehlt es nicht, denn der Tourismus in dieser Region entwickelt sich prächtig. Als meine Großeltern hier ihr Sommerhaus kauften, war Österlen noch überwiegend ein Ferienparadies für Einheimische und eine Künstlerkolonie. Auch meine Oma war Malerin. Das war wohl der Grund, warum es sie ausgerechnet in diese Gegend zog, mit der sie sonst eigentlich nichts verband.

Inzwischen ist Österlen auch bei den Dänen sehr beliebt, die jeden Sommer in Scharen einfallen, seit die Öresundbrücke Südschweden mit Kopenhagen verbindet. Deutsche kommen ebenfalls immer häufiger. Sie werden unter anderem angelockt von den Fernsehkrimis und Romanen des Schriftstellers Henning Mankell, denn Österlen ist Wallander-Land. Der melancholische Kommissar ermittelt in Ystad, der größten Stadt Österlens. Dort kann man im Sommer neuerdings geführte Touren, auch in deutscher Sprache, zu den Tatorten aus den Krimis buchen, und es gibt sogar ein Wallander-Museum mit Kostümen und Requisiten aus den Filmen. Da sieht man, wo es hinführt, wenn das Fernsehen eine ganze Gegend zur Kulisse macht. Ich nehme mir fest vor, den Werner niemals nach Vitemölla einzuladen.

Nicht alle sehen das Ganze freilich so skeptisch. Für den Tourismusverband war es ein kaum zu überschätzendes Geschenk, dass Mankell das eigentlich sehr friedliche Nest Ystad in seinen Büchern zu einem Tummelplatz für Schwerkriminelle machte. Und auch meine Mama freut sich darüber. Sie vermietet unser Haus inzwischen selbst im November an deutsche Feriengäste. Am Anfang warnte sie die Leute noch: »Im November kann es aber ein wenig nass und ungemütlich in Schweden sein.« Als Antwort bekam sie entzückte Ausrufe wie: »Toll! In den Romanen regnet es ja auch immer.« Österlens großer Erfolg mit Wallander ist inzwischen Vorbild auch für andere Provinzen Schwedens und hat einen regelrechten Krimi-Boom ausgelöst. Es gibt mittlerweile kaum noch einen Landstrich ohne eigenen Krimiautor, der die Schönheiten der jeweiligen Gegend mit Blut tränkt, um sie interessanter zu machen. So legt in Göteborg schon seit Jahren Åke Edwardsons Kommissar Winter den Killern das Handwerk. Die lauern in Schwedens zweitgrößter Stadt offenbar an jeder Ecke, wenn man den Romanen glauben darf. Etwas weiter nördlich ermittelt Camilla Läckbergs Kommissar Patrick Falck mit seiner Ehefrau Erica, einer Krimischriftstellerin, an der idyllischen Küste Bohusläns in einem Kaff namens Fjällbacka – ebenfalls ein Eldorado des Verbrechens. Es gab auch Versuche, in Lappland eine Krimiindustrie zu etablieren. Und Stockholm bietet mit seinen vielen finsteren Gassen genug Platz für gleich mehrere Krimireihen. Aus touristischer Sicht sind grausige Morde und finstere Intrigen vor allem dann ein Erfolg, wenn sie ins Deutsche übersetzt und am besten auch noch vom deutschen Fernsehen verfilmt werden. Denn dann kann auch eine durchschnittliche Straße, etwa in Ystad, plötzlich zum »Originalschauplatz« werden.

In Vitemölla ist meines Wissens nach noch nie ein Fernsehmord passiert, aber der Tourismus hat in den vergangenen Jahren trotzdem stark zugenommen. Immer mehr der kleinen Fischerhäuser sind in Sommarstugas verwandelt worden. Mittlerweile dürfte etwa die Hälfte des Ortes im Winter leerstehen. Anders als in Stockholm sind dafür die warmen Monate der leuchtende Höhepunkt des gesellschaftlichen Lebens. Geschäfte, Restaurants, Cafés, Freizeitparks, die Schiffsverbindung zur nahe gelegenen Insel Bornholm – alles ist oft nur zwischen Juni und Ende August geöffnet. Danach verfällt die Gegend wieder in eine schläfrige Kältestarre, die deutlich länger als ein halbes Jahr dauert, obwohl es hier unten heller und wärmer ist als etwa in Stockholm.

Wir haben uns für den vierwöchigen Aufenthalt eine Menge vorgenommen. Kopenhagen wollen wir besuchen, in einem Nationalpark wandern, ein paar alte Burgen und Schlösser besichtigen, die es hier an jeder Ecke gibt, und natürlich wollen wir möglichst viele Tage im feinen, weißen Sand des Strandes verbringen, der sich von Vitemölla aus viele, viele Kilometer nordwärts erstreckt. Wobei das mit dem Strand immer ein bisschen so ist wie mit einem Lottogewinn – man braucht Glück. Denn das Wetter an der schonischen Ostküste ist so unzuverlässig wie unser Gebrauchtvolvohändler. Ein blauer Himmel kann sich schnell und ohne Vorwarnung verdunkeln, es gibt Schauer, Stürme und manchmal auch sommerliche Kälteperioden, die einem das Strandleben verleiden können. Bei Westwind wird außerdem die warme Wasserschicht an der Oberfläche auf die Ostsee hinausgeblasen, zurück bleibt kühleres Wasser, das erfrischende zwölf bis vierzehn Grad hat. In Vitemölla bläst übrigens wie im übrigen Europa meistens Westwind. Kurz gesagt: Ferien an diesem Teil der Ostseeküste sind immer spannend und voller Überraschungen. Wer monotone Wärme mag und Wasser mit der laschen Temperatur eines Babyplanschbeckens, der ist eben ein Langweiler und sollte besser an die Adria fahren.

Überhaupt wird die Bedeutung der Wassertemperatur beim Baden ja völlig überschätzt. Ein Mensch kann problemlos auch in etwas kühlerem Nass schwimmen, er muss nur die richtige Geisteshaltung mitbringen. Mein Morfar zum Beispiel – mein Großvater mütterlicherseits –, der ging während unserer Urlaube in Vitemölla jeden Morgen ins Meer, auch bei Regen und kräftigem Westwind. Er hatte bis zu seiner Pensionierung als Archivar im Stockholmer Staatsarchiv gearbeitet. Als Historiker war er wohl mehr an den großen, geschichtlichen Zusammenhängen interessiert. Details der Gegenwart, wie zum Beispiel die Temperatur seines Badewassers, kümmerten ihn dagegen nicht so sehr. Vom Küchenfenster im Haus meiner Großeltern aus konnten wir Morfar also während des Frühstücks beobachten, wie er gemächlich ein paar Bahnen am Strand entlang schwamm. Wenn er danach wieder in seinem dunkelblauen Bademantel durch die Tür trat, wiederholte sich Tag für Tag der gleiche Dialog.

»Morfar, wie war das Wasser heute?«

»Es war schön im Wasser.«

»War es denn nicht kalt?«

»Nein, das Wasser war lagom warm.«

»Wie viel Grad hatte es denn?«

»Ach, das Thermometer habe ich vergessen.«

Wir wussten natürlich, dass die Angaben unseres Großvaters zur Wassertemperatur völlig unbrauchbar waren. Aber wir fragten ihn trotzdem immer wieder, einfach weil es faszinierend war zu hören, wie jemand Wasser als »lagom warm« bezeichnet, das nur wenig wärmer ist als ein Kühlschrank. Als wir später am Tag die Aussage meines Opas nachprüften, da zeigte das Thermometer manchmal gerade einmal elf, zwölf Grad. Ich glaube nicht, dass Morfar uns veräppelte, als er uns das Märchen von der warmen Ostsee erzählte. Ich glaube, dass er das Bad tatsächlich angenehm fand, weil er sich eben für die Wassertemperatur nicht interessierte. Er dachte beim Schwimmen einfach an Wichtigeres.

Ich habe Stefanie schon oft von meinem Großvater und seinen morgendlichen Schwimmübungen erzählt. Denn für mich ist sein Badeverhalten der Inbegriff schwedischer Lebenskunst – Morfar demonstrierte jeden Morgen am Strand, wie man mit Gelassenheit widrige Umstände meistert: indem man sie einfach ignoriert. Diese Fähigkeit ist sehr nützlich für Menschen, die in einem kalten, kargen und dunklen Land leben. Und wer es schafft, gleichgültig in Eiswasser zu baden, den können bestimmt auch endlose Warteschlangen, sture Behörden, fehlerhafte Bevölkerungskarteien und wabbelige Brotsorten nicht aus der Ruhe bringen. Kurz: Ich möchte die hohe Kunst schwedischer Gelassenheit in diesem Urlaub auch gerne erlernen. Stefanie meint dagegen, bei älteren Menschen würden die Nerven nicht mehr so gut funktionieren – und dass mein Opa darum die Wassertemperatur nicht fühlen konnte. Stefanie meint auch, dass zwölf Grad für ein Badewasser immer und grundsätzlich zu kalt sind, egal wie gelassen man ist. Mit dieser Einstellung wird sie die schwedische Lebensart vermutlich niemals verinnerlichen können.

Ich dagegen bin fest entschlossen, auch diesen frostigen Teil meines schwedischen Erbes zu pflegen. Also stehe ich gleich am ersten Morgen in Vitemölla extra früh auf, schlüpfe in meine Badehose, greife mir ein großes Frotteehandtuch und Flipflops und hülle mich schließlich in einen braunen Bademantel mit Kapuze. Ich finde, ich sehe darin aus wie ein Jedi-Ritter in *Star*

Wars. Das passt ja ganz gut: Jedi-Ritter sind auch sehr mutig und trotzen jeder Gefahr. Stefanie meint dagegen, ich sehe aus wie ein lebensmüder Gartenzwerg in Sandalen. Aber wie gesagt, ihr fehlt eben die richtige Einstellung für den Zweikampf mit den Naturgewalten.

Der erste Ferientag ist perfekt für mein Duell mit der Ostsee. Der Himmel ist gleichmäßig grau. Ein feiner Nebel hängt in der Luft, die etwa 17 Grad hat – nicht so warm wie in Italien, aber ausreichend warm. Es bläst eine frische Brise vom Land, also von Westen her. Das Wasser des Meeres ist kristallklar und plätschert harmlos am sandigen Ufer. Ich lasse Bademantel, Handtuch und Flipflops am Strand zurück und schreite zum morgendlichen Bad. Und weil mir einmal jemand gesagt hat, die Kälte tue nicht so weh, wenn man sehr schnell in sie eintaucht, beginne ich mein Bad mit einem schnellen Sprint durch das flache Wasser hinaus ins Meer. Das funktioniert zunächst ganz gut. Aber irgendwann wird das Wasser so tief, dass ich ins Stocken komme. Der Pegel reicht jetzt schon ein gutes Stück über meinen Bauchnabel. Es dauert noch einen kurzen Augenblick, bis die Kälte mit voller Wucht in meine Knochen fährt und mir der Atem wegbleibt. Meine Beine spüre ich nicht mehr. Zum Glück weiß ich, dass es in der Ostsee keine menschenfressenden Haie oder ähnliches Getier gibt – die Beine und alles andere müssen also noch dran sein. Nur mit Mühe gelingt es mir, Atmung und Herzschlag in einen gleichmäßigen, wenn auch recht schnellen Rhythmus zu bringen. Jetzt nur nicht aufgeben, du Warmduscher – schließlich liegt unser Ferienhaus an einem Hang nur wenige hundert Meter vom Strand entfernt. Stefanie könnte also von einem Fenster aus beobachten, was ich hier tue. Ein Moment der Schwäche könnte wochenlangen Spott nach sich ziehen. Ich hole tief Luft, lasse mich nach vorne fallen. Mein Kopf taucht für einen kurzen Moment unter Wasser, und es fühlt sich an, als würde mir jemand einen schnell schrumpfenden Eishelm aufsetzen, der meinen Schädel zerquetscht. Als ich wieder auftauche, schwimme ich. Zwar nur drei Züge, aber die sind mindestens so anstrengend wie drei Bahnen in einem beheizten Hallenbad. Dann wate ich schnell – aber nicht zu schnell – wieder ans Ufer. Mit schlotternden Armen trockne ich mich ab und werfe mir den Bademantel über. Erst als ich in meinen Flipflops langsam durch das Fischerdorf nach Hause schlappe, durchströmt mich plötzlich ein eigenartiges Glücksgefühl. Es ist das Gefühl, noch einmal davongekommen zu sein. Werner muss etwas Ähnliches erlebt haben, nachdem man ihn vor dem Kältetod aus seiner Schneewehe gerettet hatte. Nun, ich werde jetzt nicht gleich ein Buch mit dem Titel »Mein Weg durchs Eismeer« schreiben. Aber mein Selbstbewusstsein ist jedenfalls so groß wie ein Elchbulle, als ich die Haustür der elterlichen Sommarstuga erreiche. Nur die Unterlippe zittert noch ein wenig. Meine Mutter öffnet die Tür und grüßt den Sohn, der aus der Kälte kam, nur mit einem Kopfschütteln. Sie fand schon die Badegewohnheiten ihres Vaters durchgeknallt. Stefanie sitzt am Frühstückstisch und liest Zeitung.

»Und, wie war das Wasser heute?«, fragt sie mit einem spöttischen Grinsen. Vermutlich hat sie meine Unterlippe zittern sehen.

»Es w-w-w-ar sch-schön im Wasser«, antworte ich.

»Gib zu, dass es kalt war. Du zitterst«

»Nein, das W-W-Wasser war au-au-ausreichend

w-warm«, sage ich und verschwinde im Bad. An diesem Morgen dusche ich ungewöhnlich lange und heiß.

Unsere erste Urlaubswoche verläuft genau so ruhig und ereignislos, wie Urlaubswochen verlaufen sollten. Das Wetter ist lagom, nicht zu sonnig und nicht zu regnerisch. Wir verbringen sogar zwei Nachmittage am Strand.

Trotz der schmerzvollen ersten Erfahrung behalte ich mein Ziel, jeden Morgen in der Ostsee zu baden, fest im Blick. Zu meinem Entsetzen finde ich bald heraus, dass das Wasser bei meinem ersten Versuch tatsächlich warm war. Es hatte 15 Grad, und solche Temperaturen kann man ja sogar im Mittelmeer antreffen (wenn auch nicht unbedingt im Sommer). Im Laufe der Woche aber zeigt die kleine Ostsee dann ihr wahres Gesicht und wird schweinekalt. Der Westwind hält an, die Wassertemperatur sinkt immer tiefer, bis sie schließlich bei belebenden zwölf Grad angekommen ist. Durch das tägliche Training schon etwas abgehärtet, meistere ich aber auch diese eisige Prüfung. Und es gelingt mir anschließend sogar, zwischen meinen blauen Lippen »Das Wasser war warm« hindurchzupressen, ohne zu stottern. Morfar wäre sicher stolz auf mich.

Bei meinen morgendlichen Ausflügen habe ich bemerkt, dass ich nicht der Einzige in Vitemölla bin, der seinen Tag mit spartanischem Wassersport beginnt. Auf dem Weg zum und vom Strand begegne ich immer ein paar Gestalten, die ebenfalls mit Handtuch durch den Ort schlurfen, um ihre verschlafenen Körper mit einem Bad zu wecken. Nach ein paar Tagen grüßen mich die anderen Frost-Fetischisten schon von weitem mit einem freundlichen »Hej«, und natürlich versichert man sich bei einem kurzen Plausch immer gegenseitig, wie schön und wie warm es heute wieder im Wasser war. Gerade Lagom für ein ausgiebiges Schwimmtraining.

»Morgondopp« – das morgendliche »Eintauchen« – ist nicht nur in Vitemölla eine Tradition, sondern auch in vielen anderen schwedischen Ferienorten. Eine der großen Wirtschaftszeitungen Schwedens hat einmal eine mehrseitige Reportage über das Spektakel in einem der Nobel-Badeorte an der Westküste gemacht. Die Reporter trafen bei ihrer Recherche nur an einem Morgen gleich mehrere Aufsichtsräte und Vorstandsvorsitzende von internationalen Konzernen, die alle im Bademantel am Hafen herumliefen, um erst ins Wasser zu hüpfen und dann beim Bäcker frische Brötchen zu holen. An der Reportage beeindruckten mich vor allem zwei Dinge. Erstens: Das Wasser an der Westküste hatte dem Artikel zufolge tropische 20 Grad. Zweitens: Für privilegierte Schweden gibt es offenbar doch Bäcker, die morgens frische Brötchen backen.

In Vitemölla gibt es keinen Bäcker, es gibt noch nicht einmal eine Tanke. Dafür bietet der Nachbarort Kivik mit zwei Konditoreien, zwei Fischgeschäften, mehreren Obstläden (Österlen ist berühmt für seine Äpfel), einem Supermarkt und sogar einem Chocolatier eine Vielfalt, die man in einem Stockholmer Wohnviertel erst suchen müsste. Die meisten dieser Geschäfte sind natürlich nur im Sommer täglich geöffnet und leben hauptsächlich von den Touristen. Aber trotzdem liegt die ungewöhnlich hohe Ladendichte in Kivik noch an etwas anderem: Schwedens südliche Spitze unterscheidet sich einfach vom Rest des Landes. Sie ist »kontinentaler«, würden die Schweden sagen, die – ähnlich wie die Engländer – immer vom »Kontinent« sprechen, wenn sie das Europa südlich der Ostsee beziehungsweise südlich von Dänemark meinen.

Das Entscheidende ist wohl, dass in Südschweden relativ viele Menschen wohnen. An der Küste reiht sich Dorf an Dorf. Zwar sind die Dörfer längst nicht so ausgeprägt wie etwa in Bayern mit seinen zwiebelturmgeschmückten Bilderbuchgemeinden. Aber immerhin gibt es eine Menge Siedlungen mit mehreren Häusern, und darunter befindet sich manchmal sogar das eine oder andere Wirtshaus und hin und wieder sogar einen Metzger. Schonen ist damit im Vergleich zum Rest des Landes geradezu ein Hort mitteleuropäischer Zivilisation. Im menschenleeren Norden ist der Mittelpunkt von Provinzgemeinden ja meistens der Supermarkt, und die daneben gelegene Würstchenbude ist manchmal der einzige gesellige Ort im Umkreis von 50 Kilometern. Schonen wird wegen seiner Eigenheiten von Menschen aus dem Norden denn auch als etwas seltsam empfunden, so als würde es eigentlich gar nicht so richtig zu Schweden gehören. Tante Maria zum Beispiel findet den Verkehr auf den schonischen Landstraßen furchtbar hektisch, aber sie schwärmt immer von dem tollen Flair der Gegend, die »zu den am dichtesten besiedelten« gehört, wie sie gerne erklärt. Das ist natürlich alles eine Frage der Perspektive. Als ich früher nach den Sommerurlauben in mein Münchner Ballungsgebiet zurückkehrte, da schwärmte ich meinen Schulfreunden in München stets von der menschenleeren Weite und den herrlich leeren Stränden in Vitemölla vor. Aber als polarkreiserfahrener Schwedenreisender weiß ich mittlerweile natürlich, dass menschenleere Weite doch ein wenig anders aussieht als die schonische Landidylle.

Die Bewohner Schonens halten sich selbst übrigens auch für etwas ganz Besonderes. Ähnlich wie die Bayern haben sie eine eigene Flagge, die sie stolz statt der schwedischen vor ihren Häusern hissen. Die Fahne ist rot mit einem gelben Kreuz, also eine Mischung aus Schweden (gelbes Kreuz) und Dänemark (roter Grund). Viele Jahrhunderte war der südliche Zipfel der skandinavischen Halbinsel dänisch, erst 1658 eignete Schweden sich die Region nach vielen blutigen Kriegen im Frieden von Roskilde an. Dieses Erbe sieht man nicht nur an den Flaggenfarben. Man hört es auch. Als Stefanie eines Tages vom Fischgeschäft in Kivik zurückkommt, ist sie völlig durcheinander, denn sie hat zum ersten Mal versucht, mit einem Einheimischen in der Landessprache zu kommunizieren. Und ist kläglich gescheitert.

»Ich habe kein Wort verstanden. Am Ende musste ich meinen Hering auf Englisch bestellen.«

Stefanie ist empört. Sie hat ihren Sprachkurs inzwischen mit Auszeichnung beendet, kommt in Stockholm problemlos zurecht, bewältigt selbst schwierige Behördengänge ohne Englisch und sieht jeden Tag schwedisches Fernsehen. Trotzdem kann sie in Kivik keinen Fisch bestellen. Ich muntere sie mit der Tatsache auf, dass Leute aus Schonen auch im schwedischen Fernsehen manchmal mit Untertitel versehen werden. Ihr Dialekt ist einfach zu breit. Selbst ich habe zuweilen Probleme, dabei habe ich als Kind meine ersten schwedischen Worte hier im Süden aufgeschnappt. Mein Ohr hat sich also schon früh an das örtliche Kauderwelsch gewöhnt, das man im ersten Moment wegen seiner vielen gutturalen Laute leicht mit Dänisch verwechseln kann. Tatsächlich hat es mit Dänisch aber nur wenig gemein, wie mir Tante Maria einmal erklärt hat. Sie kennt sich in der Lokalgeschichte des Südens ganz gut aus. Maria erzählte mir, dass die Schweden, als sie Schonen 1658 übernahmen, ihren neuen Untertanen bei peinlichen Strafen verboten, Dänisch zu sprechen. Ich finde, das erklärt einiges. Irgendwie hört man es dem schonischen Schwedisch noch heute an, dass es einst unter brutalem Zwang erlernt wurde.

18

Für Stefanie und mich bietet der Aufenthalt in Vitemölla die Chance, einen lange gehegten Traum zu erfüllen: eine Reise ohne Laura. Denn unsere Tochter können wir bei meinen Eltern abgeben. Meine Mutter – Laura nennt sie bereits »Farmor« – ist ohnehin kaum noch von ihrer Enkelin zu trennen.

»Natürlich kann ich mich ein paar Tage um Laura kümmern«, antwortete sie eifrig, als wir vorsichtig anfragten, und schloss meine Tochter in einen großmütterlichen Klammergriff. Und so fahren wir eines Montags zügig, ohne Wickelstopps und bei himmlischer Ruhe, in der nur das Schnurren unseres Volvos zu hören ist, nach Kopenhagen. Wir sind bester Laune, denn vor uns liegen zwei Tage Urlaub. Ich habe außer einer ausgiebigen Stadtbesichtigung mit Stefanie nur noch für Montagvormittag ein Interview mit einem Politiker vereinbart, mit dem ich über die neueste Verschärfung der Ausländergesetze sprechen will.

In Dänemark wird dauernd über Einwanderungspolitik gestritten. Die fremdenfeindliche Volkspartei kommt bei den Parlamentswahlen stets deutlich über zehn Prozent. Warum das so ist, weiß keiner so genau. Dänemarks Probleme mit der Einwanderung sind jedenfalls auch nicht schlimmer als in anderen europäischen Ländern. Trotzdem ist die Politik eigenartig fixiert auf dieses Thema (und zwar nicht erst seit dem Karikaturenstreit von 2006). Debatten über Kopftuchverbote, den Bau von Moscheen oder allgemein die Bedrohung dänischer Lebensart durch Fremde nehmen derart viel Raum ein, dass man fast von Besessenheit sprechen muss. Vielleicht ist die Xenophobie ja auch nur eine besonders hässliche Ausprägung des für Skandinavien so typischen Jante-Gesetzes.

Die dänischen Vorbehalte gegen Fremde beziehen sich freilich nicht auf ihre nordischen Verwandten jenseits der Ostsee. Die Bindung an Schweden ist in den vergangenen Jahren sogar noch enger geworden. Seit die Brücke über den Öresund fertig ist, braucht man nur noch knapp zwei Stunden von Vitemölla bis ins Zentrum der dänischen Hauptstadt. Ich genieße die Fahrt, die immer noch ein tolles Erlebnis ist, obwohl ich die Brücke schon ziemlich oft benutzt habe. Von Schweden aus fährt man über das elegant geschwungene Bauwerk zunächst ein paar Kilometer in die Mitte der Meerenge hinaus. Bei guter Sicht kann man dabei Fähren, Frachter und Tanker beobachten, die unter einem auf dem Wasser kreuzen – der Sund ist eine der am stärksten befahrenen Schifffahrtsstraßen der Welt. Einige Kilometer bevor die Autobahn das dänische Festland erreicht, setzt die Brücke dann auf einer künstlichen Insel auf, die eigens zu diesem Zweck in der Ostsee aufgeschüttet wurde. Sie heißt »Peberholm« – Pfefferinsel. Den Namen trägt sie, weil sie direkt neben dem natürlichen Eiland »Saltholm« – Salzinsel – liegt. Von Peberholm aus führt ein Tunnel steil abwärts, das letzte Stück der Straße verläuft dann unter dem Meeresgrund.

Die Verbindung zwischen den beiden Ländern hat die gesamte Region verändert. Es sind nicht nur die Dänen, die von Kopenhagen aus herüberfahren, um in Schonen Urlaub zu machen oder Ferienhäuser zu kaufen und die Grundstückspreise in die Höhe zu treiben. Auch viele Schweden pendeln über die Brücke. Der Kopenhagener Tivoli müsste ohne seine schwedischen Mitarbeiter vermutlich den Betrieb einstellen. Aber so weit wird es wohl nie kommen: Die Menschen in den nordischen Ländern betonen nämlich stets ihre Zusammengehörigkeit. Offene Grenzen und Freizügigkeit gehören seit Jahrzehnten zum nordischen Selbstverständnis.

Dänemark, Norwegen, Schweden und mit gewissen Einschränkungen auch Finnland und Island sind sich ja in vieler Hinsicht sehr ähnlich. Die Sprachen etwa, mit Ausnahme von Finnisch und Isländisch, gleichen einander so sehr, dass ich ohne Probleme mit meinem Schwedisch auch norwegische oder dänische Zeitungen lesen kann, was für meine Korrespondentenarbeit natürlich sehr nützlich ist. Etwas anderes als zeitunglesen ist es allerdings, mit den nordischen Nachbarn ins Gespräch zu kommen. Bei Norwegern geht das noch relativ leicht, Aussprache und Satzmelodie sind dem Schwedischen sehr ähnlich. In Norwegen spreche ich darum »Skandinavisch«. Das heißt: Der Norweger redet Norwegisch und benutzt dabei ein paar schwedische Worte, und ich rede Schwedisch und gebe ein bisschen Norwegisch hinzu. Der Mischmasch ist grammatikalisch nicht immer korrekt, funktioniert aber hervorragend. Anfangs habe ich manchmal versucht, Interviews auf Englisch zu führen – die meisten Norweger sprechen gut Englisch. Doch da ich in Stockholm wohne, betrachten mich Norweger als Schweden. Und Schweden, die in Norwegen Englisch sprechen und sich nicht mit der örtlichen Sprache abmühen wollen, gelten als überheblich. Die Schweden gelten bei ihren nordischen Nachbarn ohnehin als etwas überheblich, spätestens seit sie Stockholm zur Hauptstadt Skandinaviens erklärt haben. Dabei weiß jeder Norweger, dass die Hauptstadt Skandinaviens – wenn es denn überhaupt eine gibt – natürlich Oslo heißt.

Auch in Dänemark gilt es als höflich, eine Konversation in »Skandinavisch« zu führen. Allerdings ist Dänisch nun wirklich kaum zu verstehen. Der Däne verschluckt beim Sprechen die Hälfte aller Buchstaben, und er geht so nahtlos von einem Wort zum nächsten über, dass sich das Ganze für ungeübte Ohren anhört wie ein schlecht eingestellter Kurzwellensender. Schweden sagen über ihre südlichen Nachbarn (wenn diese nicht zuhören), sie würden »mit einer Kartoffel im Mund« sprechen. Ganz schlimm wird es bei den Zahlwörtern, denn die basieren im Dänischen zum Teil auf dem Vigesimalsystem – also auf den Vielfachen von 20, und nicht auf den Vielfachen von 10, wie das in vernünftigen Sprachen wie Schwedisch, Englisch oder Deutsch der Fall ist. Fünfzig zum Beispiel heißt auf Dänisch Halvtreds. Das ist die Verkürzung des altertümlichen Ausdrucks »halvtredje sinde tyve«, was frei übersetzt etwa so viel bedeutet wie »zweieinhalb mal zwanzig«. Warum einfach, wenn es auch kompliziert geht.

Nun sitze ich also im Abgeordnetenbüro eines dänischen Politikers und versuche Skandinavisch zu sprechen. Vor mir erzählt ein junger, dynamischer Mann etwas über Bevölkerungsstatistik. Im Kopf versuche ich das Geplauder in eine verständliche Form zu bringen. Aber bei der Zahl, die sich anhört wie »hundertunddreimalzwanzig« kapituliere ich. Da braucht man ja einen Taschenrechner im Hirn.

»Könnten wir vielleicht auf Englisch weitermachen?«

»Ja, gern«, sagt der Politiker etwas verwundert. »Ihr Schwedisch klingt so perfekt, deshalb dachte ich, wir sprechen einfach Schwedisch.«

Ach so, der Mann war also die ganze Zeit der Meinung, Schwedisch zu reden. Jetzt gilt es vorsichtig zu formulieren.

»Danke für das Lob«, sage ich. »Aber mein Schwedisch ist natürlich lange nicht so gut wie das Ihre. Und bei so wichtigen Themen wie diesem möchte ich natürlich ganz sicher sein, alles korrekt zu verstehen. Vor allem die Zahlen ...«

»Ach ja, die Zahlen, natürlich«, der Politiker schmunzelt und wechselt ohne weitere Diskussion ins Englische. Ich spüre aber, wie er wohlwollend zur Kenntnis nimmt, dass ich zumindest versucht habe, ihn zu verstehen. Hätte ich gleich auf Englisch losgefragt, wäre die Atmosphäre nicht so locker gewesen.

Nicht nur ich als Neuschwede habe Probleme in Dänemark, auch schwedische Muttersprachler tun sich oft schwer mit dem Genuschel der Nachbarn. Die schönste Beschreibung dieser Verständigungsschwierigkeiten findet sich in einem Krimi des Autorenduos Sjöwall/Wahlöö. Deren Romane aus den 1960er Jahren sind so etwas wie die Urmütter des schwedischen Kriminalromans. Die Bücher spielen in Stockholm und sind Vorlage für den beliebten Kommissar Beck, der im deutschen Fernsehen gelegentlich zur besten Sendezeit ermittelt. In einer der Geschichten kommt ein schwedischer Kriminalprofessor vor, der einen dänischen Kollegen seinen Freund nennt. Die beiden Akademiker treffen sich regelmäßig auf Kongressen, und dort sprechen sie – so wie sich das für gebildete Skandinavier eben gehört – in ihren jeweiligen Muttersprachen miteinander. Sie verstehen sich prächtig und sind stets einer Meinung. Eines Tages lädt der Schwede den Dänen zu sich ins Ferienhaus ein. Der Däne will sich die Umgebung ansehen und fragt seinen Gastgeber, ob er eine »Kort« habe. Kort heißt auf Dänisch Landkarte, auf Schwedisch heißt es Foto. Der Däne ist also irritiert, als sein schwedischer Freund seine Bitte ignoriert und ihm das Familienalbum zeigt. Daraufhin wiederholt er seine Frage auf Englisch – und für den Rest des Urlaubs sprechen die beiden Professoren dann nur noch Englisch miteinander. Dabei merken sie plötzlich, dass sie sich überhaupt nicht so einig sind, wie sie immer dachten. Ja, dass sie sogar ganz unterschiedliche Auffassungen haben. Am Ende der Ferien sind die beiden nicht mehr miteinander befreundet.

Die Geschichte ist ein wunderschönes Beispiel für den Charakter der schwedisch-dänischen Beziehungen. Manche Schweden sind bei einem Besuch in Dänemark so überrascht von der Andersartigkeit der Nachbarn, dass sie sich ernsthaft fragen, ob Dänemark nicht doch eher dem Kontinent zuzurechnen sei. In Dänemark gibt es zum Beispiel Kneipen, was dagegen fehlt ist der Systembolag. Die Dänen haben die mit Abstand lockersten Alkoholgesetze im Norden. Kein Wunder bei einem Land, in dem Bier das Nationalgetränk Nummer eins ist und das einige der größten Brauereien der Welt hervorgebracht hat.

Auch ich freue mich nach dem anstrengenden Interview erst einmal auf ein Carlsberg. Jetzt weiß ich übrigens immer noch nicht, warum die Dänen ständig über Ausländer diskutieren – und das liegt nicht an Sprachproblemen. Nach einem Mittagessen am malerischen Nyhavn machen Stefanie und ich einen Stadtbummel.

Am nächsten Tag statte ich noch dem Internationalen Pressezentrum einen Besuch ab. Kopenhagen ist neben Stockholm der zweite große Standort für Skandinavienkorrespondenten deutscher Medien. Die Kollegen haben in Kopenhagen außer Bier und Kneipen noch einige andere Vorteile: Der Flughafen ist größer, Deutschland ist näher, das Essen ist besser, und das Außenministerium stellt billige Büroräume zur Verfügung. Dafür ist es in Kopenhagen noch schwieriger, eine Wohnung zu finden, auch die Steuern sind noch höher (Dänen und Schweden wechseln sich in diesem Punkt seit Jahren an der Weltspitze ab). Außerdem gibt es eine Sondersteuer für Kraftfahrzeuge, weshalb ein Auto in Dänemark in etwa das Doppelte kostet wie in Deutschland. Kurz gesagt: Würde ich in Kopenhagen leben, hätten wir wohl kein Reihenhaus und auch keine neue Familienkutsche.

Und wir würden wohl auch nicht für lau Urlaub in Vitemölla verbringen können, denn ich wäre ganz bestimmt bei meiner Mutter in tiefe Ungnade gefallen. So weit geht die nordische Freundschaft nämlich auch wieder nicht. Zudem hätte ich in Kopenhagen Dänisch lernen müssen, und das ist nun wirklich ein triftiger Grund, dort nicht zu wohnen.

Unser Urlaub in Südschweden vergeht leider viel zu schnell. Als ich gerade das Gefühl habe, beim morgendlichen Bad in der Ostsee endlich nichts mehr zu spüren, müssen wir schon wieder nach Stockholm. Für den Rückweg haben wir uns den absoluten Höhepunkt der Reise aufgehoben: Bullerbü und die Astrid-Lindgren-Stadt Vimmerby. Werner erwartet uns schon, ich hatte ihn von Vitemölla aus kurz angerufen, und sein Angebot, uns in Småland zu beherbergen, steht noch. Viel Zeit habe er aber nicht, meint er, denn er müsse noch eine ganze Menge »Locations« mit seiner Videokamera filmen, bevor es wieder Herbst wird – der Herbst kommt in Schweden ja manchmal schon im Hochsommer. Während der zwei Tage, die wir bei ihm verbringen wollen, müsse er uns deshalb alleine lassen. Einem erholsamen Aufenthalt in Vimmerby steht also nichts mehr im Wege. Vor allem, weil unser Gastgeber ja kaum da sein wird. Stefanie findet den Werner zwar eigentlich ganz nett, aber doch ein wenig schrullig und anstrengend.

Werners falurotes Sommerhäuschen entpuppt sich als gut getarnter Piefke-Bau. Das Innere strahlt deutsche Solidität aus. Man hat den Eindruck, ein massivhölzernes Geschwür zu betreten, das von subversiven Kräften tief ins Ikea-Land eingepflanzt wurde. Die schweren Bauernmöbel im großen Wohnraum saugen das Licht in sich auf, das ohnehin nur spärlich zu den tüllverhängten Fenstern durchdringt, denn die Stuga steht mitten in einem Fichtenwald. Über dem Esstisch in der Mitte des geräumigen Zimmers scheint eine düstere Gewitterwolke zu hängen, die sich bei näherer Betrachtung aber als eine rustikale Lampe aus Schmiedeeisen entpuppt, die an den Ecken mit Rehgeweihen verziert ist. Instinktiv mache ich beim Betreten der Stube einen Bogen um das Monstrum.

»Tja, meine Eltern haben einen etwas eigenartigen Geschmack«, sagt Werner entschuldigend, während er uns hilft, das Gepäck auf das Zimmer zu tragen, in dem wir übernachten sollen. Unser Gemach ist komplett mit Kiefernholz getäfelt. Auf einem Brett über der Tür ist eine ganze Herde Dala-Pferde aufgereiht. Die bunt lackierten Holztiere sind auf den ersten Blick das einzig Schwedische in diesem Zimmer, das sonst ganz von einem wuchtigen Bauernschrank dominiert wird, der so aussieht, als würde er ab und zu mal einen vorbeischleichenden Feriengast fressen und nie wieder ausspucken.

»Schön, was«, sagt unser Gastgeber. »Und jetzt kommt der Clou.« Werner dreht an einem Dimmer neben der Tür und ruft theatralisch »Ta-taaa!«. Und aus dem schummrigen Dämmerlicht des Raumes schält sich langsam ein zackiges Gebilde, das bedrohlich über unserem Gästebett schwebt. Es ist ein Elchgeweih, dessen breite Schaufeln Glühbirnen beschirmen.

»Cool, was«, sagt Werner. »Hat uns unser Nachbar hier geschenkt – selbst geschossen.«

Wer immer auch das Trumm über unser Nachtlager gehängt hat – ich hoffe inständig, dass er geschickter im Umgang mit Werkzeug ist als ich. Denn ich möchte ungern im Schlaf von einem Elchgeweih erschlagen werden. Obwohl das für einen Skandinavienkorrespondenten sicher kein unpassender Tod wäre.

Aber die Sorgen sind unbegründet. Ich wache am nächsten Morgen unverletzt auf und bin sogar gut ausgeschlafen. Gleich nach dem Frühstück machen wir uns mit dem Auto auf in Richtung Bullerbü. Werner kann nicht mitkommen, er muss noch ein paar Locations besichtigen.

Bullerbü gibt es ja eigentlich gar nicht, der Weiler mit den drei Höfen und den glücklichen Kindern ist eine Erfindung von Astrid Lindgren. Aber vieles aus den Büchern der berühmten Autorin hat reale Vorbilder, die man besichtigen kann. So auch Bullerbü. Småland und insbesondere die Gegend, wo wir uns jetzt befinden, ist voll von solchen Kultstätten. Zentrum des Lindgren-Universums ist die Kleinstadt Vimmerby, die wir später am Tag noch besuchen wollen.

Bullerbü, das auf Schwedisch Bullerby geschrieben wird, heißt in Wirklichkeit Sevedstorp und liegt etwa 15 Kilometer von Vimmerby entfernt in einer Gemeinde namens Pelarne. Tatsächlich stehen in Sevedstorp drei alte Bauernhöfe in dem allgegenwärtigen Schwedenrot dicht beieinander. Wer einmal die Bullerbü-Filme des Regisseurs Lasse Hallström gesehen hat, der erkennt die Gebäude natürlich sofort als Süd-, Mittel- und Nordhof, wo Lisa, Lasse, Bosse, Britta, Inga, Ole und Kerstin zu Hause sind. Und Kenner der Materie wissen außerdem, dass Astrid Lindgrens Vater Samuel August Ericsson in Sevedstorp aufgewachsen ist. Lindgren kannte die Gegend und die Höfe also bestens, und es besteht darum kein Zweifel, dass Sevedstorp jenes Bullerbü ist, von dem alle Welt schwärmt.

Wenn man das alles weiß und vor den drei Häusern in der Mitte der smäländischen Waldwüste steht, dann sollte man eigentlich so etwas wie Ergriffenheit oder zumindest Neugier verspüren. Ich fühle allerdings nichts dergleichen, denn ich muss beim Anblick der drei Höfe plötzlich daran denken, dass ich Bullerbü als Kind immer ziemlich langweilig fand. Meine Mutter musste uns stattdessen immer Michel aus Lönneberga vorlesen oder Ronja Räubertochter. Die Vorlage Sevedstorp ist jedenfalls nicht spannender als das Bullerbü der Bücher, eher im Gegenteil. Es gibt ein kleines Café, einen Souvenirladen, und man kann Ferienhäuschen mieten. Der Besuch hier ist eine echte Enttäuschung, dabei hatte ich eigentlich gehofft, so etwas wie einen lebenden Mythos vorzufinden. Mein Unwillen wird zudem dadurch gesteigert, dass es nieselt und Laura ständig weint. In den Büchern scheint ja meist die Sonne, und es wird immer viel gelacht.

»Lass uns nach Vimmerby fahren, das ist bestimmt interessanter, denke ich.« Dort, so habe ich gelesen, kann man wenigstens ein bisschen was über Astrid Lindgrens eigene Kindheit erfahren.

Nach einer kurzen Wickelpause verlassen wir Sevedstorp wieder.

Wenige Minuten später zeigt sich, dass wir die richtige Entscheidung getroffen haben. Am Rande der Schnellstraße, die nach Vimmerby führt, werben meterhohe Plakate für die »Astrid-Lindgren-Welt«, eine Art småländisches Disneyland. Wobei man den Begriff Disneyland natürlich niemals und unter keinen Umständen im Zusammenhang mit Astrid Lindgren verwenden darf! Das gehört sich nicht. Denn die Astrid-Lindgren-Welt ist natürlich etwas ganz anderes als dieser Hollywood-Plastik-Zirkus, jawohl. Viel pädagogisch wertvoller natürlich, und überhaupt nicht so kommerziell wie bei den Amis. Womit natürlich nicht gesagt ist, dass dieser Freizeitpark umsonst ist. Qualität hat bekanntlich ihren Preis, nämlich 30 Euro für einen erwachsenen Besucher …

Aber das kann uns heute nicht schrecken. Schließlich sind wir ziemlich weit gefahren, um nach Vimmerby zu gelangen – ähnliche Überlegungen stellen sicher fast alle Besucher an, denn es gibt kaum Orte auf der Welt, von denen aus man nicht weit fahren muss, um hierher zu kommen. Gegen elf Uhr schieben wir also Lauras Kinderwagen durch den Eingang des Freizeitparks. Das Wetter ist wieder besser geworden, und Laura hat aufgehört zu weinen. Damit sind wir dem Bullerbü-Gefühl immerhin schon ein wenig näher gekommen. Da Laura ein kleines Nickerchen in ihrem Kinderwagen macht, verpasst sie allerdings die niedlichen Nachbauten all der Schauplätze aus den Lindgren-Büchern. Da ist die Krachmacherstraße, der Katthulthof, Karlssons Dach und »die kleine kleine Stadt«, in der Pippi Langstrumpf lebt (und die sehr stark an Vimmerby erinnert). Da sind Schilder, auf denen die lustigen Geschichten erzählt werden, die an diesen Schauplätzen spielen. Und auf denen dezente Firmenlogos den Namen des jeweiligen Sponsors verraten. Astrid Lindgrens Welt wird nicht nur mit guter Laune und Phantasie zum Leben erweckt, sondern auch mit freundlicher Unterstützung eines Eisherstellers, eines Softgetränkefabrikanten, einer Großbank, eines Papierkonzerns, der schwedischen Filmindustrie und noch einigen anderen Firmen. Laura schlummert sich durch dieses ganze wunderbare Spektakel hindurch, bis sie an der Villa Kunterbunt plötzlich unsanft geweckt wird. Wie aus dem Nichts taucht im Gedränge eine junge Frau auf, die eine Perücke mit abstehenden roten Zöpfen auf dem Kopf und zwei verschiedenfarbige, lange Strümpfe an den Beinen trägt. Vor ihrem Mund schwebt ein kleines Mikrophon, so eines wie es Fernsehmoderatoren manchmal benutzen, oder Konzernbosse, wenn sie den Aktionären die Bilanzen präsentieren. In Astrids Welt geht es allerdings etwas rauer zu als im Fernsehen oder an der Börse, darum hat die junge Frau sich das Mikro mit einem Pflaster auf die Backe gepappt.

»Här kommer Pippi Långstrump«, singt sie hüpfend. Das ist die Hymne aller Lindgren-Jünger: Pippis Lied. Jungen wie Mädchen um uns herum brechen in hysterisches Kreischen aus und versuchen mit der ganzen Kraft ihrer kleinen Beine den roten Zöpfen zuzustreben, die lustig durch die Menge wippen. In dem Tumult rempeln ein paar Jungs unsanft an Lauras Kinderwagen. Sie reißt gerade entsetzt ihre Augen auf, als die Pippi-Kopie sich über den Kinderwagen beugt und »tjolahopp tjolahej tjolahoppsan-sa« singt. Während die Frau weiter der Villa Kunterbunt entgegenhüpft, die in Schweden Villa Villekulla heißt, bricht Laura in lautes Geschrei aus. Ich nehme sie in den Arm und versuche sie zu beruhigen, so gut das bei dem Lärm eben geht. Hoffentlich hat diese erste Begegnung kein Trauma ausgelöst – die Pippi-Bücher mochte ich eigentlich auch immer ganz gern, und ich hatte mich schon darauf gefreut, sie Laura eines Tages vorzulesen. Die junge Frau mit den Zöpfen ist unterdessen in ihrer Villa angekommen, die großer Spielplatz und Bühne zugleich ist. Dort liefert sich die Pippi-Darstellerin nun eine wilde Verfolgungsjagd mit den beiden Polizisten Kling und Klang. Zur großen Freude ihrer kleinen Fans sind die Polizisten über alle Maßen dumm, sie stolpern, purzeln, fallen von der Veranda. Dazu wird ständig in die Mikrophone geschrien und gesungen. Die Stimmung steigt bis zum Siedepunkt, als Pippi den beiden Gendarmen die Leiter wegzieht, mit der sie gerade vom Dach klettern wollen. In einem waghalsigen Stunt hängt Klang zwischen Dachrinne und Leiter in der Luft. Das Publikum tobt. Aber Laura weint immer noch – nun auch deshalb, weil die Windel voll ist.

Also gehen wir in ein Restaurant in der Nähe des Katthulthofes, beseitigen das Problem und essen ein paar Waffeln. In der Astrid-Lindgren-Welt gibt es an jeder Ecke Waffeln oder Pfannkuchen mit Marmelade oder Zimtwecken oder Fleischbällchen oder Würstchen oder Bonbons und Zuckerstangen. Das ist zwar ungesund, entspricht aber den literarischen Vorlagen und steht darum über jeder Kritik, die gesundheitsbewusste, unbelesene Eltern möglicherweise vorbringen mögen.

Da Laura einfach noch zu klein ist, um den Lindgren'schen Charakteren ohne Furcht gegenüberzutreten, und da wir zu groß sind, um uns für eine Pippi mit Backenmikrophon zu begeistern, beschließen wir, noch ein wenig durch das echte Vimmerby zu bummeln. Vor allem wollen wir natürlich Astrid Lindgrens Geburtshaus besichtigen, jenes Epizentrum, in dem alles seinen Anfang nahm.

Astrid Lindgren, geborene Ericsson, wuchs als Tochter eines Pfarrhofpächters am Rand von Vimmerby auf. Das Haus, in dem sie ihre Kindheit verbrachte, die nach ihren eigenen Erzählungen eine Bilderbuchkindheit gewesen sein muss, hat sie später gekauft und renoviert. Da war sie mit ihren Büchern schon reich geworden, und sie rettete das Gebäude mit ihrem Engagement vor dem Abriss durch die Kommune. Im Rathaus wird man ihr ewig dafür dankbar sein müssen, denn das Häuschen ist heute für manche Menschen sehenswerter als ganz Vimmerby, Småland und der Rest von Schweden zusammengenommen. Astrids altes Zuhause ist nicht besonders groß, aus Holz gebaut und von einem Walmdach bedeckt. Die Farbe zu beschreiben ist müßig – jeder kann sich wohl selbst ausmalen, wie die Fassade gestrichen ist, die von weißen Sprossenfenstern durchbrochen und weißen Kanten umrahmt wird. Tickets für einen Besuch in dem faluroten Schrein gibt es in dem kleinen Souvenirladen nebenan, der eigentlich ein Buchhandel ist, in dem es natürlich vor allem Bücher von und über Astrid Lindgren in allen möglichen Sprachen zu kaufen gibt. Die alte Dame an der Kasse wirft Laura einen missbilligenden Blick zu.

»Kinder dürfen eigentlich erst ab acht Jahren hinein.«

»Wie bitte?« Ich glaube nicht recht gehört zu haben. »Warum?«

»Weil das ein altes Haus ist, mit alten Möbeln. Es ist sehr eng, und wir wollen nicht, dass etwas kaputtgeht«, sagt die Frau.

Stefanie blickt sie mit traurigen Augen an. »Was hätte Astrid wohl dazu gesagt?«, fragt sie.

»Ich bin ziemlich sicher, dass sie dafür Verständnis hätte. Schließlich hat sie sich viel Mühe gegeben, das Haus zu restaurieren, damit es wieder so aussieht wie in ihrer Kindheit.«

Die Dame ist sich ihrer Sache sehr sicher – später erfahre ich, dass der Souvenirladen neben dem Geburtshaus Verwandten von Astrid Lindgren gehört, die die Schriftstellerin tatsächlich gekannt haben und für sich darum in Anspruch nehmen dürfen, in etwa zu wissen, was die berühmte Schwedin im Haus ihrer Eltern gestatten würde und was nicht.

Da Laura ohnehin gerade friedlich in ihrem Tragetuch schlummert, drückt die Dame im Souvenirladen ein Auge zu. Wir dürfen mit Baby ins Heiligtum. Wir sehen eine alte Küche, ein Wohnzimmer mit alten Möbeln. Wir hören eine Fremdenführerin sagen, dass Astrid hier mit ihren Geschwistern immer Fangen gespielt hat. Jetzt ist freilich alles mit roter Schnur abgesperrt.

Gleich neben dem Pächterhaus, in dem die kleine Astrid lebte, steht der Pfarrhof, der etwas herrschaftlicher ist, aber heute auch ganz im Dienst der Ericsson-Tochter steht. In dem Haus, das auch aus Holz, aber originellerweise gelb gestrichen ist, befindet sich eine Ausstellung über die Autorin. Und weil es so viel Wissenswertes über die berühmte Schwedin zu berichten gibt, hat man neben dem Pfarrhof noch eine futuristische Ausstellungshalle mit Café und weiteren Ausstellungsräumen errichtet. Dort erfährt man auch ein wenig über die erwachsene Astrid und die nicht so idyllischen Seiten ihres Lebens. Die sind erstaunlich düster, wenn man bedenkt, dass diese Frau Bullerbü erfunden hat. Man versteht jetzt jedenfalls, warum die gleiche Frau so traurige Geschichten wie die von den Brüdern Löwenherz schreiben konnte.

Als Astrid Ericsson ihre Bilderbuch-Kindheit hinter sich gelassen und die Schule beendet hatte, arbeitete sie als Volontärin bei der Vimmerbyer Lokalzeitung. Mit 18 Jahren wurde sie vom Verleger schwanger. Heiraten wollte sie den Mann nicht, sondern ihren Sohn alleine großziehen. Das war 1926, und Vimmerby war damals keine Stadt, in der man einfach ein uneheliches Kind zur Welt bringen konnte, ohne einen Skandal hervorzurufen. Astrid zog nach Stockholm – aber auch dort war eigentlich kein Platz für alleinerziehende Mütter. Sie brachte ihren Sohn Lars schließlich in Kopenhagen zur Welt, zu dieser Zeit die einzige Stadt in Skandinavien, wo Frauen Kinder gebären konnten, ohne dass umgehend die Obrigkeit informiert wurde. Weil sie unmöglich selbst für Lars sorgen konnte – eine Dagis gab es damals auch in Schweden noch nicht –, gab Astrid Ericsson ihn in eine dänische Pflegefamilie und zog zurück nach Stockholm. Regelmäßig legte die junge Mutter an Wochenenden die etwa 800 Kilometer von Stockholm nach Kopenhagen zurück, um ein paar Stunden mit Lars zu verbringen. Im Museum in Vimmerby liegt heute ihr Reisepass aus jener Zeit, dessen Seiten über und über mit dänischen Stempeln bedeckt sind. Die Bahn- und Fährtickets konnte sie mit ihrem Sekretärinnengehalt kaum bezahlen. Die Eltern schickten ihr Essenspakete aus Småland, damit sie nicht hungern musste. In Stockholm lernte Astrid Ericsson dann Sture Lindgren kennen und heiratete ihn 1931. Mit Lindgren an ihrer Seite konnte sie Lars endlich nach Hause holen und eine Familie gründen. 1934 wurde ihre Tochter Karin geboren, für die sie auch einige ihrer Bücher schrieb.

Es ist schon bemerkenswert, dass gerade die Frau, die mit ihren Bullerbü-Büchern den Ruf Schwedens als Kinderparadies begründet hat, einst gezwungen war, ihren eigenen Sohn außer Landes zu bringen. Vielleicht, denke ich, während wir vom Pfarrhof langsam zum Zentrum von Vimmerby schlendern, ist es auch ein kleines bisschen eine Revanche gewesen, dass Astrid Lindgren ihre manchmal gar nicht so idyllische Heimat zur Kulisse für ihre wunderbaren Geschichten gemacht hat. Denn den so geadelten Orten wurde ja auch eine gehörige Portion Verantwortung aufgebürdet.

Es wird langsam Abend, als wir Lauras Kinderwagen über die verkehrsberuhigten Straßen der kleinen Stadt auf den Marktplatz schieben. Die alten Häuser sind alle herausgeputzt und frisch gestrichen, Neubauten gibt es nur wenige. An manchen Gebäuden sind kleine Messingschildchen angebracht, auf denen erläutert wird, in welchem Lindgren-Film das jeweilige Haus eine kleine Nebenrolle hatte, als Bonbon-Geschäft, in dem Pippi einkauft, zum Beispiel. Auf dem Marktplatz, dem Mittelpunkt der kleinen Stadt, essen wir in einem übervollen Restaurant. Vor den öffentlichen Gebäuden rund um den Marktplatz liegen breite Rampen für Kinderwägen einladend in der Abendsonne. Auf der Toilette des Restaurants reihen sich Wickeltische aneinander. Am Buffet gibt es Fleischbällchen und Pfannkuchen. Ein großer

Teil des Ortskerns wird von einem Spielplatz vereinnahmt, auf dem trotz vorgerückter Stunde immer noch getobt und gejauchzt wird. Die größeren Kinder klettern auf einem wuchtigen Piratenschiff herum (die Hoppetossa), daneben flitzen die kleinen durch drei Spielhäuser. Sie sind natürlich rot, haben ein Walmdach und stehen dicht beieinander, genauso wie die drei Höfe von Bullerbü. Was immer Vimmerby früher einmal gewesen sein mag – jetzt und heute ist es jedenfalls ein Kinderparadies. Und dank der allgegenwärtigen Tochter der Stadt wird sich daran auch so schnell nichts ändern.

»Weißt du was?«, sagt Stefanie, als wir spätabends wieder unter dem bedrohlichen Elchgeweih ruhen. »Wenn Laura älter ist, müssen wir wieder herkommen. Ich glaube, sie wird Vimmerby lieben.«

»Ja, das fürchte ich auch«, sage ich und denke an die endlos lange Autofahrt durch den Wald, die das Kinderparadies vom Rest der Welt trennt. »Jedenfalls bin ich froh, dass wir nicht in Bullerbü wohnen müssen. Unser Reihenhaus ist viel zentraler gelegen, und außerdem lungern da nicht so viele Touristen und Kühe rum.«

»Ja«, lacht Stefanie. »Ich freue mich auch schon auf den Umzug.«

19

Nun ist ein Umzug ja eigentlich nichts, worauf man sich freuen würde. Außer man ist so überaus gut vorbereitet wie wir. Nur drei Tage nach unserer Rückkehr soll es bereits losgehen. Mehr als die Hälfte unserer Bücher sind schon in Kisten verpackt, die sich in unserem Wohnzimmer in der Valhallagata türmen. Auch die meisten Schränke hatten wir noch am Tag vor unserer Abreise nach Vitemölla zerlegt, die Bretter ordentlich an die Wände gelehnt, alle Schrauben in kleine Tütchen gelegt und beschriftet, den Kühlschrank geleert, alle angebrochenen Nudelpackungen, Reistüten und sonstige offene Nahrungsmittel haben wir unserer Nachbarin Maja geschenkt, die nun vermutlich den ganzen Sommer über Spaghetti und Risotto gegessen hat. Unserer Vermieterin Annegret haben wir schon vor Monaten Bescheid gesagt. Sie hat sich in Bangkok in einen Thaiboxlehrer verliebt und möchte darum ihr Fernstudium noch ein paar Semester fortsetzen. Deshalb hat sie einen Nachmieter organisiert. Diesmal ist es tatsächlich ein Verwandter, nämlich ein Neffe. Er heißt Ulf Svensson, sieht aber gar nicht so aus. Annegrets Bruder und seine Frau haben Ulf aus einem koreanischen Waisenhaus adoptiert, als er noch ein Baby war. Das ist in Schweden nichts Ungewöhnliches, die Regeln für Auslandsadoptionen sind relativ locker, und viele Paare, die selbst keinen Nachwuchs bekommen können, erfüllen sich ihren

Kinderwunsch auf diese Weise. Trotzdem ist es natürlich ein wenig überraschend, wenn man Ulf Svensson das erste Mal begegnet – statt eines blonden Hünen ein kleingewachsener Asiate. Ich stelle mir vor, wie der Hausdrachen Barbro den jungen Mann im Aufzug zum ersten Mal ins Verhör nimmt. Sie wird ihn bestimmt mit vielen bohrenden Fragen über seine Verwandtschaft mit Annegret quälen – und sich bis auf die Knochen blamieren. Zu schade, dass ich nicht dabeisein werde.

Ulf hatte zum Abschied erwähnt, dass er Sauberkeit liebt, und dabei einen sehr skeptischen Blick in unsere Küche geworfen. Wir haben also vor unserem Urlaub die Küchenschränke gründlich gereinigt, die Böden geschrubbt, die Gardinen abgehängt, die Skiausrüstung und allerlei Gerümpel aus dem Keller geräumt. Stefanie ist in einen regelrechten Wegwerfwahn verfallen, sie beförderte mehrere Kisten mit meinen alten Schreibblöcken ins Altpapier, ebenso entsorgte sie einige Topfpflanzen, deren grausames Schicksal es war, auf dem Fensterbrett zu verdursten, während schwedischer Sommerregen gegen die Scheiben prasselte. Einen Maßkrug, den ich mir einmal nach einem fröhlichen Abend auf dem Oktoberfest geborgt hatte, konnte ich ihr kurz vor dem Altglascontainer entreißen.

»Den benutzt du ohnehin nie, vor allem hier nicht, wo es gar kein richtiges Bier gibt«, sagt sie.

»Trotzdem«, entgegne ich trotzig – der Krug begleitet mich nun schon mehrere Umzüge, ich hänge einfach an ihm. Am Ende ist der Keller jedenfalls ebenso leergeräumt wie die Abstellkammer in der Wohnung.

Kurzum: Wir haben wirklich an alles gedacht.

»Jetzt fehlen nur noch die Möbelpacker«, sage ich zufrieden, als wir einen Tag nach unserer Heimkehr die letzten Regale zerlegt haben. »Hoffentlich bringen die auch noch ein paar Umzugskisten mit, für die restlichen Bücher und die CD-Sammlung.«

»Wann kommen die denn eigentlich?«, fragt Stefanie.

»Ich weiß nicht«, antworte ich abgelenkt. Ich knote eine Schraubentüte zu, ohne das drohende Unheil zu bemerken. »Haben die dir das nicht gesagt?«

»Wieso mir?«, ruft Stefanie empört. »Du hast gesagt, du kümmerst dich darum. Du wolltest das im Büro regeln, hast du gesagt.«

»Das stimmt nicht. Ich habe gesagt: Das regelt sich schon. Und dann bin ich ins Büro gegangen. Das ist nicht das Gleiche.«

Bei der nun folgenden Auseinandersetzung habe ich natürlich schlechte Karten. Am Ende bleibt mir nur, den Fehler einzugestehen und zu geloben, mich umgehend um eine Lösung des Problems zu bemühen.

»Und wenn du das nicht schaffst, dann musst du eben jede Kiste einzeln mit dem Auto nach Vällingby fahren«, sagt Stefanie wütend, bevor sie mit Laura eine kleine Runde um den Block dreht, um sich zu beruhigen.

Von Östermalm nach Vällingby fährt man bei guter Verkehrslage etwa 30 Minuten. In unserer Wohnung stapeln sich an die 50 Kisten. Nach kurzer Kopfrechnung komme ich zu dem Schluss, dass es schlicht unmöglich ist, den Umzug mit dem Auto rechtzeitig zu bewerkstelligen. Übermorgen will Ulf schon mit seinen Sachen hier einziehen. Mit einem leichten Anflug von Panik greife ich zum dicken Branchentelefonbuch und setze mich mit dem Handy aufs Bett, einem der wenigen Möbelstücke, das noch nicht zerlegt ist.

Viele Stockholmer sind ja immer noch in den Ferien. Aber die wenigen, die in der Stadt geblieben sind, scheinen alle umzuziehen. Jedenfalls ernte ich mit meiner Anfrage bei den ersten zehn Speditionen nur Hohn und Spott.

»Was, morgen wollen Sie umziehen? Haha. In zwei Monaten hätten wir wieder Zeit.«

Nach einem guten Dutzend Telefonate bin ich völlig entmutigt. Keine der großen Umzugsfirmen in Stockholm ist bereit, die paar Sachen meiner Kleinfamilie schnell nach Vällingby zu fahren. Die kleineren Umzugsfirmen haben auch keine Zeit. Im Branchenbuch sind jetzt nur noch ein paar wenige, kleingedruckte Firmennamen übrig. Ich wähle schließlich die Nummer der Firma »Jalla-Jalla Umzüge« in Tensta. Ein Anrufbeantworter, dessen Ansage mit arabischer Folklore unterlegt ist, bittet mich fröhlich, eine Nachricht zu hinterlassen. Ohne große Hoffnung nenne ich mein Anliegen und meine Telefonnummer. Die drei letzten Speditionen im Telefonbuch sind ebenfalls Nieten: besetzt, pleite, Betriebsferien. Ich sehe aus dem Fenster. Unten rollt gerade Lauras Kinderwagen auf unser Mietshaus zu. Das energische Tempo, mit dem meine Tochter die Valhallagata entlanggeschoben wird, lässt mich ahnen, dass Stefanies Zorn noch nicht verflogen ist. Nervös denke ich über einen Plan B nach. Vielleicht könnte ich einen Kleintransporter mieten und Lars und Andrea um Hilfe bitten? Nein, die beiden sind noch in Dalarna wandern. Vielleicht geht es ja doch mit dem Volvo, schließlich ist er geräumig? Blödsinn, schon für Lauras Kinderwagen müsste ich eine eigene Fahrt machen. Vielleicht könnte man ein paar Taxis mieten? Aber das können wir uns sicher nicht leisten. Beunruhigt sehe ich, wie Stefanie ins Haus geht. Da klingelt plötzlich mein Telefon.

»Jalla-Jalla. Du hast wegen einem Umzug angerufen?«

»Ja genau. Morgen, von Östermalm nach Vällingby. Es sind etwa fünfzig Kisten plus Möbel. Und wir bräuchten noch ein paar extra Kisten für Bücher und so.«

»Morgen sind wir schon ein bisschen voll. Aber ich könnte meinen Bruder fragen, ob er helfen kann, der hat meistens Zeit. Allerdings haben wir für den Transport nur unseren Kleinbus übrig, da müssen wir vielleicht zweimal fahren. Okay?«

»Ja, natürlich!«, sage ich erleichtert. Es ist, als hätte ich eine Oase mitten in der Service-Wüste gefunden.

Der Mann, der sich als Salim vorstellt, nennt einen Preis, der mir in Anbetracht der Notlage günstig erscheint. Die Umzugskisten, sagt er, müsse ich aber heute noch selber abholen, damit morgen alles fertig ist. Wir vereinbaren, dass ich am Nachmittag zu seinem Büro in Tensta fahre und zehn Kartons für unsere Bücher und CDs bekomme.

»Ich habe nachgedacht«, poltert Stefanie, als sie durch die Tür kommt. »Wenn du das mit dem Umzug morgen nicht hinkriegst, dann ziehe ich mit Laura in ein Hotel. So lange, bis sich das geregelt hat!«

»Aber es hat sich schon geregelt«, sage ich ruhig. »Die Möbelpacker kommen morgen um zehn.« Und weil ich mich gerade im Aufwind fühle, setze ich nach: »Es war gar kein Problem, jemanden zu finden, du brauchst dich also nicht so aufzuregen.« Inständig hoffe ich, dass Jalla-Jalla-Umzüge zuverlässiger ist, als es der Name erwarten lässt.

Die beiden Nachbarorte Rinkeby und Tensta an Stockholms nordwestlichem Rand sind von allen Satellitenstädten die berüchtigtsten. Ihre Verruchtheit ist geradezu sprichwörtlich. Wenn Jugendliche irgendwo in

Schweden ein Auto zerkratzen oder eine Fensterscheibe einwerfen, wenn Fassaden mit Graffiti beschmiert oder Müllcontainer in Brand gesteckt werden, dann sagt man: »Hier sieht es ja aus wie in Rinkeby.« Die beiden Orte genießen in Stockholm also etwa denselben Ruf wie Neuperlach in München. In Tensta und Rinkeby wohnen fast ausschließlich Einwanderer, mehr als 80 Prozent der Bevölkerung hat der Statistik zufolge einen »Migrationshintergrund«. Die Zwillingsorte wurden etwa gleichzeitig Ende der 1960er Jahre errichtet. Sie waren Teil des »Millionenprogramms«, mit dem die schwedische Regierung damals im ganzen Land die Wohnungsnot beheben wollte. Die Architektur ist von ausgesuchter Scheußlichkeit: Wie ein finsteres Gebirge erheben sich Rinkeby und Tensta am Stadtrand aus grünen Wiesen. Das bevorzugte Baumaterial sind graue Betonplatten, und die Lieblingsform der Architekten war ganz offensichtlich der schmucklose Quader. Dicht gedrängt stehen dic Wohnklötze beieinander, so als wollten sie sich gegen die eigentlich recht malerische Umgebung abschirmen. Die erste Häuserreihe schmiegt sich eng an die vielbefahrene E18. Um den Verkehrslärm im Inneren der Siedlung zu mindern, haben die Stadtplaner die Straßen dort in Gräben versenkt, deren steile Wände mit grauem Stein getäfelt sind. Das hört sich ganz clever an, sieht aber so aus, als würde man durch einen Abwasserkanal fahren. Bullerbü ist denkbar weit entfernt. Ich bekomme ein wenig Angst um meinen schönen Volvo, als ich durch einen der Straßenkanäle zum Parkhaus im Ortszentrum Tenstas fahre. Nachdem ich mich dreimal versichert habe, dass das Auto verschlossen ist, wage ich mich schließlich hinaus in das verrufene Scherbenviertel. Was mir als Erstes auffällt: Es fehlen die Scherben. Das Zentrum von Tensta präsentiert sich sauber und ordentlich, der Beton leuchtet hellgrau in der Spätsommersonne. In München kenne ich einige Ecken, die sehr viel heruntergekommener aussehen. Vor dem kleinen Einkaufszentrum stehen Gemüse- und Obststände mit einem erstaunlich vielfältigen Angebot. Dazwischen bummeln Frauen mit Einkaufstüten umher. Die Szene wirkt in ihrer Normalität fast schwedisch, hätten nicht viele der Frauen Kopftücher auf. Da ich vor dem Treffen mit Salim noch ein wenig Zeit habe, mache ich eine Runde durch das überdachte Einkaufszentrum. Es gibt einen Kiosk, an dem man auch Lotto spielen und auf Pferde wetten kann – solche Glücksspiele sind in Schweden überaus beliebt, kaum ein Ort kommt ohne solch einen Kiosk aus. Mittelpunkt des Einkaufszentrums ist ein großer Supermarkt, der zu einer der üblichen Ketten gehört. Dass man in Tensta ist, merkt man erst an den kleinen Geschäften. Da ist zum Beispiel der arabische Möbelhändler, der sich auf Sessel und Sofas spezialisiert hat. Dort quellen dicke Polster aus verschnörkelten Holzrahmen, als wollten sie gleich platzen. Viele der Möbel sind so breit, dass sie wie wuchtige Thronsessel aussehen – dafür bestimmt, in ihren weichen Sitzmulden den Hintern eines Familienoberhaupts aufzunehmen. Ein paar Meter von diesem Anti-Ikea entfernt befinden sich die Modeboutiquen. Gleich zwei Kopftuch-Fachgeschäfte locken ihre Kundinnen mit Sortimenten, die in allen Farben des Orients schimmern. In den Schaufenstern hängen Plakate, auf denen hübsche Frauen mit geheimnisvollem Lächeln die neueste Kopfbekleidung aus Dubai präsentieren. Immerhin: In einem der Schaufenster glupscht ein kleiner Stoffelch den Passanten durch das Glas entgegen. Ich ahne, dass es hier viele Menschen gibt, die so wie ich gerne Schweden werden möchten. Und die dabei auf Probleme stoßen, die ungleich größer sind als mein kleiner Zwist mit dem Skatteverk.

Salims Büro liegt nicht weit vom Einkaufszentrum entfernt. Wobei Büro ein wenig übertrieben ist: Der etwa 40-jährige Mann mit dem blauen kurzärmeligen Hemd verwaltet sein Möbelpackerimperium von der Besenkammer einer Dreizimmerwohnung aus. Dort hat er sich eine kleine Tischplatte an die Wand geschraubt, auf der ein Laptop summt. Auf dem Regal über seinem Kopf rattert ein Drucker. Salim gibt mir die Quittung für die Umzugskartons und eine Rechnung für den morgigen Umzug, die ich zur Hälfte gleich bezahlen muss.

»Ist ein bisschen eng hier. Wir sind neu im Business, weißt du«, grinst er. Salim mustert mich, während ich die Kronenscheine abzähle. »Bist du aus Dänemark, du redest so komisch?«

Ich freue mich sehr – immerhin werde ich jetzt schon für einen Skandinavier gehalten. Das ist ein Aufstieg. Und Salim, der aus Tunesien stammt, freut sich auch, als er hört, dass ich aus Deutschland komme. Denn er hat dort Verwandte, »irgendwo da in der Nähe von so einer Stadt, die Frankfurt heißt«. Salim hat seine Verwandten dort schon einmal besucht und dabei drei deutsche Worte gelernt, die er nun mehrmals und mit großer Begeisterung aufsagt: »Sauerkraut! Bier! Ordnung!« Ich finde es zwar nicht gut, wenn meine erste Heimat auf so billige Klischees reduziert wird. Aber er meint es wirklich nett, und seine herzliche Art ist trotzdem irgendwie rührend. Nach dem Besuch in Salims Besenkammer bin ich jedenfalls guter Dinge, dass der Umzug am nächsten Tag klappen wird.

Tatsächlich steht Salims Bruder gemeinsam mit zwei Gehilfen, die noch nicht ganz volljährig aussehen und offenbar auch zur Familie gehören, pünktlich um zehn vor der Wohnungstür in der Valhallagata. Der Kleinbus, den sie mitgebracht haben, ist geräumig, und die Sticker von einigen Vergnügungsparks auf der Hecktüre lassen vermuten, dass er auch gelegentlich für Familienausflüge genutzt wird. Salims Bruder ist ebenso fleißig wie schweigsam, die Arbeit geht in hohem Tempo voran. Nur als der Hausdrachen Barbro an uns vorbeiläuft und mit überraschter Miene sagt: »Jahaa. Sie ziehen aus«, da macht Salims Bruder eine kurze Pause und fragt: »Wer ist das?« Nach meiner kurzen und nicht sehr freundlichen Erläuterung zu Barbro und ihrer bedeutsamen Aufgabe in diesem Haus schüttelt er lachend den Kopf.

»Vorhin war sie mit uns im Fahrstuhl, und als wir in eurem Stockwerk ausgestiegen sind, hat sie plötzlich gefragt, ob wir Verwandte von Annegret sind.«

»Und?«

»Ich habe gesagt, ich kenne keine Annegret.«

»Und dann?«

»Hat sie laut ›Aha!‹ gerufen und sich etwas in ihr Notizbuch geschrieben. Dann ist die Fahrstuhltür zugegangen.«

Es ist wirklich schade, dass ich nicht erleben darf, wie Ulf Svensson und Barbro zum ersten Mal aufeinandertreffen.

Wider Erwarten passt unser gesamter Hausrat doch in den Kleinbus. Salims Bruder erweist sich als Virtuose der Packkunst. Nur ein Karton mit Putzmittel bleibt am Ende übrig, den nehmen wir in unserem Volvo mit.

Im Marsvinsväg in Vällingby wartet Leif schon mit den Schlüsseln auf uns. Er und Annika sind die Woche zuvor aus dem Reihenhaus in ihre neue Wohnung umgezogen. Leif ist gerade auf dem Weg zum Baumarkt, er führt uns deshalb nur kurz durch das Haus. Es ist blitzblank geputzt und fast noch schöner, als wir es in Erinnerung hatten. Das Ausladen geht Salims Bruder und seinen Jungs noch schneller von der Hand als das Einladen – um 14 Uhr sind wir fertig umgezogen. Das Erste, was wir aus den Kisten kramen, ist die Kaffeemaschine. Mit einem frischen Kaffee in der Hand setze ich mich dann für eine kurze Pause auf einen Stuhl zwischen die Bücherkisten im Wohnzimmer und warte, ob sich nun so etwas wie ein typisches Vorort-Gefühl einstellt. Schließlich habe ich die letzten zehn Jahre meines Lebens ausschließlich in Städten gewohnt. Es könnte ja sein, dass mir nun irgendetwas fehlt. Der Feinstaub? Der Verkehrslärm? Die Hausgemeinschaft? Nein, mir fehlt vorerst nichts. Im Gegenteil: Ich freue mich schon richtig auf das Leben in Suburbia – mit dem Volvo und dem Reihenhaus können wir nun endlich ausprobieren, wie das so ist als ganz normaler Schwede. Ob mich die neuen Nachbarn wohl für einen Dänen halten werden?

Das Nächste, was wir aufbauen, ist das Gitterbett im Kinderzimmer, Laura ist müde und quengelt schon, seit wir in Östermalm losgefahren sind. Dann schrauben wir unser eigenes Bett zusammen und errichten eine ganze Kompanie Billy-Regale, damit wir die Bücherkisten leeren können.

Es ist Abend geworden, und seit heute früh haben wir nichts mehr gegessen. Aus der Tiefe einer Jalla-Jalla-Kiste holt Stefanie schließlich eine Dose Sauerkraut hervor, die uns ein wohlmeinender Gast aus München einmal mitgebracht hatte. Da wir uns nicht so viel aus Sauerkraut machen, ist sie langsam im Schrank verstaubt und in Vergessenheit geraten. Zum Glück liegt ihr Haltbarkeitsdatum so weit in der Zukunft, als hätte sie sich vorgenommen, einmal als Proviant für die erste Marsmission zu dienen.

»Ich mach' das mal warm. Bin zu müde, jetzt noch in den Supermarkt zu fahren.«

»Okay, ich räume inzwischen Lauras Kinderwagen raus in den Schuppen«, sage ich.

»Nimm dieses Ding auch gleich mit. Wenn es hier im Weg rumsteht, schmeiße ich es doch noch weg.« Stefanie drückt mir den Oktoberfest-Krug in die Hand.

Auf halbem Weg zu dem faluroten Holzkasten, der vor unserem Haus zur Aufbewahrung von Fahrrädern, Kinderwagen und Gartengerät dienen soll, klingelt mein Telefon. Mama ist dran, und sie klingt ziemlich verstört.

»Ich muss dir was ganz Komisches erzählen«, sagt sie. »Ich zahle doch schon seit Jahren Steuern für das Haus in Vitemölla an das schwedische Skatteverk.«

Das weiß ich, die Grundsteuern und ihre Abschaffung oder Erhöhung sind schließlich ein politisches Dauerthema. Auch meine Mutter ist als Schwedin natürlich nicht weiter überrascht darüber, dass der erfindungsreiche Fiskus ihr Ferienhaus mit der einen oder anderen Abgabe belastet. Was sie verstört, ist, dass die Steuererklärung diesmal postwendend an sie zurückging.

»Die haben meinen Familiennamen einfach rausgelöscht und stattdessen meinen Mädchennamen eingesetzt. Dabei sind dein Vater und ich schon seit über dreißig Jahren verheiratet!«

Mama ist empört. Ich erinnere sie daran, dass das Skatteverk vor einigen Monaten ja auch nicht mehr wusste, dass sie einen Sohn hat und eine Schwester. Jetzt zu erwarten, dass die Beamten meinen Vater kennen, das sei nun wirklich ein wenig zu viel verlangt, scherze ich. Meine Mutter findet das überhaupt nicht lustig.

»Ich habe meinen Mädchennamen durchgestrichen und meinen richtigen Namen wieder hingeschrieben. Das lasse ich mir nicht gefallen.«

Ich lache zustimmend.

»So muss man das machen. Nur nicht unterkriegen lassen, Mama. Ordnung muss sein! Jawohl!« Ich schwenke gut gelaunt den Maßkrug in meiner Linken.

Neben mir räuspert sich jemand. Ich habe die zierliche Frau gar nicht kommen sehen, die nun mit einer dicken Einkaufstüte in der Hand in meinem Vorgarten steht.

»Herrlich willkommen in Sveden!«, sagt sie strahlend. »Ich bin Ihre neue Nachbarn Emma Johansson. Wir sind gleich da in der blaue Haus dort. Es freut mich, dass Sie gekommen sind. Da kann ich ein wenig üben, meine Deutsch zu sprechen. Ein schönes Bierkrug haben Sie da! Typisch Deutsch, nicht wahr?«

Sie reicht mir die Hand.

»Emma. Hier in Sveden sprechen wir immer mit das Vornamen zueinander.«

»Gunnar«, sage ich und versuche den Bierkrug im Kinderwagen zu verstecken. »Hej!«

»Ah, du sprechst schon ein wenig Svedisch, wie schön!«

»Ihr Deutsch ist aber auch sehr gut«, sage ich, denn das ist es wirklich.

»Ich will nicht stören. Du hast sicher viel mit das Umzug zu tun.« Emma deutet auf einen Kistenstapel neben der Haustür und zwinkert mir zu. »Ordnung muss sein, nicht wahr? Das ist typisch Deutsch, typisch! Das finde ich so schön«, ruft sie freudestrahlend.

»Ja schon, aber wissen Sie, äh, ich meine, weißt du, Emma, eigentlich sind wir gar nicht so typ…«

»Gunnar! Kommst du bitte? Das Sauerkraut ist jetzt fertig!«, ruft in diesem Moment Stefanie aus dem Haus.

»Ah, Sauerkraut – gut, gut!«, kichert Emma beim Fortgehen. »Auf bald! Ich freue mich schon kennenzulernen die Familie.«

Etwas zerknirscht über den Verlauf des Gesprächs gehe ich in die Küche, um das elende Kraut zu essen. Mir ist eines klar: Selbst wenn wir einen ganzen Fuhrpark mit Volvos oder Saabs kauften, selbst wenn wir irgendwann einmal alle Laute der schwedischen Aussprache akzentfrei beherrschen würden, selbst wenn wir unsere Socken falurot anmalten und Astrid Lindgrens *Gesammelte Werke* aus dem Gedächtnis rezitieren könnten – hier im Marsvinsväg werden wir nach diesem ersten Vorgartengespräch für immer und ewig »die Deutschen« bleiben. Die mit der Ordnung, dem großen Bierkrug und dem Sauerkraut.

Nachdem wir das Dosenkraut mangels Esstisch auch noch im Stehen verspeisen mussten, wenden wir uns dem Poststapel zu, der sich im Urlaub angesammelt hat. Die Vorbesitzer hatten uns freundlicherweise gestattet, dass wir schon vor dem Sommer unsere gesamte Post in den Marsvinsväg umleiten. Leif drückte mir darum zusammen mit dem Schlüssel einen ganzen Stapel Briefe in die Hand, den wir nun durchsehen. Hauptsächlich sind es Rechnungen. Aber ganz unten liegen auch zwei Schreiben vom Skatteverk: ein dickes, schweres Kuvert und ein dünner Brief. Mein Herz schlägt höher, als ich das Logo der allmächtigen Behörde erblicke. Hat sich endlich alles geregelt? Bin ich jetzt wenigstens im Einwohnermelderegister ein Schwede? Ein wenig enttäuscht stelle ich fest, dass die Finanzbeamten gar nicht mich, sondern meine Tochter Laura angeschrieben haben. Was sie wohl wollen? Vielleicht möchten sie ihr zu ihrem ersten Geburtstag gratulieren, der in einigen Wochen ansteht. Oder Laura, etwas verspätet, mit freundlichen Grüßen in ihrer ach so wichtigen Bevölkerungskartei willkommen heißen? Oder Steuern eintreiben? Beim letzten Gedanken muss ich kichern.

»Was gibt es zu kichern?«, fragt Stefanie.

»Ach nichts, ich habe mir nur überlegt, ob Laura vielleicht Steuern zahlen muss.«

Wir lachen beide herzlich, aber nur kurz. Denn in dem dünnen Kuvert finden wir tatsächlich einen Steuerbescheid. Wie verantwortungsbewusste Eltern das so tun, haben wir Laura bei meiner Bank ein Sparkonto eingerichtet und dort den symbolischen Betrag von 20 Euro eingezahlt. Im Laufe der Jahre wollten wir diesen Betrag immer weiter aufstocken und ihr dann zum 18. Geburtstag das Konto schenken. Wir hätten unsere guten Vorsätze besser bei einer deutschen Bank verwirklichen sollen, denn dann wäre dem Skatteverk nicht aufgefallen, dass Laura von der Bank für ihr Erspartes etwa sechs Kronen (60 Cent) Zinsen erhalten hat. Zinsen, für die eine Kapitalertragssteuer von knapp zwei Kronen fällig wird. Genau genommen sind es nur eine Krone und fünfundneunzig Öre, die Summe prangt fett gedruckt in der Mitte des Briefbogens hinter den Worten »Att betala« – zu bezahlen. Im Kleingedruckten darunter lese ich allerdings mit Erleichterung, dass Steuerschulden erst ab einer Höhe von 100 Kronen beglichen werden müssen. Im Kopf überschlage ich, dass Laura somit erst im Alter von etwa zehn Jahren ihre ersten Steuern überweisen müsste – vorausgesetzt wir zahlen weiter jedes Jahr nur 20 Euro auf ihr Konto ein (eigentlich wollten wir etwas großzügiger sein, aber aus steuerlichen Gründen können wir uns das nun sparen). Mit zehn Jahren wird Laura ihren Steuerbescheid ja immerhin schon selbst lesen können.

Ich überlege gerade, ob der schwedische Fiskus im Ernstfall auch Schnuller pfänden würde, da werde ich von einem metallischen »Klonk« unterbrochen. Stefanie hat das dicke Kuvert geöffnet, ein silbriges Teil in einer weißen Papiertüte purzelte heraus und schlug auf der Küchenanrichte auf.

»Was zum Teufel ist das?«

Mit ungläubigem Blick hält Stefanie ein Metallkettchen in die Höhe, an dem ein Ding baumelt, das mich an einen Hechtköder erinnert. Es handelt sich um eine Erkennungsmarke, so eine, wie sie Soldaten immer um den Hals tragen. In der Mitte ist sie perforiert, damit man sie im Bedarfsfall durchbrechen kann. Man kennt das ja aus Kriegsfilmen: Eine Hälfte der Marke kommt zu den Akten, eine bleibt bei der Leiche und wird am großen Zeh befestigt. Auf der Marke sind Lauras Name, Nachname, Personennummer und die drei Kronen, Schwedens Staatswappen, eingraviert. Wir glauben zunächst an einen geschmacklosen Scherz. Nach Lektüre des beigefügten Schreibens erkennen wir aber, dass es nur die Bürokratie ist, die hier ihren gewohnten Gang über die manchmal recht abwegigen Pfade schwedischer Sicherheitsvorschriften geht.

»Die Identitätsmarke ist *persönlich*«, teilt uns das Skatteverket in nüchternem Befehlston mit, besonders wichtige Befehlspassagen sind hervorgehoben. »In falschen Händen erfüllt sie keinen Zweck. In *Friedenszeiten* wird die Marke in der Tüte aufbewahrt. *Verwahren Sie sie gut, so dass sie leicht wieder hervorgeholt werden kann.* Marke, Kettchen und Tüte werden bei *Militär-*

dienstausübung mitgeführt. Bei *Krieg* oder *Kriegsgefahr* ist die Marke an der Halskette zu tragen.«

Bei genauerer Nachfrage erfahre ich später bei der Infohotline des Skatteverks, dass die Marke auch im Katastrophenfall umgehängt werden darf. Damit jeder sofort weiß, wo unsere Tochter hingehört, falls sie einmal verlorengeht. Mein Hinweis, dass Laura noch nicht einmal die schwedische Staatsbürgerschaft hat (dazu müsste ich meine erst wiederhaben) und deshalb wohl auch keinen Militärdienst in der königlichen Armee anstreben wird, scheint bei der Infohotline der Steuerbehörde niemanden zu bekümmern. Wer in Schweden aufwachse, der sei praktisch Schwede und könne ja nach wenigen Jahren problemlos die Staatsbürgerschaft erwerben, werde ich belehrt. »Und dann ist es doch gut, wenn man schon eine Identitätsmarke hat. Wissen Sie, jeder Schwede bekommt so eine.«

Warum ich dann keine habe, will ich wissen, denn ein bisschen neidisch bin ich schon auch auf die schicke Hundemarke mit den drei Kronen.

»Hier steht, dass Sie Deutscher sind«, sagt der Beamte.

Mit einem Seufzer beende ich das Gespräch. Als kleinen Akt des Aufbegehrens lasse ich Lauras Blechmarke nicht wie befohlen in ihrer Tüte, sondern klebe sie mit Tesafilm ins Familienalbum. Da zeigen wir sie nun allen unseren Freunden, insbesondere Gästen aus Deutschland – die würden uns die Geschichte von der Erkennungsmarke für Babys sonst nicht glauben.

Der Herbst kommt kurz nach uns im Marsvinsväg an. Wir sind aber so damit beschäftigt, Kisten auszupacken, Bilder aufzuhängen und gelegentlich schreckliche Nachmittage in diesem blau-gelben Möbelhaus zu verbringen, dass wir es zunächst kaum merken. Auf mich wartet außerdem jede Menge Arbeit im Büro. Die Ferien sind vorbei, alle Interviewpartner sind wieder erreichbar, und das gesellschaftliche Leben in Schweden gewinnt nach dem langen Sommerschlaf binnen kürzester Zeit wieder an Fahrt. Nebenbei sind noch einige Behördengänge zu erledigen. Laura wird bald ein Jahr und erreicht damit das Kindergartenalter – wir wollen uns nun mit Nachdruck um einen Platz bemühen. Außerdem statten wir dem für Vällingby zuständigen Skatteverk einen Besuch ab, um uns umzumelden. Natürlich bringe ich bei dieser Gelegenheit auch das leidige Thema Staatsbürgerschaft zur Sprache.

Mit dem Mut des Verzweifelten knalle ich meinen schwedischen Pass auf den Schalter und verlange, dass man nun endlich die Bevölkerungskartei ändere, wie ich es schon so oft verlangt habe. Wie immer sind die Mitarbeiter in der Steuerbehörde freundlich. Gunilla, die grauhaarige Frau hinter dem Schalter, nickt bei jedem Wort aufmunternd. Sie betrachtet sogar meinen Pass interessiert. Dann blickt sie auf ihren Schirm und sagt: »Aber hier steht, dass Sie Deutscher sind.«

»Aber sehen Sie doch her. Hätte ich vielleicht einen schwedischen Pass, wenn ich kein Schwede wäre?«

»Ist schon vorgekommen«, sagt Gunilla freundlich. »Bei der Polizei passieren manchmal Fehler.«

Da kann ich nur den Kopf schütteln. Wie können in einem Land, wo selbst Säuglinge mit Erkennungsmarken bedacht werden, solche Fehler passieren?

»Was brauchen Sie denn dann noch?«, frage ich verzweifelt. »Wie kann ich beweisen, dass ich wirklich Schwede bin, wenn der Pass nicht reicht?« Krampfhaft versuche ich mich an das Lied mit den kleinen Fröschen zu erinnern. Ich rechne jeden Moment damit, dass ich es vorsingen und dabei durch den wie immer gut besetzten Wartesaal der Behörde hüpfen muss.

»Ich kann Ihnen Ihre Frage leider nicht beantworten«, sagt Gunilla ruhig.

»Und warum nicht?«

»Weil ich nicht zuständig bin. Aber wissen Sie was? Ich glaube, Sie haben da wirklich ein Problem.« Sie erhebt sich, holt in einem der hinteren Bereiche ihres Büros einen Stift und einen Zettel, Utensilien, die sie nur ausnahmsweise zu benutzen scheint. »Ich schreibe mir jetzt mal Ihren Namen auf, so.« Gunilla malt mit schönen, runden Buchstaben meinen Namen auf den gelben Zettel. »Und jetzt schreiben wir noch dazu: Staatsbürgerschaftsangelegenheit. So. Ihre Telefonnummer bitte.« Ich nenne ihr meine Handynummer und hoffe, dass sie mir jetzt endlich sagt, wie es weitergeht.

»Das lege ich jetzt einer Kollegin hin. Zusammen mit Ihren Akten. Die Kollegin ist Expertin für solche kniffligen Fälle, die weiß bestimmt Rat«, sagt Gunilla. »Sie wird sich sicher gleich damit befassen, wenn sie zurück ist.«

»Wo ist sie denn?«

»Im Urlaub, aber in vier Wochen kommt sie schon wieder.«

»Und wie heißt sie?«

»Anita Bengtsson.«

Ich schreibe mir den Namen auf einen kleinen Zettel und lasse mir auch die Telefonnummer der Expertin für knifflige Fälle geben.

20

Die schwedische Bürokratie hat es offenbar ganz allein auf mich abgesehen. Die anderen Mitglieder meiner Kleinfamilie – die wohlgemerkt nie schwedische Staatsbürger waren – werden vom Gemeinwesen mit ausgesuchter Freundlichkeit behandelt und gefördert. Laura zum Beispiel, die bekommt nicht nur eine Erkennungsmarke. Nein, sie bekommt auch pünktlich zum ersten Geburtstag ohne Wartezeit, ohne Probleme, ohne »Das regelt sich schon« einen Kindergartenplatz zugewiesen. Die Tagesstätte »Elsa Beskow« liegt zwar etwa zehn Autominuten vom Marsvinsväg entfernt und war darum nicht unsere erste Wahl – wir hätten lieber einen Krippenplatz in der Nähe gehabt –, aber trotzdem ist es natürlich toll, dass es so schnell geklappt hat. In einem netten Brief in Computerschreibschrift lädt man uns zum Vorstellungsgespräch ein. Den Termin hat die Leiterin der Tagesstätte auch schon festgesetzt: Mittwoch um 10.30 Uhr. Wir haben uns mittlerweile daran gewöhnt, dass Termine nicht vereinbart, sondern mitgeteilt werden. Die Kinderkrankenschwester etwa macht das auch so. »Bringen Sie Laura am Montag um 11 Uhr zur nächsten Routineuntersuchung«, heißt es da. Oder: »Ihr Impftermin ist Freitag, 15 Uhr.« Klar, einerseits wäre es sicher höflich, sich einmal zu unterhalten und den Termin, so wie bei uns, in gegenseitigem Einvernehmen festzusetzen. Andererseits kostet solches Geplänkel Zeit, und am Ende muss man sich für Arzttermine und Ähnliches ja ohnehin freinehmen. Da kann man sich das viele Gerede auch gleich sparen. Wie es sich für Eltern in Schweden gehört, folgen wir also dem Ruf der Kindertagesstätte ohne Wenn und Aber. Ich nehme mir für den Tag frei, damit ich Stefanie und Laura begleiten kann. Natürlich sind wir ein wenig aufgeregt, und es ist uns auch etwas mulmig zumute. Laura wirkt immer noch so klein und zierlich, sie kann noch nicht einmal richtig laufen. Wird man sie da überhaupt aufnehmen? Und wie wird es ihr im Kindergarten gefallen?

Meine Redaktion gewährt mir den freien Tag jedenfalls gerne.

»Toll«, heißt es dort. »Wir freuen uns dann schon mal auf einen Erfahrungsbericht über das schwedische Krippensystem. Das soll ja vorbildlich sein!«

Das hatte ich bis jetzt auch immer geglaubt, aber dieser Glaube wird erschüttert, als ich einen ersten Blick auf den Ort werfe, in dem meine Tochter künftig ihre Tage verbringen soll. Der Eingang zur Kindertagesstätte, die sich im Erdgeschoss eines mehrstöckigen Wohnhauses befindet, ist komplett vergittert, was der Einrichtung den Charme eines Zuchthauses verleiht. An der schweren Eisentür, die mit einem Zahlenschloss gesichert ist, spielt sich bei unserer Ankunft ein kleines Drama ab. Ein etwa drei Jahre altes Mädchen streckt ihre kleinen Hände durch das Gitter und ruft verzweifelt: »Mama! Maaama!« Vor der Absperrung steht eine Frau in grauem Business-Kostüm und winkt traurig. »Hejdå, meine Kleine. Nicht weinen. Ich komme dich heute Nachmittag wieder abholen.« Die Frau will sich umdrehen und zum Ausgang gehen. Aber das herzzerreißende »Nein! Neiiiiiin!« ihrer Tochter lässt sie offenbar nicht ganz kalt. Sie zögert, kommt noch einmal zurück und streichelt das durchs Gitter gereckte Händchen. Neben dem Kind kniet eine junge Frau in Jeans am Boden und versucht das Mädchen zu beruhigen. Als sie uns sieht, springt sie auf und öffnet das quietschende Gitter – nicht ohne dabei mit einem geübten Griff das kleine Mädchen an der Flucht zu hindern.

»Ihr müsst die Neuen sein«, sagt sie freundlich. »Und du bist sicher die kleine Laura.«

Laura lächelt. Sie scheint noch nicht zu begreifen, was wir hier wollen und was um sie herum passiert – oder vielleicht begreift sie auch besser als wir.

»Elin, unsere Chefin, ist dort den Gang runter links. Sie wartet schon auf euch. Aber bitte zieht euch vorher die Schuhe aus.« Die blauen Schutzhäubchen seien gestern ausgegangen, entschuldigt sie sich.

Wir tun wie uns geheißen, während am Gitter das Geschrei weitergeht. Wir sind von den lauten Mama-Rufen wohl sichtlich geschockt, denn Elin, die uns kurz darauf die Hände schüttelt, beruhigt uns, ohne dass wir die dramatische Szene auch nur ansprechen müssen.

»Das da ist die kleine Johanna«, sagt sie. »Die hat gerade so eine Phase, wo sie sich morgens nicht von ihrer Mama trennen will. Das haben alle Kinder mal.« Sie streichelt Laura über den Kopf. »Aber meistens gibt sich das schnell wieder.«

Elin ist etwa 1,80 m groß, hat blondes Haar, das sich in einer Dauerwelle bis auf ihre Schultern herab schwingt. Sie trägt einen hellgrünen Pulli, Jeans und rosa Plastikpantoffeln, solche wie man sie auch oft an den Füßen von Krankenschwestern sieht. Zur Begrüßung nimmt uns die Chefin auf eine kurze Tour mit durch die Krippe. Drei Gruppen hat die Einrichtung: eine für 1–3 Jahre, eine für 3–5 Jahre und eine für Geschwisterkinder, wo alle Altersgruppen durcheinandergewürfelt sind. Jede Gruppe hat ihren eigenen, großen Raum, mit Basteltischen, Kuschelecke, einer kleinen Küche und einem Telefon. In jeder Gruppe betreuen drei Mitarbeiter 12–15 Kinder. Elin ist nicht nur Chefin der ganzen Tagesstätte, sondern sie leitet auch die Gruppe für die ganz Kleinen, in der Laura an einem Montag Mitte November zur »Einschulung« erscheinen soll. Offiziell heißt die umgangssprachlich »Dagis« genannte Krippe in Schweden »Förskola« (Vorschule). Das soll signalisieren, dass man den Kleinen hier auch etwas beibringt. Neben den drei Gruppenräumen gibt es einen Speisesaal mit extra niedrigen Tischen und Stühlen, am Gangende links befindet sich »das Atelier«, ein Bastelzimmer, in dem gerade Kinder an Mini-Staffeleien mit Wasserfarben malen. Gegenüber liegt das »Aquaparadies«, wo die Kleinen an Waschbecken mit Pumpen, Eimern und Gieskannen Wasserspiele spielen können. Durch das Aquaparadies gelangt man in einen Garten mit großem Sandkasten, Klettergerüst, Rutsche und zwei faluroten Spielhäuschen.

Wir sind nach dem Rundgang ziemlich beeindruckt und schweigen erst einmal. Denn eigentlich hatten wir nicht erwartet, in einem ganz normalen kommunalen Kindergarten so luxuriöse Dinge wie Ateliers und Wasserspiele vorzufinden. Die schreckliche Trennungsszene am Eingang haben wir nun schon fast vergessen.

»Ich weiß, das wirkt hier alles etwas behelfsmäßig«, sagt Elin, die unser Schweigen offenbar als Missbilligung gedeutet hat. »Aber bitte lasst euch davon nicht abschrecken. Das hier ist ja nur eine Übergangslösung, nach dem Umzug wird alles gut, versprochen.«

Wir sind immer noch sprachlos – wenn dies eine Übergangslösung ist, wie mögen dann wohl die anderen Kindertagesstätten aussehen? Ich versuche es mir vorzustellen, aber es gelingt mir nicht.

»Wo zieht ihr denn hin?«, frage ich schließlich. »Und was wird den Kindern dann noch alles geboten? Wir kommen ja aus Deutschland. Auf uns wirkt dieser Kindergarten hier schon ziemlich luxuriös.«

»Ach, tatsächlich?« Elin lächelt erleichtert. »Also das Gitter am Eingang finde ich fürchterlich. Aber gut, ich hab schon mal gehört, dass die deutschen Krippen ganz anders sind.«

Sie schaut uns ein wenig mitleidig an. Etwa so wie wir früher unsere Verwandten aus dem Osten angesehen haben, wenn sie mit leuchtenden Augen eine braungefleckte Banane aßen.

»Die neue Dagis wird jedenfalls phantastisch«, sagt Elin. »Wir Erzieher arbeiten eng mit den Architekten zusammen. Alles wird nach neuesten pädagogischen Erkenntnissen geplant. Im Garten wird es einen kleinen Acker geben, wo jede Gruppe eine eigene Parzelle bepflanzen darf. Und drinnen eigens nach unseren Vorstellungen gezimmerte Spiel- und Kuschelecken.«

Das Thema begeistert die Krippenleiterin so, dass sie ganze zehn Minuten lang von den Segnungen ihres künftigen Arbeitsplatzes schwärmt. Allerdings, sagt sie zum Schluss, gebe es da noch ein paar Verzögerungen am Bau. »Aber das regelt sich bestimmt.«

Ich ahne, dass Laura noch ziemlich lange in den Behelfskindergarten gehen wird. Aber das macht ja nichts – wie gesagt, für unsere Begriffe ist der eigentlich auch schon recht luxuriös.

Nach der Plauderstunde wird es ernst. Wir erzählen

Elin von unseren Bedenken, dass Laura vielleicht noch zu klein ist für den Kindergarten, weil sie noch nicht laufen kann und außerdem noch keine Zähne hat (sie ist etwas spät dran damit).

»Gut, dass ihr das sagt, da müssen wir Breinahrung bestellen. Und das Laufen – na, das wird Laura hier sicher schnell lernen. Da braucht ihr euch keine Sorgen zu machen.«

Dann weiht Elin uns noch in die Rechte und vor allem in die Pflichten schwedischer Dagis-Eltern ein. Elin klingt bei diesem Punkt gar nicht mehr freundlich, sondern sehr bestimmt, fast unerbittlich. Wenn es regnet, muss das Kind wasserdichte Kleidung anhaben, »denn wir gehen bei jedem Wetter raus«. Wenn man vereinbart hat, das Kind zu einer bestimmten Zeit abzuholen, dann muss man das auch tun, »sonst bringt das hier die ganze Planung durcheinander«. Und wenn das Kind krank ist, muss es zu Hause bleiben.

»Und Laura wird am Anfang oft krank sein, weil ihr noch die Abwehrkräfte fehlen«, prophezeit die Pädagogin.

Zu Beginn der Kindergartenzeit gibt es außerdem eine je nach Bedarf ein- bis dreiwöchige Einschulungsphase, bei der die Eltern mit in den Kindergarten kommen müssen.

»Und wenn ich Eltern sage, dann meine ich damit beide Elternteile«, sagt Elin, sieht dabei aber nur mich an. »Auch die Väter müssen ein paar Tage hier verbringen. Währenddessen kann die Mama dann mal zu Hause bleiben.«

»Kein Problem.« Ich fühle deutlich, dass jede andere Antwort in diesem Moment unpassend gewesen wäre. Dann muss ich eben meinen Chef um ein paar zusätzliche Recherchetage in Sachen schwedisches Krippenwunder bitten.

»Dauert die Einschulung denn nun eine oder drei Wochen?«, frage ich, während ich in meinem Terminkalender die zweite Novemberhälfte aufschlage.

»Das hängt ganz von Laura ab.«

»Weißt du, mir würde es nämlich in der ersten Dezemberwoche nicht mehr so gut passen, da wäre es gut, wenn wir dann schon fertig wären mit …«

»Das interessiert uns hier nicht, was die Eltern für Termine haben«, schneidet Elin mir mit strenger Stimme das Wort ab. »Bei uns stehen nur Laura und ihre Bedürfnisse im Mittelpunkt. Wenn ich das Gefühl habe, dass Laura ihre Eltern gerne drei Wochen zur Einschulung dabeihätte, dann kommen die Eltern eben drei Wochen zu uns.«

Ich will gerade zu einem Einwand ansetzen, da fügt Elin hinzu: »Darüber brauchen wir nicht zu diskutieren. Für mich ist nur Laura wichtig, verstehst du? Wenn es anders wäre, würdet ihr mir eure Tochter ja wohl kaum anvertrauen, oder?«

Ich vergesse meinen Einwand wieder, denn Elin hat natürlich recht. Außerdem hat sie eine Art, die Dinge so zu formulieren, dass man eigentlich gar nicht anders kann, als den Anweisungen Folge zu leisten. So was lernt man wahrscheinlich im Pädagogik-Studium.

Wir verabreden also, dass ich am 17. November mit Laura in die Kindertagesstätte »Elsa Beskow« komme und gemeinsam mit meiner Tochter einen halben Tag in der Gruppe »Blaubeerwald« verbringe.

In den folgenden Wochen unterhalte ich mich mit mehreren Nachbarn über die Krippensituation in Vällingby und in Schweden im Allgemeinen. Zu meinem großen Erstaunen höre ich, wie fast alle sich erst einmal bitterlich beklagen. Die Reaktionen, wenn ich von der Behelfskrippe erzähle, die vor dem Umzug steht, lautet stets: »Typisch!« Darauf folgt dann immer ein Sermon, der mit den Worten beginnt: »Bei unserem Kind war das auch schrecklich, also …«

Das größte Problem in unserer Gegend scheint der Platzmangel zu sein, oder besser gesagt: das, was man in Schweden eben so unter Platzmangel versteht. Jedenfalls beklagen sich die meisten Eltern darüber, dass sie viel zu lange warten müssen, bis eine Krippe ihre Sprösslinge aufnimmt. Den Warterekord halten die Johanssons aus dem Eckhaus gegenüber. Mit Emma Johansson haben wir uns seit der Episode mit dem Maßkrug und dem Sauerkraut angefreundet. Ihre Ambitionen, Deutsch zu üben, sind jedoch stark gesunken, seit sie gemerkt hat, dass wir doch ganz gut Schwedisch sprechen – Emmas Deutsch ist zwar wirklich ordentlich, aber sie meint, dass sie von den vielen Artikeln und Fällen Kopfweh bekommt.

»Ganze drei Monate haben die uns hängen lassen«, empört sich Emma Johansson, als ich sie auf die Krippe anspreche, und ihre Stimme zittert dabei. »Ist das nicht ein Skandal?«

Ich bin etwas verwundert, denn drei Monate entsprechen genau der Frist, die gesetzlich vorgeschrieben ist – so viel oder, aus deutscher Sicht, so wenig Zeit hat eine Gemeinde, um einen Kita-Platz zu organisieren. Es ist also alles im Rahmen. Einen Skandal kann ich beim besten Willen nicht erkennen, und dabei bin ich Journalist.

»Ja schon«, sagt Emma empört, »aber in anderen Gemeinden geht es trotzdem schneller. Das ist doch kein Zustand!« Sonst wartet man in Schweden zwar auch auf alles ewig und einen Tag, und keiner beklagt sich, alle ziehen brav ihre Nummern. Es scheint die Menschen noch nicht einmal zu stören, dass es sogar für lebenswichtige Operationen im Krankenhaus eine »Kö« gibt. Aber bei der Kinderbetreuung, da hat die Geduld offenbar ein Ende.

Um Emma zu beruhigen, erzähle ich ihr, was mir eine Freundin aus München neulich am Telefon berichtet hat. Die ging schon direkt nach der Entbindung zum katholischen Kindergarten ihrer Heimatgemeinde und meldete ihre Neugeborene an – in der Hoffnung, das Kind werde dann im Alter von 15 Monaten einen Platz bekommen. Man lachte meine Freundin aus. Das könne sie gleich vergessen, sie sei viel zu spät dran, hieß es. Da müsse sie schon etwas besser planen. Die meisten Eltern würden schließlich ihre Sprösslinge schon im dritten Schwangerschaftsmonat für einen Platz eintragen und manche sogar schon vor der Schwangerschaft (wie das gehen soll, konnte meiner empörten Bekannten allerdings niemand erklären). Nach vielen wütenden Telefonaten bekam sie am Ende einen Platz bei einer Tagesmutter. Allerdings zu einem Preis, der einen Großteil ihres Gehaltes verschlingt.

Emma Johansson scheint diese traurige Geschichte, die ja leider kein Einzelfall ist, nicht zu trösten. Aber sehr verwundert ist sie offensichtlich auch nicht von den Zuständen auf dem Kontinent.

»Das habe ich schon mal gehört, dass das bei euch in Deutschland ganz anders ist. Bekommt denn bei euch nicht jedes Kind einen Krippenplatz?«

»Leider nicht. Dafür gibt es nicht genug Krippen.«

Emma überlegt.

»Was passiert dann mit den Kindern?«

»Die bleiben zu Hause, meistens bei der Mutter.«

»Verstehe«, sagt Emma und klingt dabei so mitfühlend und verständig, als würde sie mit einem mittellosen Flüchtling aus einem Entwicklungsland sprechen. »Bei uns in Schweden war das früher auch so. Meine Oma hat oft davon erzählt, die war mit meiner Mutter damals auch zu Hause. Ja, das waren harte Zeiten.«

Meine Gespräche mit den Nachbarn laufen alle nach diesem Muster ab. Niemand wundert sich darüber, dass die Dinge anderswo viel schlechter sind – denn davon gehen die Schweden ohnehin meistens aus. Sie haben sich eben daran gewöhnt, in einem »Modell« zu wohnen, auf das der Rest der Welt neidvoll blickt. Zufrieden sind sie deshalb trotzdem nicht. Nach meinem Rundgang durch die Siedlung könnte ich mehrere Zeitungsartikel füllen mit den Klagen über zu spät zugewiesene Betreuungsplätze, die eintönige Verpflegung der Kinder (sie bekommen jeden Tag in der Dagis Frühstück, ein warmes Mittagessen und mehrere Zwischenmahlzeiten – da gibt es also viele Gelegenheiten für Kritik) und das Personal, das immer so streng zu den Eltern ist, den Kindern aber alles durchgehen lässt und außerdem viel zu oft Kaffeepausen macht. Es ist wirklich seltsam. Denn eigentlich ist die Dagis in den vergangenen Jahren immer populärer geworden. Es gibt den offiziellen Statistiken zufolge kaum eine Einrichtung des schwedischen Wohlfahrtsstaates, die sich größerer Beliebtheit erfreut. Nur ganz wenige Familien verzichten auf den gesetzlich garantierten Betreuungsplatz für die Kinder: Bis zum zweiten Lebensjahr werden etwa 90 Prozent aller Schweden eingeschult, Tendenz seit Jahren steigend. Wahrscheinlich, denke ich mir, ist es so ähnlich wie mit den deutschen Autobahnen: Jeder weiß, dass sie die am besten gepflegten Straßen der Welt sind. Trotzdem wird nach jeder

Fahrt über Baustellen, Staus und Spurrillen gemeckert. Unzufriedenheit mit paradiesischen Zuständen scheint wohl ein allgemein menschlicher Charakterzug zu sein. Vermutlich sind bereits Adam und Eva damals aus dem Garten Eden geflogen, weil sie dauernd herumgenörgelt haben. Die Sache mit dem Apfel klang für mich immer schon wie ein vorgeschobener Grund.

Ich nehme mir jedenfalls fest vor, mich vom Krippengejammer der Nachbarn nicht anstecken zu lassen, sondern einfach einmal glücklich und zufrieden zu sein mit dem, was ich habe – und noch dazu zu einem sehr günstigen Preis. Denn schwedische Krippen sind nicht nur gut ausgestattet, von frühmorgens bis in den späten Nachmittag geöffnet und für jedermann verfügbar – sie sind auch noch billig. Dank staatlicher Subventionen kostet ein Platz nämlich niemals mehr als umgerechnet etwa 130 Euro im Monat. Wer schlecht verdient, zahlt noch weniger. Fürs zweite und dritte Kind gibt es Rabatt. Ich bin wirklich begeistert von diesem Angebot – hätte unsere Dagis einen Fanshop, ich würde mir sofort ein T-Shirt kaufen und es jeden Tag mit Stolz auf der Arbeit tragen. Um mich in meiner Begeisterung zu bestärken und weil ich auch gerne einmal von aller Welt beneidet werden möchte, rufe ich am Abend vor Lauras erstem Dagis-Tag einige befreundete junge Eltern in Deutschland an und erzähle ihnen die Geschichte vom gelobten Krippenland. Zugegeben, das ist etwas gemein.

Die kleine Johanna rüttelt an diesem grauen Montagmorgen im November schon wieder energisch an den Gitterstäben und schreit in heller Panik, als ich mit Laura im Arm zur Einschulung komme.

»Alles wird gut, meine Schatz. Mama kommt ja heute

Nachmittag wieder«, sagt Johannas Mutter, die wieder einmal auf der anderen Seite des Gitters kniet und die kleine Hand ihrer Tochter streichelt. Ich gehe rein und ziehe meine Schuhe aus, hinter mir höre ich das herzzerreißende Schluchzen.

»Du kannst gehen, das ist schon in Ordnung«, sagt die Kindergärtnerin, die Johanna festhält und mir die Tür geöffnet hat. Die Mutter dreht sich um und schreitet zum Ausgang.

»Maaama! Maaaaaama!«, ruft die kleine Johanna. Die Frau im Business-Kostüm bleibt stehen, dreht sich noch einmal um und winkt. Sie versucht zu lächeln – aber ich sehe, wie ihr eine dicke Träne über die Backe kullert und auf den Kragen ihrer Bluse tropft.

Ich packe Laura und will gerade in einen der Gruppenräume flüchten, damit ich und vor allem Laura das Abschiedsdrama nicht bis zu Ende mit ansehen müssen, da taucht Elin vor mir auf und greift mich am Arm.

»Warte, du musst dir das noch ansehen«, sagt sie.

Die Mutter atmet tief durch und geht dann entschlossenen Schrittes zur Glastür. Johanna rüttelt am Gitter, ihre »Maaama«-Schreie werden immer verzweifelter. Die Mutter tritt ins Freie und zieht die Tür hinter sich zu. In dem Moment, als sie ins Schloss fällt, wird es plötzlich still. Die kleine Johanna zieht trotzig etwas Rotz in der Nase hoch, wischt sich mit dem Ärmel die Tränen von der Backe.

»Sollen wir jetzt mit den anderen Kindern spielen?«, fragt die Erzieherin neben ihr.

»Au ja!«, ruft Johanna. Lachend rennt sie an uns vorbei in den Gang und verschwindet in einem der Zimmer.

Wenn die Eltern einmal weg seien, dann gefiele es den Kindern meist ganz gut, erläutert Elin.

»Trotzdem ist es natürlich für viele Eltern schwierig, sich von ihrem Kind morgens zu trennen, wenn es so schreit.«

Mir tut Johannas Mutter in diesem Moment richtig leid. Sie fährt vermutlich gerade weinend und von schweren Gewissensbissen geplagt ins Büro. Das war wirklich nicht nett von ihrer Tochter, sie so zu quälen – aber dass Kinder grausam sein können, ist ja auch so eine Binsenweisheit, die junge Eltern ständig zu hören bekommen.

»Schreien denn alle Kinder so fürchterlich beim Verabschieden?«, frage ich verängstigt und streichele Laura über den Kopf.

»Nein, nein«, meint Elin. »Meistens gibt es keine Probleme. Aber man weiß es nie vorher: An manchen Tagen klappt es gut, an anderen nicht.«

Tolle Aussichten. Ich hoffe, dass aus Laura niemals eine kleine Terroristin wird, die ihre Eltern bis zum Weinen bringt. Aber bis zur ersten richtigen Verabschiedung bleibt ohnehin noch Zeit. Zunächst müssen wir die Einschulungswochen hinter uns bringen. Dabei wird Lauras Aufenthalt in der Krippe schrittweise verlängert. An den ersten Tagen bleiben wir nur ein paar Stunden am Vormittag und verlassen die Dagis noch vor dem Lunch. Alles klappt hervorragend. Elin und ihre beiden Kolleginnen scheinen über geheime Kräfte zu verfügen, denn die 15 Kinder ihrer Gruppe sind während des ganzen Vormittags ausgesprochen brav und folgsam. Auch Laura wird sofort in ihren Bann gezogen. Sie kann zwar noch nicht laufen und darum nicht alles mitmachen, was die älteren Kinder tun. Aber im Blaubeerwald findet sie einen Hocker mit Rollen, der eigentlich als Sitzmöbel für die Erzieherinnen dient. Man kann den Hocker aber auch als Gehhilfe benutzen, wie Laura bereits nach keinen zehn Minuten in ihrem neuen Reich herausgefunden hat. Mit dem neuen Hilfsmittel erweitert sie ihren Aktionsradius auf einen Schlag – und verschwindet. Mit einem Kaffee alleingelassen verbringe ich den Vormittag mit Zeitungslektüre. Elin hatte erklärt, ich solle bloß nicht mit meiner Tochter spielen, sondern nur zur Sicherheit da sein, für den Fall, dass Laura plötzlich Sehnsucht nach ihrem Papa bekommt. Aber Laura scheint kein sentimentaler Typ zu sein – sie ignoriert mich vollständig, wenn sie ab und an einmal mit ihrem Hocker an mir vorbeirollt. Ich habe fast das Gefühl, sie möchte mich gerne loswerden, und mache mir schon Sorgen, dass ich mich in den vergangenen Monaten vielleicht zu wenig um sie gekümmert habe. Aber Elin meint, Lauras Verhalten sei ein Zeichen dafür, dass sie eine gute Bindung zu mir hat. »Du bist eben nichts Besonderes für sie, weil du immer da bist – du gehörst gewissermaßen zur Einrichtung.«

Für meine Tochter bin ich also ähnlich aufregend wie ein Billy-Regal oder ein Klippan-Sofa. Na ja, schließlich trage ich einen skandinavischen Vornamen, da kann man schon einmal mit einem Möbelstück verwechselt werden. Ich habe jedenfalls lange nicht mehr so gründlich Zeitung gelesen wie an diesem Vormittag, den ich mir extra für meine Tochter freigenommen habe.

Als ich die Dagis gegen elf Uhr verlassen will, muss ich Laura erst ein bisschen suchen. Ich finde sie in den Räumen der älteren Kinder, wo sie auf einem großen Kissen thront. Um sie herum kauern mehrere Mädchen, die etwa drei oder vier Jahre alt sein müssen. Sie haben sich von meiner Tochter offenbar zu Dienern degradieren lassen. Ihre Aufgabe ist es, einen Ball zu apportieren, den Laura immer wieder in den Raum pfeffert, wobei sie lauthals »Baiii!« schreit (das »L« müssen wir noch üben). Nun muss ich lernen, dass das Holen eines Kindes ebenso schwierig sein kann wie das morgendliche Abgeben. Lauras neue Lakaien beschimpfen mich als blöden Spielverderber, als ich meine Tochter auf den Arm nehme und erkläre, wir würden morgen wiederkommen. Laura selbst findet mich auch doof, vor allem will sie den Ball mitnehmen, weshalb sie in Sirenenlautstärke immer wieder »Baiii! Baiii!« in mein Ohr brüllt. Zwei ihrer Diener klammern sich währenddessen an meine Beine, so dass ich den Weg durch den Gang zur Garderobe nur mit großer Mühe zurücklegen kann. Mit knapper Not entkomme ich schließlich der Krippe. Als ich im Auto sitze, bin ich schweißgebadet. Und erst nachdem ich in einem nahegelegenen Supermarkt einen Ball gekauft habe, kehrt im Volvo endlich Ruhe ein.

Elin ist überaus zufrieden. Weil Laura sich so gut macht und schon gar nicht mehr nach Hause will, dürfen wir am dritten Tag bereits bis zum Lunch bleiben. Die Aussicht auf ein Essen zusammen mit 15 Kleinkindern macht mir Angst. Ich ziehe am Morgen extra einen Pulli mit Löchern am Ellbogen und ein Paar uralte Jeans an, denn Elin hat angekündigt, dass es Spaghetti mit Tomatensoße geben wird. Doch die Vorsichtsmaßnahmen hätte ich mir sparen können. Das gemeinsame Essen in einer Dagis verläuft ganz anders, als man sich das so vorstellt. Wie mir später erzählt wird, sind auch erfahrene Eltern immer wieder verblüfft davon, wie ihre Kinder sich im Speisesaal der Krippe benehmen. Offenbar wirken die geheimen Kräfte der »Dagisfröken«, der Kindergartenfräulein, nirgendwo so magisch auf die Kleinen wie beim Mittagessen. Nach Lektüre der Wochenspeisekarte muss ich zunächst meinen nörgelnden Nachbarn zumindest in einem Punkt recht geben: Die Mahlzeiten sind tatsächlich ein wenig eintönig, sie variieren zwischen Nudeln, Fleischbällchen, Würstchen und Kartoffelgerichten.

Die Gruppen der Elsa-Beskow-Kindertagesstätte essen in Schichten, weil im Speiseraum nicht genug Platz für alle wäre. Lauras Gruppe ist als erste dran und beginnt um 11.30 Uhr mit ihrem Lunch. Wie von Elin angedroht, gibt es Spaghetti. Ich darf auf einem der winzigen Stühlchen neben meiner Tochter Platz nehmen, der ein eigens für sie zubereitetes Breigericht serviert wird, weil sie ja noch keine Zähne hat. Die drei Kindergärtnerinnen verteilen sich strategisch an den drei Tischen. Dann kommt die Tomatensoße, dickflüssig und schrecklich rot.

Zu meinem großen Erstaunen gibt es keine Essenschlacht, kein buntes Kleckern oder Spritzen, kein Schreien und kein Toben. 15 Kinder sitzen friedlich um mich herum und schieben konzentriert Nudeln und Tomatensoße in ihre Münder. Sie machen das sehr geschickt und benutzen dabei nur ganz gewöhnliches Besteck, nicht so ergonomisch geschwungene Spezial-Kleinkind-Löffel, wie Stefanie sie neulich aus einem dieser überteuerten Baby-Fachgeschäfte mitgebracht hat. Den Dagis-Kindern werden sogar Teller aus Porzellan und richtige Gläser anvertraut, deren Zerbrechlichkeit offenbar niemanden bekümmert. Ein etwa zweijähriger Junge neben mir ist besonders hungrig. Er mampft seine Portion binnen Minuten auf. Nachdem die letzten Soßenreste fein säuberlich ausgelöffelt sind, hebt er die Hand.

»Was gibt es denn, Magnus?«, fragt Elin.

»Ich möchte bitte noch mehr Nudeln und Soße«, sagt Magnus und reicht ihr seinen Teller.

»Bitte sehr.« Elin gibt ihm eine zweite Portion.

»Vielen Dank«, sagt Magnus artig, bevor er sich an den Nachschlag macht.

Ich bin so erstaunt, dass ich das Essen vergesse.

»Du kleckerst«, sagt Magnus plötzlich und wirft mir über den Tellerrand einen vorwurfsvollen Blick zu. Der Kleine deutet auf meine Gabel, die vor meinem offenen Mund verharrt und auf der ein großer Happen Nudeln mit Soße vor sich hin tropft.

»Wie bitte?«, sage ich.

»Du kleckerst. Das soll man nicht machen. Das musst du nachher wieder aufwischen.« Nach dieser Belehrung isst Magnus weiter seine Nudeln, übrigens ohne auch nur einen Tropfen zu verlieren. Mit einer Serviette wische ich die Soßenflecken von meiner Hose und der Tischplatte.

»Darf ich aufstehen?«, fragt Magnus kurze Zeit später, als er seinen Nachschlag verputzt hat.

»Klar, wenn du fertig bist«, sagt Elin.

»Bin fertig!«

Magnus legt sein Besteck in den Teller, wischt sich mit einer Papierserviette den Mund ab und trägt das schmutzige Geschirr zu einem kleinen Servierwagen. Mir wird es nun etwas mulmig. Was genau machen die hier eigentlich mit den Kindern? Ich war schon öfter bei Familien mit kleinen Kindern zum Essen eingeladen. Selten habe ich gesehen, wie Zweijährige virtuos mit Erwachsenenbesteck speisen. Noch seltener habe ich vernommen, dass sie höflich und ruhig um Nachschlag gebeten haben. Und nie, niemals habe ich ein Kleinkind dabei beobachten dürfen, wie es unaufgefordert sein schmutziges Geschirr abräumt. Mir geht kurz der Gedanke durch den Kopf, dass Magnus vielleicht gar kein Kind ist, sondern ein zwergwüchsiger Erzieher – aber dann hätte er wohl Bartwuchs. Und er würde auch keinen hellblauen Pulli tragen, auf dem ein niedlicher Bär mit einer Milchflasche unter dem Spruch »Wachsen ist harte Arbeit« abgebildet ist. Elin scheint Magnus' abnormes Benehmen überhaupt nicht zu bemerken. Sie mampft seelenruhig ihre Nudeln, während der kleine Knigge sich an einem extra niedrigen Waschbecken penibel die Hände einseift. Neben dem Waschbecken hängt ein Schild mit der Überschrift: »Wie wir uns im Speisesaal benehmen«. Darauf steht, dass wir im Speisesaal nett zueinander sind, anderen helfen, sauber aufräumen und gute Tischmanieren pflegen. Ich bin mir ganz sicher, dass keines der Kinder in diesem Saal lesen kann. Für wen also, frage ich mich, hat man wohl die Tafel dorthin gehängt?

»Du kleckerst! Man soll nicht kleckern!«

Diesmal ist es ein kleines Mädchen an der gegenüberliegenden Seite des Tisches, das mir mit strenger Miene Manieren beibringt. Auch dieses Mädchen trägt wenige Minuten später ihr schmutziges Geschirr zum Servierwagen. Dann hilft sie noch einem kleinen Jungen, der nur wenig älter ist als Laura und darum noch nicht selbst aufräumen kann.

»Du kleckerst schon wieder«, sagt sie vorwurfsvoll, bevor sie sich die Hände wäscht.

»Du wirkst wirklich ein wenig zerstreut. Bist du müde?«, fragt Elin. Ich nicke und wische zum dritten Mal Soße von meiner Jeans. Erleichtert sehe ich, dass auch Laura etwas von ihrem Brei auf dem Tisch verteilt hat. Da ist mein Platz wenigstens nicht der einzige, der nach dem Lunch schmuddelig aussieht.

»Wie macht ihr das eigentlich?«, frage ich Elin schließlich.

»Was denn?«

»Na, die Kinder so zu erziehen, dass sie den Tisch selber abräumen, sich die Hände waschen und das alles.«

Elin lächelt ein geheimnisvolles Lächeln.

»Das machen die Kinder von ganz allein. Kinder sind von sich aus sehr ordentlich, weißt du.«

»Ach ja? Ich freue mich jedenfalls drauf, wenn Laura dann bald bei uns zu Hause hilft, den Tisch abzuräumen.«

Elin schüttelt lachend den Kopf.

»O nein! Zu Hause klappt das meistens nicht. Da benehmen sich die Kinder ganz anders.«

Trotz vieler Fragen gelingt es mir nicht, Elin das Geheimnis ihrer Krippenmagie zu entlocken. Die Dagis sei eben für die Kinder etwas Besonderes, das könne man daheim nicht kopieren, meint sie.

Am nächsten Tag gibt es Fleischbällchen mit Kartoffeln und Preiselbeeren. Laura bekommt wieder Brei, und es gelingt ihr bereits, die ganze Portion fast ohne Kleckern zu verspeisen. Auch ich mache Fortschritte. Nur ein einziges Mal kullert mir ein Fleischbällchen vom Teller, aber ich kann es rechtzeitig aufgabeln, bevor es zu Boden fällt. Sonst geht nichts daneben. Magnus lobt mich. Stolz räume ich meinen Teller auf den Servierwagen und wasche mir die Hände.

»Weil alles so gut geklappt hat, könntet ihr doch zum Abschluss der ersten Einschulungswoche noch zum Mittagsschlaf bleiben«, schlägt Elin vor. »Du solltest dich zur Eingewöhnung mit deiner Tochter in den Ruheraum legen, damit sie gut einschläft.«

Der Ruheraum ist ein abgetrenntes Zimmer mit dunkelblauen Tapeten und einem ebenso dunkelblauen, flauschigen Teppich. Über das Gemach wölbt sich ein – wie auch sonst – dunkelblauer Himmel, auf den leuchtende, gelbe Sterne gemalt sind. Am Boden liegen mehrere Matratzen, Kissen und Deckchen verstreut, die sich die Kinder greifen können, um sich damit in ihre jeweilige Lieblingsecke zurückzuziehen. Auch zwei der Kindergärtnerinnen nehmen auf den Matratzen Platz. Sie sind die Mittelpunkte des Raumes, um die herum sich bald dichte Trauben von kleinen Körpern sammeln. Manche der Schützlinge können nur einschlafen, wenn sie sich an ihre Lieblingserzieherin kuscheln, hat mir Elin zuvor erläutert. Laura und ich liegen ganz hinten an der Rückwand. Elin, die draußen noch ein wenig den Speisesaal aufräumen muss, kommt kurz herein, um das Licht zu dimmen und einen Kassettenrekorder auf den Boden zu stellen, der alsbald tranige Walgesänge zu leiern beginnt.

»Zur Entspannung«, sagt sie, bevor sie das Zimmer verlässt, das nun ziemlich düster ist.

Es ist gemütlich im Ruheraum. Laura hat sich in eine Decke gewickelt und schmiegt sich an mich. Bald ist sie eingeschlafen, ich höre ihr ruhiges Atmen, das sich mit dem leisen Atmen der anderen Kinder vermengt. Um mich herum ist das beruhigende Schmatzen von etwa einem Dutzend Schnuller zu hören. Hin und wieder wird dieses Geräusch vom sanften Singsang eines Wals übertönt. Über mir leuchten die Sterne, und von der Mitte der Decke lächelt ein freundlicher Mond auf mich herab. Ich fühle mich ganz entspannt. Aber plötzlich schaut Elin zur Tür herein.

»Kommst du bitte mal«, flüstert sie mit besorgter Miene. »Es gibt noch etwas, über das wir sprechen müssen.«

Etwas schläfrig stehe ich auf und trotte ihr hinterher durch den Gang, der mir nun ganz besonders lang vorkommt. Elin führt mich in ein hohes Zimmer, dessen Wände über und über mit Ordnern vollgestellt sind.

»Unser Verwaltungsraum«, sagt Elin, »hier schlägt das Herz des Kindergartens.«

Sie klopft mit der Hand auf den Rechner, der auf dem Schreibtisch summt. Die Schreibtischplatte ist ganz mit Formularen und Notizzetteln bedeckt. Elin setzt sich auf den Schreibtischstuhl und hämmert ein paar Befehle in die Tastatur. Dann zeigt sie auf den Bildschirm.

»Kannst du mir erklären, was das da ist«, sagt sie herausfordernd.

»Ich verstehe nicht«, stammele ich, denn ich werde aus dem Gewirr aus kleinen Zeichen, das vor mir über den Bildschirm surrt, einfach nicht schlau.

»Da steht, dass du Deutscher bist«, sagt Elin. »Deutsche können wir hier nicht einschulen. Du musst die Dagis sofort verlassen.«

»Aber ich bin doch auch Schwede, das war ich immer schon«, rufe ich verzweifelt. »Ich habe auch einen Pass, also den alten Pass hatte ich ja verloren, und beim Skatteverk habe ich schon Bescheid gesagt«, ich stammele noch etwas von meiner Mutter und ihrer Familie.

Da fängt Elin plötzlich laut zu lachen an.

»Haha. Da habe ich dich aber schön reingelegt«, sie springt auf und nimmt meine Hand. »Keine Angst, jemand, der so schön seinen Teller aufräumt wie du, der darf natürlich bleiben. Und ich habe sogar eine Überraschung für dich. Komm mit.«

Die Kindergärtnerin führt mich durch eine kleine Tür, und plötzlich stehe ich wieder im Speisesaal, der aber nun festlich dekoriert ist. Von der Decke hängen blaugelbe

Girlanden und Lampions. Auf den Tischen ist ein Buffet mit Fleischbällchen, Hering, Salaten, Pommes, Bonbons, Lollis und Zuckerstangen angerichtet. In der Mitte des Raumes steht ein kleiner Mann in einem dunkelblauen Anzug, mit Brille und einem Partyhütchen auf dem Kopf.

»Der König!«, stammele ich überrascht und verneige mich.

»Hej och välkommna!«, sagt der König. »Fleischbällchen?«

Ohne eine Antwort abzuwarten, schiebt er mir einen Köttbulle in den Mund, der eigenartig nach Gummi schmeckt.

»Habe von Ihren Problemen mit der Staatsbürgerschaft gehört«, der Regent schüttelt den Kopf. »Tststs. Da haben meine Mitarbeiter im Skatteverk wohl einen Fehler gemacht. Natürlich gehören Sie zu uns! Ich kenne doch meine Schweden. Zuckerstange?«

Er schiebt mir eine rot-weißgeringelte Stange in den Mund, die furchtbar süß aussieht, aber nach Plastik schmeckt.

»Da ich in der Gegend war, habe ich mir gedacht: Das bringe ich gleich selbst in Ordnung. Also, hier ist Ihre Staatsbürgerschaft.« Der König drückt mir einen riesigen Ordner in die Arme, der so schwer ist, dass ich nach Luft schnappen muss. Zufrieden betrachtet mich der Regent, während er einen Lolli lutscht.

»So, das war der Papierkram«, sagt er und schaut konzentriert in ein kleines schwarzes Buch. »Nun, was brauchen Sie denn noch als echter Schwede? Einen Volvo? Den haben Sie schon. Haus mit Holzfassade? Vorhanden, sehr gut. Elch? Genau, der Elch. Ein echter Schwede braucht natürlich einen Hauselch. Lolli?«

Da ich noch Zuckerstange und Fleischbällchen im

Mund habe, kann ich nicht ablehnen. Der König stopft mir noch einen Lolli in den Mund und pfeift durch die Zähne. Durch die Tür kommt ein Elch mit stattlichem Geweih getrabt. Bei mir angekommen, stellt er sich auf die Hinterbeine und umarmt mich ganz fest. Ich japse nach Luft.

»Sehr schön, das hätten wir«, sagt der König, klappt sein Buch zu und steckt seinen Lolli in die Innentasche des Jacketts. »Pommes?« Er schiebt mir eine Fritte in jedes Nasenloch, was unangenehm kitzelt. Plötzlich ruft der Regent aufgeregt: »Guckt mal, der sabbert. Der sabbert!«

In dem Moment höre ich Elins schneidend scharfe Stimme.

»Carl Gustaf! Aufhören!« Ich schnaufe heftig, um die Pommes aus der Nase zu blasen. »Karl und Gustav, lasst sofort Lauras Papa zufrieden!«

»Aber der sabbert.«

Ich bin plötzlich wieder im Ruheraum. Elin steht neben mir und hat zwei Jungs aus der Gruppe der älteren Kinder an den Armen gepackt.

»So etwas tut man nicht«, sagt sie streng. »Jetzt sagen wir Entschuldigung.«

»Entschuldigung«, murmeln die beiden Jungs.

Offenbar bin ich eingenickt und Opfer eines Lausbubenstreichs geworden. Karl und Gustav haben Stifte und einen Radiergummi in meine Gesichtsöffnungen gestopft, außerdem einige Bilderbücher sowie einen großen Stoffbären auf meiner Brust gestapelt.

»Wo ist Laura?«, frage ich, nachdem ich mich aufgerappelt und mir den Mund mit einem Taschentuch abgewischt habe.

»Die ist schon vor einer Stunde mit den anderen aufgestanden und spielt längst wieder. Aber du hast so friedlich geschlafen, da wollten wir nicht stören.« Elin kichert.

Mir ist das Ganze furchtbar peinlich. Laura finde ich nach einigem Suchen in einem der Spielzimmer. Sie hat wieder ihre Dienstboten um sich geschart, deren Aufgabe es heute ist, meine Tochter in einem kleinen Wägelchen durch den Raum zu chauffieren.

Diesmal freut sich Laura richtig, mich zu sehen, und ruft laut: »Papa!« Wahrscheinlich muss man nur lang genug wegbleiben, um für seine Tochter wieder interessant zu werden. Laura verabschiedet sich von ihren neuen Freundinnen mit einem »Hejdå«. Als wir gehen, höre ich hinter mir ein kleines Mädchen zu einer Kindergärtnerin sagen: »Ist das der Mann, der so laut geschnarcht hat?«

»Das ist Lauras Papa. Der war gaaaanz müde«, sagt die Kindergärtnerin.

Es hört sich so an, als würden sie und ihre Kollegin laut losprusten, nachdem ich aus der Tür bin.

Beschämt, aber ausgeschlafen verlasse ich die Dagis. Ich bin froh, dass nächste Woche Stefanie Laura zur Einschulung begleiten muss.

21

Nach der Einschulungswoche fasse ich einen Entschluss: Ich werde alles tun, damit das Skatteverk noch vor Jahresende eine Entscheidung fällt und mir mitteilt, ob ich nun Schwede bin oder nicht. Ich kann es einfach nicht zulassen, dass nun schon der König mit seinem Elch in meine Träume eindringt. Auf die Dauer würden mir die beiden bestimmt die Nachtruhe rauben. Und wer weiß, wen sie künftig noch alles mitbringen. Am Ende hopst noch Pippi Langstrumpf durch meinen Kopf, oder ich werde demnächst von einer Horde hornloser Wikinger aus dem Schlaf gerissen. Nein, so kann es nicht weitergehen. Das müssen jetzt endlich auch einmal die Beamten in der Steuerbehörde einsehen. Künftig werde ich mich nicht mehr abwimmeln lassen. Und wenn ich dafür dem Finanzminister persönlich das Lied von den kleinen Fröschen vorsingen, dabei einmal quer durch sein Büro hüpfen und mit Fleischbällchen jonglieren muss.

Zum Äußersten entschlossen krame ich am Montag aus einer meiner hinteren Hosentaschen den Zettel mit dem Namen jener Sachbearbeiterin hervor, die angeblich auf Fälle wie den meinen spezialisiert ist. Er ist während der langen Wartezeit schon ein wenig zerknittert, und die Schrift ist verblichen, aber ich kann trotzdem den Namen Anita Bengtsson und die Nummern entziffern. Ihr Urlaub müsste inzwischen längst vorbei sein. Trotzdem hat sie sich noch nicht gemeldet.

»Typisch!«, denke ich, während ich grimmig Bengtssons Nummer in mein Bürotelefon hämmere. Vermutlich hat die Expertin für knifflige Fälle von meinem Problem überhaupt noch nichts gehört. Während das Telefon läutet, bereite ich mich darauf vor, gleich die ganze Geschichte meiner schwedischen Identität noch einmal zu erzählen: von meiner Kindheit, meiner schwedischen Mutter und dem Honorarkonsulat angefangen, über die WG und den verschwundenen Pass, bis hin zur Stockholmer Polizeiwache und den vielen fruchtlosen Gesprächen mit den Kollegen von Anita Bengtsson. Und nun bin ich also bei ihr gelandet, einer Expertin. Und hier wird es auch enden. Denn ich bin wild entschlossen, keinen weiteren Verweis an eine andere Abteilung, eine andere Behörde oder ein anderes Land mehr zu akzeptieren. Nach dem fünften Tuten nimmt endlich jemand ab.

»Guten Tag«, sagt eine mechanische Männerstimme. »Die Person, die Sie suchen, befindet sich in einer Besprechung. Sie kommt wieder um 12 Uhr 30.«

Bis dahin sind es noch zwei Stunden. Ich überbrücke die Zeit mit dem Schreiben einer Kurzmeldung über den Rücktritt eines Staatssekretärs. Politiker treten hierzulande sehr oft zurück, der Rücktritt ist die typisch schwedische Form, sich nach einem Fehlverhalten zu entschuldigen. Auch sehr kleine Vergehen werden schnell mit dieser drastischen Maßnahme geahndet. So ist es schon vorgekommen, dass eine Ministerin ihr Amt niederlegen und öffentlich um Verzeihung bitten musste, weil sie aus Versehen einen Schokoriegel mit der Regierungskreditkarte bezahlt hatte. Andere Politiker wurden in die Wüste geschickt, weil sie in ihrer rebellischen Studentenzeit die Rundfunkgebühren nicht bezahlt hatten. In einem Land, in dem die Menschen selbst beim

Brötchenholen Wartenummern ziehen, bleiben solche Gesetzesvergehen nicht ohne Folgen. Und da in Schweden das Gebührenregister des öffentlich-rechtlichen Rundfunks ebenso öffentlich ist wie die Kreditkartenabrechnungen von Ministern, ist es für die Journalisten des Landes recht einfach, dunkle oder auch nur graue Flecken in der Vergangenheit der Mächtigen zu finden. Die Aufregung über solche Skandale ist stets groß – dafür legt sie sich schnell, und reuige Sünder werden meist bald wieder in den Schoß der Gemeinschaft aufgenommen und mit neuen Ämtern getröstet.

Die Staatssekretärin, deren Abgang in meiner Kurzmeldung gewürdigt wird, war von einem Journalisten dabei fotografiert worden, wie sie in einer Kneipe ausgiebig zechte. Die Bilder zeigten sie mit leichter Schlagseite an einem Tisch voll leerer Weingläser. Die Zeche hatte sie zwar – ganz korrekt – aus eigener Tasche bezahlt. Das Problem war nur, zu dem Zeitpunkt, als das Foto entstand, hatte sie Bereitschaftsdienst in der Staatskanzlei: Im Falle einer Katastrophe hätte sie dort das Krisenzentrum leiten sollen. Nun ist die Katastrophe zwar ausgeblieben, aber trotzdem sieht es natürlich irgendwie so aus, als hätte die Staatssekretärin in ihrer Arbeitszeit Alkohol getrunken. Und so sehr die Schweden auch ihre Trinklieder und Wein-TetraPaks schätzen – bei Trunkenheit am Arbeitsplatz verstehen sie keinen Spaß. Dienst ist hier immer noch Dienst, und Schnaps ist Schnaps. Wer das nicht achtet, dem bleibt eben nur der Rücktritt. Beim Schreiben des Artikels fällt mir wieder einmal auf, wie anders die Schweden doch manchmal sind. Würde man in München die gleichen Maßstäbe an Politiker anlegen, bekäme Bayern wohl nach jedem Oktoberfest eine neue Regierung.

Um punkt 12.30 Uhr probiere ich noch einmal, Anita Bengtsson zu erreichen, obwohl ich schon vorher weiß, dass es keinen Sinn hat. Meine Ahnung bestätigt sich, diesmal schon nach zweimaligem Tuten.

»Guten Tag«, sagt die mechanische Männerstimme. »Die Person, die Sie suchen, ist zum Lunch. Sie kommt wieder um 13 Uhr 30.«

Ich seufze: Diesen Tagesrhythmus kenne ich von unzähligen Telefonrecherchen. In Schweden sind nach meiner Erfahrung die meisten Arbeitnehmer vormittags, insbesondere am Montagvormittag, in einer Besprechung. Dieses »Möte«, das gleichzeitig im gesamten Land stattzufinden scheint, zieht sich dann in 90 Prozent aller Fälle bis zum Mittagessen hin. Komischerweise scheinen die vielbeschäftigten Konferenzler aber immer die Zeit zu finden, kurz an ihren Schreibtisch zu gehen und beim Telefon die Ansage umzustellen. Folglich müssen die Leute für einen kurzen Moment an ihrem Schreibtisch erreichbar gewesen sein. Mir ist es allerdings noch nie gelungen, jemanden genau in diesem Zeitfenster abzupassen. Auch diesmal bin ich also gescheitert. Ich gehe daraufhin selbst Mittag essen, damit ich pünktlich um 13.30 Uhr wieder bei Anita Bengtsson anrufen kann. Es ist nämlich wichtig, am Nachmittag nicht zu lange mit dem Anruf zu warten. Denn meist beginnt etwa gegen 14 Uhr schon wieder irgendein Möte, das bis zum Feierabend andauern kann.

Es ist genau 13.32 Uhr, als sich nach dreimal Klingeln eine helle Frauenstimme mit einem »Anita, hallo?« meldet. Ich sage, wer ich bin, und möchte gerade zu einer längeren Erläuterung ansetzen. Aber ich komme nicht weiter als: »Ich habe da ein Problem mit meiner Staatsbürgersch…«

»Ach Sie sind das!«, ruft Anita Bengtsson. »Ihr Fall ist mir gut bekannt, das dürfen Sie glauben.«

»Ach wirklich.«

»O ja. Wir haben beim letzten Möte ausführlich über Sie gesprochen und beim vorletzten auch schon.«

»Und?«

»Hat Xenia Sie denn nicht angerufen, Xenia Alexandros?«

»Nein. Aber mir wurde gesagt, dass Sie sich um meinen Fall kümmern. Und ich war jetzt schon bei sehr vielen Sachbearbeitern, also warum können Sie nicht einfach …«

»Ach ja, ich verstehe«, sagt Anita Bengtsson mitleidig. »Sie warten schon eine ganze Weile und sind jetzt bestimmt sauer. Wissen Sie, ich war im Urlaub, deswegen hat es ein wenig gedauert, bis ich den Fall bearbeiten konnte. Das tut mir wirklich leid.«

»Mir auch. Also könnten Sie dann nicht …«

»Ich würde Ihnen wirklich gerne helfen, aber es ist nun mal so, dass Xenia Alexandros jetzt Ihren Fall bearbeitet.«

»Dann holen Sie sich den Fall eben wieder zurück! Wenn Sie den Fall einer Ihrer Mitarbeiterinnen zuweisen können, dann können Sie ihn auch wieder zurückholen. Bitte! Ich warte wirklich schon sehr lange.«

»Sie verstehen nicht: Xenia ist meine Chefin. Ich hätte Ihren Eintrag in das Register ja schon geändert, aber Xenia hat da noch eine Unstimmigkeit entdeckt, und sie will die Sache jetzt selbst in die Hand nehmen.«

»Können Sie mich dann bitte mit Xenia verbinden?«

»Moment.« Ich höre Anita auf ihrer Tastatur tippen. »Tut mir leid, sie ist gerade in einem Möte. Aber ich kann ihr sagen, dass Sie angerufen haben.«

»Danke.«

»Sie meldet sich dann bestimmt, wenn sie aus ihrem Urlaub wieder da ist. Sie fährt morgen für zwei Wochen weg, wissen Sie.«

»Jahaa«, seufze ich und lege auf. In meinem Terminkalender trage ich für den Montag in zwei Wochen ein: »Xenia zurückrufen.«

Stockholm hat sich in den vergangenen Tagen wieder verfinstert. Seit der Zeitumstellung im Oktober ist es nachmittags nur noch bis kurz vor 16 Uhr hell. Der Himmel ist schon seit Wochen grau, es ist kalt und windig, aber nicht frostig, so dass statt dem ersehnten Schnee nur Regen und Matsch das Stadtbild bestimmen. Leider müssen wir feststellen, dass der schwedische Winter in Vällingby auch nicht freundlicher ist als in der Innenstadt. Unser Garten färbt sich schmutzig braun, ebenso wie die üppigen Grünanlagen rund um unsere Reihenhaussiedlung. Einzig die Luft ist in Vällingby besser, denn anders als in den engen Straßen der Stadt kann sich der von den Nietenreifen abgerubbelte Feinstaub hier nicht so festsetzen. Und noch ein Unterschied fällt uns auf: Anders als in der Innenstadt sind in Vällingby die Lichtpyramiden nicht so im Trend. Nur vereinzelt sieht man sie aus den Fenstern funkeln. Dafür lieben die Menschen in der Vorstadt lange Lichterketten, die sich in allen möglichen Varianten um Fensterrahmen, Vordächer, Bäume, Sträucher und sogar um Wäschespinnen winden. Ein Nachbar hat in seinem Vorgarten den Weihnachtsmann samt Rentiere und Schlitten als Drahtgestell stehen, die Drähte sind mit einer Lichterkette umwickelt, die in den verschiedensten Farben blinkt. Als ich dieses Stimmungsmonster zum ersten Mal aus der Ferne leuchten sah, glaubte ich, mehrere Einsatzwagen mit Blaulichtern seien in unsere Siedlung eingerückt. Ich vermutete schon, ein Mord sei geschehen oder ein Großfeuer ausgebrochen, dabei war es bloß erster Advent. Auch wir haben dann natürlich eine Lichterkette gekauft und damit unseren Apfelbaum geschmückt – schließlich wollen wir ja nicht, dass unser Haus aussieht wie ein schwarzes Loch in der Milchstraße. Sonst fangen am Ende die Nachbarn noch zu tuscheln an.

»Wer wohnt denn dort drüben, wo es so finster ist?« – »Das sind die Deutschen. Ein bisschen unheimlich, nicht wahr?«

Trotz der düsteren Witterung ist Stefanie in diesem Winter deutlich besser gelaunt als im Vorjahr. Vermutlich hat sie sich einfach schon an die Dunkelheit gewöhnt. Weil Laura sich in der Krippe sehr wohl fühlt, hat Stefanie nun außerdem seit vielen Monaten erstmals wieder Zeit, um ein bisschen von zu Hause aus zu arbeiten und mit ihrem Schwedisch weiterzumachen. Sie hatte noch ein paar Gratisstunden frei – jeder Einwanderer bekommt vom Staat ein bestimmtes Kontingent zugewiesen –, und Stefanie hat sich darum für einen Fortgeschrittenenkurs an der Uni angemeldet. Wenn sie so weitermacht, dann wird sie die Sprache bald besser beherrschen als ich. Wir gehen also frohgemut in die Adventszeit. Meine Laune ist so gut, dass ich sogar fest davon überzeugt bin, dass Xenia mir nach ihrem Urlaub helfen wird und sich noch vor Jahresende alle meine Probleme mit dem Skatteverk in Luft auflösen.

Aber da habe ich mich wohl zu früh gefreut. Anfang Dezember müssen wir feststellen, dass der schwedische Winter für Eltern mit Kindergartenkindern noch ein paar ganz besondere Tücken auf Lager hat. Denn die vielgepriesenen Krippen des Landes sind nicht nur Horte fortschrittlicher Pädagogik und kleine Spielparadiese, sie sind auch Brutstätten für einige der aggressivsten Krankheitserreger der westlichen Welt: Husten, Schnupfen, Halsweh, Augenentzündungen und Kopfläuse fühlen sich in diesen Einrichtungen mindestens ebenso wohl wie meine Tochter. Und Kinder, die wie Laura neu in der Krippe anfangen, sind dieses mikrobiologisch betrachtet sehr raue Klima natürlich nicht gewohnt. Ihre Abwehrkräfte sind noch nicht durch die ständigen Attacken von Viren und Bakterien gestählt. Darum sind sie ein leichtes Opfer. Man hatte uns ja schon vorgewarnt. Emma Johansson zum Beispiel hatte erzählt, dass ihre Kinder im ersten Krippenwinter höchstens die Hälfte aller Tage überhaupt die Dagis besuchen konnten, die andere Hälfte hätten sie mit verschiedenen Leiden im Bett gelegen.

Tatsächlich kommt auch Laura bereits nach wenigen Tagen, die sie alleine in der Tagesstätte verbracht hat, mit einer Augeninfektion nach Hause. Ihr Lid ist geschwollen, und aus dem Augenwinkel quillt ununterbrochen Flüssigkeit. Das kümmert sie zwar nicht, Laura ist fröhlich wie immer. Aber die Erzieher sehen die Sache anders.

»Tut mir leid, aber so darf sie hier nicht herkommen«, lautet Elins unerbittliches Urteil. Selbst bei kleinen Infektionen werden Kinder sofort nach Hause geschickt. Das ist die einzige Möglichkeit, die rasende Verbreitung der Keime wenigstens ein bisschen zu bremsen.

Aber Laura erholt sich schnell. Nachdem wir in der Apotheke eine Salbe erstanden haben, schwindet die Entzündung in nur zwei Tagen. Schon glauben Stefanie und ich, dass die Erzählungen über die schrecklichsten Dagis-Krankheiten nur Ammenmärchen sind, da klingelt eines Tages das Telefon. Elin ist dran und sagt in ernstem Ton:

»Ihr müsst Laura sofort abholen. Sie hat die Kräksjuka.«

Da wird es uns dann doch ein wenig bange. Von der Kräksjuka haben wir in den vergangenen Wochen schon oft gehört. Sie ist die Mutter aller Kindergartenkrankheiten. Schwedische Eltern senken die Stimme, wenn sie von dieser Plage sprechen, so als würden sie den Leibhaftigen erwähnen. Befallenen Familien wird mit einer Mischung aus Mitleid und Furcht begegnet. Man würde ihnen gerne helfen – will sich aber natürlich nicht anstecken.

»Kräksjukan« heißt wörtlich übersetzt »die Kotzkrankheit«. Ein passender Name, denn er benennt das auffallendste Symptom ziemlich deutlich. Es handelt sich eigentlich nur um eine Magen-Darm-Grippe, allerdings um eine schwere und extrem ansteckende. Für die Kinder ist sie meist gar nicht so schlimm. Als wir Laura im Kindergarten abholen, wirkt sie zwar ein bisschen müde, aber dennoch fröhlich. Weil sie sich kurz nach der ersten Zwischenmahlzeit übergeben hat, haben die Erzieherinnen sie zur Quarantäne in Elins Büro verbannt, wo sie nun gemeinsam mit der Krippenchefin ein Puzzle löst.

»Wir sind ziemlich sicher, dass es die Kräksjuka ist«, sagt Elin auf meine Frage, ob Laura vielleicht einfach etwas Schlechtes gegessen oder bloß die Zwischenmahlzeit zu rasch verputzt haben könnte. »Zwei andere Kinder in ihrer Gruppe haben das auch. Außerdem hat sie ein bisschen Fieber, typisches Zeichen.«

Nachdem sie uns eingeschärft hat, dass wir Laura unbedingt erst zwei Tage nach dem Abklingen aller Krankheitssymptome wieder in den Blaubeerwald schicken dürfen, verabschiedet uns Elin mit einem mitleidigen: »Viel Glück!« Dann fahren wir mit unserem kranken Kind durch den kalten Dezemberregen nach Hause.

Es dauert nur etwa 24 Stunden, bis auch Stefanie von der Kräksjukan befallen ist. Die Krippenseuche hat ihren furchtbaren Ruf wirklich verdient. Ich muss mir schon wieder freinehmen und daheim meine kranke Familie pflegen. Als Stefanie nach drei schrecklichen Tagen und Nächten schließlich das Klo wieder verlassen kann, fühle ich mich ein wenig schwach auf den Beinen. Wenige Stunden später muss dann auch ich mein Haupt über die weiße Schüssel neigen. Das Schlimmste an dieser Krankheit ist: Man kann sie so oft bekommen, wie es den Viren gefällt. Der Körper scheint jedenfalls nicht die geringste Resistenz zu entwickeln. In unserem Häuschen im Marsvinsväg beginnt nun ein wahrer Ansteckungsreigen. Stefanie und ich wechseln uns in der Rolle von Pfleger und Gepflegtem beständig ab. Insgesamt zieht sich das Siechtum über zwei Wochen hin.

Zu meinem großen Ärger verpassen wir sogar das Lucia-Fest im Kindergarten.

Dabei hatte ich mich darauf besonders gefreut. Die Feier am 13. Dezember hat mit der heiligen Lucia heute kaum noch etwas zu tun – Heiligenverehrung ist im protestantischen Schweden unüblich. Immerhin leiht sie dem Fest noch ihren Namen.

Lucia feiert man traditionell frühmorgens. Die Kinder kleiden sich in weiße Gewänder, und ein Mädchen – im modernen, emanzipierten Schweden darf es freilich auch ein Junge sein – spielt die ehrenvolle Rolle der Lucia. Sie trägt einen Lichterkranz auf dem Kopf, der wegen Brandgefahr heute meist nicht mehr aus Kerzen besteht, sondern batteriebetrieben ist. Die weißen, mit Leuchtschmuck dekorierten Kinder singen dann traditionelle Lucia-Lieder. Außerdem gibt es spezielle Hefekringel, die »Lussekatter«, welche mit Unmengen Safran gewürzt sind. So hoch ist der Verbrauch an Lucia, dass die schwedischen Zeitungen alle Jahre wieder über die Safranernte im Hauptanbaugebiet Iran berichten. Ist die Ernte im Iran gut, werden die Lussekatter billiger. Als ich Kind war, hat meine Mutter auch immer Lucia-Kringel gebacken und dafür die Safranbestände mehrerer Supermärkte in unserem Münchner Vorort leergekauft. Ich liebe die goldgelben Hefekuchen heute noch über alles. Aber an diesem 13. Dezember muss ich auf die Delikatesse leider verzichten. Überhaupt ist mir nicht so nach essen zumute, Stefanie ist gerade mit dem Pflegen dran.

Als wir endlich alle wieder gesund sind, stelle ich verwundert fest, dass wir während der ganzen Zeit nicht ein einziges Mal einen Arzt oder eine Krankenschwester zu Gesicht bekommen haben. Mit dem Gesundheitssystem des Volksheims hatten wir nur telefonischen Kontakt. Mehrmals baten wir die freundlichen Fachleute der Gesundheitshotline um Hilfe. Sie empfahlen stets: im Bett bleiben, viel Ruhe, viel trinken. Unser Wunsch nach einer ärztlichen Untersuchung wurde dagegen stets entsetzt zurückgewiesen. »Kommen Sie bloß nicht in die Sprechstunde«, hieß es. »Da stecken Sie nur die anderen an.« Nun gut, irgendwie sind wir dann ja auch ohne Arzt genesen.

Weihnachten steht vor der Tür und meine Schwiegereltern auch, denn die wollen uns über die Feiertage besuchen und unser neues Heim besichtigen. Für den ersten Feiertag haben wir Lars, Andrea, Tante Maria und ihren Mann Bert in den Marsvinsväg eingeladen zu einem traditionellen Weihnachtsgansessen mit Rotkraut und Fertig-Knödeln, die meine Schwiegereltern extra für diesen Anlass aus München mitgebracht haben.

In dem ganzen Trubel habe ich es natürlich immer noch nicht geschafft, bei Xenia anzurufen. Obwohl sie meinem Kalender zufolge mittlerweile längst wieder aus dem Urlaub zurück sein müsste. Eigentlich habe ich mich schon von dem Gedanken verabschiedet, dass sich die Sache mit der Staatsbürgerschaft noch in diesem Jahr regelt. Darum weiß ich zunächst gar nicht, was ich sagen soll, als plötzlich mein Mobiltelefon läutet und Xenia am Apparat ist. Ich stehe gerade mitten in einer Feinkostmarkthalle, um eine Gans zu kaufen – in diesem Jahr wollen wir uns nicht wieder mit einem Supermarkt-Hühnchen begnügen.

»Sie wollten sich doch mal bei mir melden, wegen der Sache mit Ihrer Staatsbürgerschaft«, sagt die Beamtin ohne Umschweife.

»Ja schon. Aber ich war krank. Ich bin Dagis-Papa, wissen Sie, die ganzen Viren dort …«

»Ja, das kenne ich. Wir haben auch einen kleinen Sohn. Wie auch immer. Ich rufe Sie wegen Ihres Antrages an, den Eintrag in unserem Bevölkerungsregister zu ändern.«

»Haben Sie ihn denn nun endlich geändert?«

»Nein.«

»Jahaa.«

»Ich rufe Sie eigentlich nur an, um zu sagen, dass ich den Antrag wohl ablehnen muss.«

Damit ist meine Weihnachtsstimmung dahin. Ich protestiere so laut, dass in wenigen Augenblicken die gesamte Feinkosthalle von meinem Problem erfährt. Ich erzähle von meiner Mama, vom ersten Schwedenpass, den ich ja schon im Kindergartenalter bekommen habe, und auch den ganzen Rest meiner Odyssee durch die schwedischen Behörden.

Xenia hört sich das alles ruhig an. Nur ab und zu wirft sie leicht entnervt »Weiß ich schon« oder »Ja, das steht ja hier in den Akten« dazwischen. Als ich fertig bin, sagt sie: »Trotzdem muss ich den Antrag ablehnen.«

Xenia, die offenbar wirklich eine Expertin auf dem Gebiet der Auslandsschweden ist, erläutert mir, dass es da noch eine Klausel im Gesetz gebe, die – wie sie eingesteht – manchmal übersehen wird, weshalb man mir auf der Polizei wohl auch irrtümlich den Pass ausgestellt habe. Die aber in meinem Fall entscheidend sei. Die Klausel besagt, dass schwedische Staatsbürger, die nie in Schweden gewohnt haben, zu ihrem 18. Geburtstag bekräftigen müssen, dass sie auch künftig Schweden bleiben wollen. Wer das vergisst, fliegt raus aus der Staatsbürgerkartei.

Nun ist es aber so, dass ich mich ganz genau daran erinnern kann, wie ich vor vielen Jahren einmal als Teenager ins Honorarkonsulat in München ging, um dort genau diese Formalität zu erfüllen. Mein Schwedisch war damals eher schlecht, und ich hatte mir darum vorher extra ein paar Sätze zurechtgelegt. Nervös stotterte ich am Schalter komplizierte Worte wie »medborgarskap«, woraufhin die Konsulatssekretärin entnervt mit den Augen rollte und sagte: »Ich kann auch Deutsch. Wir haben nicht den ganzen Tag Zeit.«

Triumphierend berichte ich nun Xenia von diesem Erlebnis.

»Sie sehen, ich habe alles vorschriftsmäßig erledigt.«

»Mag sein. Nur kann ich den Antrag von damals in meinen Unterlagen nicht finden. Aber Sie haben ja die Papiere vom Honorarkonsulat bestimmt aufbewahrt. Schicken Sie mir eine Kopie, dann ist alles klar.«

»Das mache ich. Heute noch«, sage ich entschlossen. Dabei habe ich natürlich nicht die leiseste Ahnung, wo das nun plötzlich so wichtige Dokument sein könnte. Vermutlich ist es einst langsam auf meinem Schreibtisch vergilbt und dann mit dem Altpapier wiederverwertet worden, möglicherweise zusammen mit dem Pass, an jenem Tag, an dem das Unglück seinen Anfang nahm. Meine letzte Hoffnung ist Mama. Ich rufe sie noch aus der Feinkosthalle an.

»Ich weiß, dass es seltsam klingt, aber vielleicht hast du den alten Zettel ja irgendwo aufbewahrt. Schließlich habe ich damals noch zu Hause gewohnt«, sage ich verzweifelt.

»Aber sicher. Ich weiß genau, welchen Zettel du meinst«, sagt Mama. »Den habe ich erst neulich in der Hand gehabt, als ich meinen Trauschein gesucht habe – übrigens auch fürs Skatteverk. Lustig, nicht?«

Ich bin erleichtert. Ein paar Erklärungen später verstehe ich dann auch, warum meine Mutter plötzlich ihren Trauschein suchte. Nachdem sie auf ihrem Steuerbescheid plötzlich ihren Mädchennahmen wiederfand, hatte sie die allmächtige Steuerbehörde ja dazu aufgefordert, sie gefälligst wieder bei dem Familiennamen meines Vaters zu nennen, den sie nun schon seit über 30 Jahren trägt. Aber so einfach geht das natürlich nicht. Ein Beamter des Skatteverks rief prompt zurück und verkündete: »In unserem Computersystem steht, dass Sie ledig sind.« Wenn sie geheiratet habe, müsse sie das mitteilen und bitte schön einen Trauschein schicken, denn so mir nichts, dir nichts könne man sich schließlich nicht vermählen.

»Na ja, und als ich den Trauschein gesucht habe, da fand ich zufällig auch ein paar Papiere von dir – unter anderem diesen Antrag, den du jetzt brauchst.«

Meine Mutter verspricht, das Dokument so schnell wie möglich einzuscannen und direkt an Xenia zu mailen. Ich gebe ihr die Adresse der Beamtin.

Jetzt reicht es aber, denke ich wütend, als ich mit meiner Gans in der U-Bahn Richtung Vällingby sitze. Erst hat der Zentralcomputer meine Tante zu einem Einzelkind umformatiert. Jetzt hat das Ungetüm auch noch die Ehe meiner Eltern gelöscht. Dabei hatte ich doch bloß aus Versehen meinen Pass verloren!

Und ich bin sicher, dass Xenia sich bald mit einem weiteren Problem melden wird. Oder die Sache an eine Kollegin weiterleitet. Die dann erst einmal Urlaub macht, bevor sie ein neues Hindernis für meine Wiedereinbürgerung findet.

Aber eigentlich, denke ich mir, ist der blöde Eintrag in das Steuerregister ja gar nicht so wichtig. Schließlich habe ich trotzdem ein Haus, einen Volvo und sogar einen Kindergarten für meine Tochter. Im Volksheim ist also auch Platz für Leute, die keine Schweden sind. Von nun an werde ich mich von den Behörden einfach nicht mehr ärgern lassen – die können mich mal.

Als Tante Maria am ersten Weihnachtsfeiertag beim

Gansessen fragt: »Wie sieht es eigentlich mit deiner Staatsbürgerschaft aus? Hat es geklappt?«

Da antworte ich unwirsch: »Das regelt sich schon. Oder auch nicht. Mir egal.«

»Beim Hechtfischen stehst du echten Schweden jedenfalls in nichts nach«, sagt Lars aufmunternd. Wir haben uns gegenseitig Angelköder geschenkt, was von Andrea und Stefanie mit Spott begleitet wurde.

»Ich hoffe jedenfalls, dir ist die Sache mit dem Pass eine Lehre und du lässt in Zukunft wichtige Dokumente nicht mehr einfach so rumliegen«, sagt Stefanie. Und zu ihrer Mutter gewandt fährt sie fort: »Auf seinem Schreibtisch sieht es immer aus wie nach einem Bombenattentat.«

»Das stimmt gar nicht«, sage ich eingeschnappt. »Ich habe nur meine ganz eigene Ordnung, die versteht eben nicht jeder. Wichtige Dokumente finde ich im Normalfall immer sofort. Das mit dem Pass war ein einmaliges Versehen.«

Nach der Gans gibt es Kaffee und Weihnachtsmusik im Wohnzimmer. Unter dem Baum leuchtet es taghell aus einem eiförmigen Gebilde. Das ist ein »Lichtwecker«, den uns meine Schwiegereltern geschenkt haben. Er simuliert mit einer 100-Watt-Birne zur gewünschten Morgenstunde neben dem Bett einen Sonnenaufgang samt Vogelgezwitscher.

»Weil ihr doch morgens keine Sonne habt«, sagte meine Schwiegermutter bei der Bescherung. »Im Laden haben sie gesagt, dieser Wecker sei ein Renner in Nordeuropa.«

Ich gebe es ungern zu, aber sie hat recht. Der Lichtwecker wird in Schweden tatsächlich überall in Zeitungen und auf Werbeplakaten angepriesen. Laura hat von Oma und Opa einen Schaukelelch, Marke Ekorre, bekommen. »Jetzt haben wir also doch einen Hauselch, auch wenn ›Ekorre‹ auf Schwedisch Eichhörnchen heißt«, denke ich lächelnd, während meine Tochter mit lautem Geschrei auf Ekorre in den Sonnenaufgang unter dem Weihnachtsbaum reitet. »Damit ist unser Bullerbü nun aber wirklich komplett.«

Viel besser als der Lichtwecker und der Schaukelelch gefällt mir aber das Geschenk, das meine Schwiegereltern mir gemacht haben: Sie wollen am zweiten Weihnachtstag auf Laura aufpassen, damit ich mit Stefanie, Andrea und Lars zusammen endlich einmal in das Vällingbyer Kino gehen kann. Vier Kinokarten spendieren sie auch gleich dazu.

»Welchen Film willst du denn ansehen?«, fragt Andrea beim Kaffee.

»Keine Ahnung, wir sollten mal ins Kinoprogramm schauen. Stefanie, wo sind denn die Zeitungen schon wieder?«

»Im Altpapier. Du lässt sie ja immer rumliegen, damit sie sich stapeln und Staub sammeln. Deswegen habe ich sie entsorgt.«

»Aber ich hatte sie noch gar nicht gelesen«, protestiere ich halblaut.

»Trotzdem muss man sie nicht auf dem Wohnzimmertisch rumliegen lassen«, sagt Stefanie. Grummelnd gehe ich in die Abstellkammer, um aus der Tüte mit dem Altpapier die Weihachtsausgabe zu kramen. Als ich die Zeitung hochhebe, fällt ein Umschlag heraus – der muss dort im Briefkasten hineingerutscht sein. Der Brief ist vom Skatteverk. Er enthält einen einseitigen Computerausdruck, auf den jemand einen gelben Notizzettel gepappt hat.

»God Jul. Xenia«, steht auf dem handgeschriebenen Zettel.

Der Computerausdruck ist ein Auszug aus dem Einwohnermelderegister. Dort stehen alle Angaben zu meiner Person – Geburtstag, Personennummer, Familienstand, Kinder. Und ganz unten heißt es: »Staatsbürgerschaft: Schwedisch«.

Danke

Das meiste in diesem Buch ist wahr, doch manche Geschichten und Personen sind dramaturgisch verdichtet oder zugespitzt worden. Die Namen von Familie, Freunden, Verwandten, Nachbarn und Bekannten habe ich deshalb geändert. Denn für ihre Worte und Taten in diesem Buch bin allein ich verantwortlich, der Autor.

Bedanken möchte ich mich bei Agnes und Alexander, Maria und Michael, Marie-Louise und Clas, Sandra und Martin für Anregungen, Kritik und Ideen, sowie bei meinen Eltern Peter und Elisabeth Herrmann und – vor allem – bei meiner Frau Susanne Schulz, ohne deren Unterstützung ich nie fertig geworden wäre. Dank gebührt auch meinem Lektor Frank Zimmer, der mit vielen Einfällen zu diesem Buch beigetragen hat. Mein Dank gilt schließlich den immer freundlichen Männern und Frauen des Skatteverk, ohne deren emsiges Wirken ich große Teile dieser Geschichte nicht hätte schreiben können.

Stefan Ulrich

Arrivederci, Roma! – Ein Jahr in Italien

Originalausgabe

ISBN 978-3-548-28143-8
www.ullstein-buchverlage.de

Stefan Ulrich sitzt im August allein im brütendheißen Rom, seine Familie ist bei den Großeltern in Bayern. Damit ihn nicht der Blues erwischt, macht er Pläne für das kommende Jahr: Ganz Italien möchte er bereisen, jede Region besuchen von Südtirol bis Sizilien. Und auch Molise, den etwas vergessenen Landstrich ganz im Süden des Stiefels. Was er auf seinen Reisen alles erlebt, schildert er gewohnt augenzwinkernd und voller Liebe zu *Bella Italia*. Und natürlich kommen auch der Hausmeister Filippo, die Kinder Bernadette und Nicolas, die Meerschweinchen der Familie und der wunderbare *Palazzo* in Rom nicht zu kurz.

Die Fortsetzung des Bestsellers *Quattro Stagioni*

UB533

Andrea Parr

Das kommt mir spanisch vor

Madrid für Anfänger

Originalausgabe

ISBN 978-3-548-28153-7
www.ullstein-buchverlage.de

Eine deutsche Familie zieht nach Spanien, mitten nach Madrid! Hier im beliebtesten Urlaubsland der Deutschen findet man als Zugewanderter viele Dinge recht erstaunlich: So wird zum Beispiel die vielgerühmte Lässigkeit des spanischen Autofahrers bei genauerem Hinsehen zur groben Fahrlässigkeit, das leckere bunte Essen, das einem überall und jederzeit als Tapas serviert wird, entpuppt sich als extrem fettig. Hochreligiöse Osterprozessionen arten in fröhliche Besäufnisse aus, und auch sonst fällt die Eingewöhnung nicht so leicht wie erhofft. Außerdem stellen sich bei allen Familienmitgliedern vorher nie gekannte Gelüste nach Christstollen und Lebkuchen ein. Doch es dauert nicht lange, und keiner will mehr ins kalte Deutschland zurück. Denn Tapas müssen einfach fettig sein!

UB529

KNÄCKE